Michael Gössel / Burghard Rebel / Reiner Creutzburg

Speicherarchitektur und Parallelzugriff

Informatik · Kybernetik · Rechentechnik

Herausgegeben von der Akademie der Wissenschaften der DDR
Zentralinstitut für Kybernetik und Informationsprozesse

Band 28

Speicherarchitektur und Parallelzugriff

von
Michael Gössel, Burghard Rebel und Reiner Creutzburg

Speicherarchitektur und Parallelzugriff

von.
Michael Gössel, Burghard Rebel und Reiner Creutzburg

Mit 80 Abbildungen und 7 Tabellen

Akademie-Verlag Berlin 1989

Verfasser: Dr. sc. nat. Michael Gössel
Prof. Dr. sc. techn. Burghard Rebel
Dr. rer. nat. Reiner Creutzburg
Zentralinstitut für Kybernetik und Informationsprozesse der Akademie der Wissenschaften der DDR, Berlin

Der Titel wurde vom Originalmanuskript der Autoren reproduziert.

ISBN 3-05-500599-6
ISSN 0232-1351

Erschienen im Akademie-Verlag Berlin, Leipziger Straße 3—4, Berlin, DDR-1086

Lizenznummer: 202 · 100/401/89
Printed in the German Democratic Republic
Gesamtherstellung: VEB Druckerei „Thomas Müntzer“, Bad Langensalza, DDR-5820
Lektor: Dipl.-Phys. Gisela Lagowitz
LSV: 1085
Bestellnummer: 763 907 1 (9155)

03800

Vorwort

Das vorliegende Buch ist das erste über parallele Speicher. Es zeigt dem Ingenieur und Informatiker, wie man parallele Speicher für beliebig vorgegebene Datenstrukturen systematisch entwirft.

Die prinzipiellen Möglichkeiten des parallelen konfliktfreien Zugriffs zu verschiedenen Zugriffsformaten stehen dabei ebenso wie die Optimierung des Aufwandes der Adressenberechnungsschaltung für die einzelnen Speichermodule und des Permutationsnetzwerkes im Mittelpunkt des Interesses.

Besonders ausführlich behandeln wir Raster- oder Matrixspeicher, die für Vektorrechner, assoziative Prozessoren, Computergrafik- und Bildverarbeitungsprozessoren realisiert wurden und zunehmend an Bedeutung gewinnen. Durch Probleme der künstlichen Intelligenz und die japanischen Projekte zu neuen Rechnergenerationen sind parallele Baumspeicher ein aktueller Forschungsgegenstand geworden. Wir stellen den Stand der Technik und neueste Ergebnisse auf diesem Gebiet dar.

Typisch für das Fachgebiet der parallelen Speicher scheint uns der enge Zusammenhang zwischen theoretischen Resultaten und ihrer unmittelbaren schaltungstechnischen Auswirkung. Wir haben uns bemüht, diesen Zusammenhang deutlich herauszuarbeiten und insbesondere den theoretischen Kern der zitierten relevanten Patente sichtbar werden zu lassen.

Wir hoffen, die Freude an den Erkenntnissen dieses interessanten Fachgebietes überträgt sich auch auf den Leser und regt ihn zu eigenem Tun an.

Viele Kollegen haben uns durch Zusammenarbeit, Diskussionen, Kritiken, ihre Forschungsergebnisse und hervorragenden Sprachkenntnisse unterstützt. Hierbei möchten wir insbesondere den Herren A. Jugel (Dresden), V. V. Kaversnev, E. A. Metlitzki (Leningrad), R. Pöschel, P. Slowig (Dresden), L. Staiger (Berlin), H. A. G. Wijshoff (Utrecht), H. Shirakawa (Kyoto) und F Wächter (Dresden) danken.

Ein besonderer Dank gebührt Frau M. Stabrey, die das reproduktionsfähige Manuskript geschrieben hat, und Frau I. Lekscha, die die Abbildungen gezeichnet hat.

Für die stets gute Zusammenarbeit sei dem Akademie-Verlag und insbesondere der Lektorin Frau G. Lagowitz gedankt.

Berlin, im Juli 1988

Michael Gössel
Burghard Rebel
Reiner Creutzburg

Inhaltsverzeichnis

Inhaltverzeichnis

1. Einleitung

Forscher und Ingenieure brauchen immer schnellere Computer als die, die es schon gibt. So schnell sich die Rechentechnik international auch entwickelt, stets gibt es wichtige Anwendungsbereiche, für die die Leistungen der jeweils vorhandenen Computer völlig unzureichend sind. Mehrere 100 Millionen Gleitkommaoperationen pro Sekunde sind beispielsweise in der 3dimensionalen Computergrafik erforderlich, um komplexe Objekte für die bildliche Darstellung in Echtzeit, d.h. mehrmals in der Sekunde, generieren zu können. In der digitalen Bildverarbeitung benötigt man zur Lösung anspruchsvoller Probleme der Bildauswertung schätzungsweise Rechenleistungen von etwa 10^6 Millionen Operationen pro Sekunde und in zahlreichen anderen Anwenderbereichen bestehen ähnlich hohe Forderungen.

Leistungsfähige Prozessoren erfordern entsprechende Speichersysteme auf der Basis von Halbleiterspeichern. Diese müssen über erhebliche Speicherkapazitäten verfügen, kurze Zugriffszeiten aufweisen sowie kostengünstig und mit geringem Energie- und Platzbedarf realisierbar sein. Wie bei allen wichtigen Rechnerkomponenten erfolgt die ständige Steigerung der Leistungsfähigkeit auch bei diesen Speichersystemen auf zwei Wegen, erstens durch Technologieentwicklung und zweitens durch die Anwendung neuer Speicherarchitekturen.

Der Haupttrend in der Technologieentwicklung der Mikroelektronik führt vor allem zu dynamischen Halbleiterspeichern mit der Möglichkeit des wahlfreien Zugriffs auf die einzelnen Speicherplätze. Solche dRAMs haben eine sehr einfache innere Struktur, realisieren mit nur einem Transistor die 1-bit-Speicherzelle und sind deshalb schon lange Zeit das eindeutige

Kriterium für das industriell beherrschbare Technologieniveau in der Mikroelektronik. Der fortgeschrittene internationale Stand ist derzeit durch den beachtlichen Integrationsgrad von mehr als 4 Millionen Transistoren auf einem Chip gekennzeichnet. Mehrere Hersteller beherrschen dieses Technologieniveau und bieten 4-Mbit-dRAMs an. Die Zugriffszeiten dieser Speicherschaltkreise liegen im Bereich von 65 bis 100 ns. Wie schon seit geraumer Zeit wird sich diese Entwicklung fortsetzen, indem innerhalb von etwa 3 Jahren die Speicherkapazität vervierfacht wird, wobei sich die Zugriffszeit jeweils halbiert. Der 256-Mbit-dRAM-Schaltkreis ist international das fest anvisierte Ziel der Mikroelektronik bis zum Jahr 2000.

Für hohe Operationsgeschwindigkeiten in Rechnern und in spezialisierten Prozessorsystemen werden aber auch sehr schnelle Speicher benötigt. Die Operationsgeschwindigkeit eines Rechenwerkes von 100 Millionen Operationen pro Sekunde kann z.B. nur ausgeschöpft werden, wenn entsprechend schnell, d.h. innerhalb von 10 ns, der Zugriff auf die zu verarbeitenden Daten erfolgen bzw. das Verarbeitungsresultat abgespeichert werden kann. Hierfür existieren schnelle Speicherschaltkreise.

Im Unterschied zu den genannten dRAMs sind solche Schaltkreise mit mehreren Transistoren pro 1-bit-Speicherzelle und zum Teil in anderen Halbleitertechnologien realisiert. Die folgende Tabelle zeigt den internationalen Spitzenstand am Anfang des Jahres 1988 anhand der drei wichtigsten Klassen von Speicherschaltkreisen.

Schaltkreis	Speicherkapazität	Zugriffszeit
dRAM in CMOS-Technologie	4 Mbit	65 ns
Statisch RAM in CMOS-Technologie	256 Kbit	31 ns
Statisch RAM in ECL-Technologie	64 Kbit	5 ns

Man erkennt: Je schneller die Speicherschaltkreise sind, um so kleiner ist ihre Speicherkapazität. Moderne Speichersysteme, die zugleich sehr kurze Zugriffszeiten aufweisen sollen, müssen also mit einer wesentlich höheren Anzahl von Speicherschaltkreisen aufgebaut werden. Das bedeutet höhere Kosten, zusätzliches Volumen und erhöhten Energieverbrauch.

Genau diese technisch-ökonomische Relation macht es erforderlich, besondere Speicherarchitekturen zu entwerfen. Ziel dabei ist es, Speichersysteme mit Schaltkreisen möglichst hoher Speicherkapazität aufzubauen und gleichzeitig bei Betrieb des Speichersystems Zugriffszeiten zu erreichen, die weit unter denen der verwendeten Speicherschaltkreise liegen. Eine in der Rechentechnik fast schon klassische Lösung des Problems ist der Cache-Speicher [Smi82]. Die Grundidee ist sehr einfach.

Zwischen Hauptspeicher und Prozessor wird ein sehr schneller als Cache bezeichneter Speicher mit relativ kleiner Speicherkapazität geschaltet, in dem jeweils der Bereich des Hauptspeichers abgebildet ist, zu dem der Prozessor zugreift. Dabei wird folgendes ausgenutzt: Zeitlich aufeinanderfolgende Speicherzugriffe bei der Abarbeitung realer Programme erfolgen häufig auf im linearen Adressenraum des Speichers benachbarte oder nahe beieinander liegende Speicherplätze. Mit jeder neuen Adressierung wird entschieden, ob ein schneller Zugriff auf den Cache durchgeführt werden kann und/oder durch blockweise Datenübertragung zwischen Cache und Hauptspeicher der im Cache abgebildete Speicherbereich zu aktualisieren ist.

Obwohl es viele Variationen dieses Prinzips gibt, haben alle einen gemeinsamen Effekt. Die überwiegende Anzahl der Speicherzugriffe kann auf den Cache und damit sehr schnell erfolgen, obwohl nur ein Bruchteil der Kapazität des Hauptspeichers als Cache und somit kostenaufwendig mittels schneller Speicherschaltkreise realisiert ist. Das Verhältnis der Speicherkapazitäten von Hauptspeicher und Cache liegt in der Praxis bei 1000 : 1 und darüber. Einige Supercomputer, deren Prozessor-Zykluszeiten heute bereits den 5-ns-Bereich erreichen, besitzen beispielsweise Cache-Kapazitäten von 64 Kbyte bei Hauptspeichern mit einer Kapazität von mehreren 100 Mbyte. Besonders augenfällig ist der technische und ökonomische Effekt auch bei einer Systementwicklung aus der Computergrafik [GFB87]. Hier wurde für die Generierung einer typischen komplizierten grafischen Darstellung in einem 2-Mbyte-Bildspeicher, der über eine Zykluszeit von 360 ns verfügt, mit Hilfe eines zwischen Bildspeicher und Grafikprozessor geschalteten sehr kleinen Cache-Speichers folgendes ermittelt:

	Cache	Bildspeicher	Gesamt
Kapazität	16 byte	2 Mbyte	≈ 2 Mbyte
Kosten pro Byte	6 $	0,009 cent	0,01 cent
Speicherzykluszeit a) beim Schreiben von Vektoren (mittlere Vektorlänge 30 Bildpunkte)	60 ns	360 ns	111 ns
b) beim Füllen von Flächen (mittlere Fläche 30x30 Bildpunkte)	60 ns	360 ns	69 ns

Diese Zykluszeiten der gesamten Speicheranordnung sind verständlicherweise nur möglich, wenn die 16 Byte des Cache extrem schnell in den Bildspeicher übertragen werden können. Im Beispiel wurde das erreicht, indem jeweils 16 zeilenweise benachbarte Bytes oder quadratische Fenster von 4 x 4 Byte der 2dimensionalen Matrix des Bildspeichers parallel beschrieben oder ausgelesen werden können.

Speichersysteme, die über die Möglichkeit derartiger Parallelzugriffe zu aus mehreren Speicherworten bestehenden Fenstern verfügen, sind Gegenstand unseres Buches.

Da gewöhnliche Speicherschaltkreise wortweise gelesen oder beschrieben werden, ist ein Speichersystem mit Parallelzugriff auf mehrere Worte aus mehreren parallel ansteuerbaren Speichermodulen aufzubauen, die je nach geforderter Wortbreite und Speicherkapazität der konkreten technischen Lösung aus einem oder mehreren Speicherschaltkreisen bestehen können. Beim Entwurf paralleler Speicher geht es also um die Erhöhung der Speicherbandbreite, d.h. der Anzahl der pro Zeiteinheit in einem Speichersystem schreib- oder lesbaren Datenworte, durch parallele Anordnung mehrerer Speichermodule. Entsprechend den konkreten technischen Anforderungen kann diese Parallelität entweder direkt genutzt werden, wie z.B. bei der Kopplung eines solchen Speichers an ein paralleles Prozessorsystem, oder mit Hilfe zusätzlicher Hardware, wie z.B. mit den beschriebenen Cache-Speichern oder anderen Anordnungen der Parallel-Serien-Wandlung, in einen sehr schnellen sequentiellen Zugriff umgesetzt werden.

Der Entwurf solcher paralleler Speicher hat in der modernen Rechnerarchitektur grundlegende Bedeutung, die weit über das dargestellte Schnittstellenproblem zwischen Cache und Hauptspeicher hinausgeht.

Erste Veröffentlichungen zu parallelen Speichern erschienen am Anfang der 70er Jahre. Ausgangspunkt der theoretischen Untersuchungen und der ersten Systementwürfe war die bis heute zukunftsträchtige Tendenz, hohe Rechenleistungen mit massiver Parallelisierung der Prozessoren zu erreichen. Das zwang dazu, auch die zugehörigen Speicher entsprechend zu parallelisieren, um auf diese Weise eine schnelle und verarbeitungsgerechte Datenbereitstellung für die Einzelprozessoren zu gewährleisten. Mit der schnellen Entwicklung der Bildverarbeitung sowie parallelen Hochleistungsrechentechnik für allgemeine numerisch aufwendige Berechnungen entstanden nachfolgend sowohl ein Reservoir von theoretischen Grundlagen zur konfliktfreien und dicht gepackten Verteilung der Daten auf die einzelnen Speichermodule als auch einige spektakuläre technische Lösungen. Ein solches Beispiel ist der parallele Speicher des STARAN-Computers, der als 2dimensionale Speichermatrix mit der Möglichkeit des zeilenweisen und spaltenweisen parallelen Zugriffs auf jeweils 256 Daten entworfen wurde.

Neben solchen relativ einfachen Zugriffsformaten in Form horizontaler und vertikaler Geraden im 2dimensionalen Raster erforderte vor allem die Bildverarbeitung neue Zugriffsformate. Entsprechend der Formen von lokalen, über das Bild gleitenden Operatoren, mit denen in der Bildverarbeitung sehr oft gearbeitet wird, entstanden parallele Speicher mit rechteckigen, quadratischen, diagonalen und anderen komplizierten Zugriffsformaten.

Interessante parallele Speicher werden auch für leistungsfähige Vektorrechner entwickelt [BGK83],[AB87],[KGH81]. Bestimmte Folgen von Adressen, insbesondere Folgen der Art a, a + d, a + 2d, a + 3d, ... , dominieren bei der Anwendung von Vektorrechnern. Dabei ist a eine Basisadresse und d ein konstanter Incrementbetrag. Ordnet man nun die Adressen, die zeitlich aufeinanderfolgen, verschiedenen Speichermodulen zu, so können sich die Speicherzyklen der einzelnen Speichermodule zeitlich überlappen. Die Zugriffsrate ist dann wesentlich höher als die Zugriffsrate eines gewöhnlichen Speichers, der nur aus einem Speichermodul besteht. Solche parallelen Speicher nennt man überlappende Speicher (engl.: interleaved memories).

Weitere wesentliche Schritte bei der Entwicklung von parallelen Speichern waren

- die Einführung des Prinzips der rekursiven Adressierung, bei dem ein paralleler Speicher nicht mit Absolutadressen, sondern mit Adressenänderungen adressiert werden kann,
- die theoretische Durchdringung des Parallelisierungsproblems mit Hilfe einfacher linearer und isotroper Funktionalgleichungen,
- die mit der Verbreitung der Methoden der künstlichen Intelligenz in Japan begonnenen Arbeiten zur parallelen Speicherung von Baum- und anderen Datenstrukturen.

Neben diesen theoretisch relativ anspruchsvollen Arbeiten zu neuartigen parallelen Speichern haben die Techniker gewichtige Beiträge zur Speicherparallelisierung geleistet und mit Erfolg durch einfachste Parallelisierungsmechanismen den "Flaschenhals" der unzureichenden Speicherbandbreite bei akuten Aufgabenstellungen der Praxis überwunden. Von besonderer Bedeutung ist dabei die Entwicklung des Video-RAMs für die Computergrafik, die erstmals auf Basis der 64Kbit-dRAM-Technologie vorgenommen wurde. In den intern als (256 x 256)-bit-Matrix organisierten 64-Kbit-Schaltkreis wurde ein 256-bit-Schieberegister integriert, in welches mit einem Speicherzyklus eine Zeile der Speichermatrix eingeschrieben wird. Aus diesem Schieberegister können die Daten seriell mit hoher Taktfrequenz über einen separaten RAM-Ausgang herausgeschoben werden. Mit Ausnahme dieses einzelnen Speicherzyklus zum Beschreiben des Schieberegisters steht die gesamte Speichermatrix ständig als gewöhnliches dRAM, d.h. für den wahlfreien Speicherzugriff und damit für die Generierung neuer Bildinhalte, zur Verfügung. Da in Bildwiederholspeichern einerseits die ständige Ausgabe der Bildinformationen für die Darstellung und andererseits das schnelle Einschreiben neuer Bildinhalte zu gewährleisten sind, führten die zusätzlichen Schieberegister zu einer Entlastung der internen Speichermatrix von den ständigen Lesezugriffen zum Zwecke der Bilddarstellung. Video-RAMs waren damit ein Schlüsselbauelement für moderne Grafiksysteme und führten diese in völlig neue Leistungsbereiche bezüglich des darstellbaren Bildformates und der Bildgenerierungsgeschwindigkeit. Video-RAMs haben inzwischen einen festen Platz im Bauelemente-Spektrum aller neuen dRAM-Generationen.

Gegenwärtig erfolgt als nächster wichtiger Schritt zusätzlich auch die Parallelisierung der internen Speichermatrix für die Bildgenerierung. So wurden erste Video-RAMs im 1-Mbit-Niveau angekündigt, die neben den Schieberegistern für die Bilddarstellung auch den parallelen Zugriff zu beliebigen (4 x 1)- oder (4 x 4)-Ausschnitten der Speichermatrix ermöglichen [Leo87] .

Offensichtlich beginnt mit dieser Integration der Prinzipien des parallen Zugriffs in den Schaltkreis eine neue Etappe der breiten praktischen Anwendung paralleler Speicher.

International ist das Gebiet der Theorie und Anwendung paralleler Speicher gekennzeichnet durch eine Fülle von theoretischen Einzelarbeiten, technischen Konzeptionen und praktischen Lösungen, wobei eine geschlossene Darstellung der theoretischen Grundlagen und des international erreichten Standes zu diesem wichtigen Architekturproblem bisher fehlt. Mit der vorliegenden Monographie wird eine aktuelle Übersicht anhand des internationalen Standes sowie der eigenen Forschungen und Entwicklungen zu parallelen Speichern gegeben. Neben den für den Parallelzugriff derzeit existierenden wichtigsten theoretischen Grundlagen stellen wir typische, schon existierende, parallele Speicher dar und erläutern die Entwurfsprinzipien anhand konkreter Beispielentwürfe. So wird der praktisch interessierte Ingenieur in die Lage versetzt, selbstständig parallele Speichersysteme zu konzipieren und zu entwerfen.

2. Theorie der Raster- oder Matrixspeicher

In diesem Kapitel beschreiben wir die Komponenten, aus denen parallele Rasterspeicher aufgebaut sind, erläutern die Grundbegriffe, die zur Formulierung einer Theorie paralleler Rasterspeicher verwendet werden, und stellen dann diese Theorie in ihren Grundzügen dar.

Ausführlich untersuchen wir die Möglichkeiten des konfliktfreien parallelen Speicherzugriffs zu verschiedenen Zugriffsformaten, den Zusammenhang zwischen den verschiedenen Klassen von Speicherfunktionen, der Plazierungsmenge der Zugriffsformate und der Kompliziertheit der zu realisierenden Hardware.

Für eine beliebig vorgegebene konfliktfreie Speicherfunktion geben wir eine funktionelle Beschreibung der Adressenberechnungsschaltung für die einzelnen Speichermodule und des erforderlichen Permutationsnetzwerkes an.

Interpretieren wir die Daten in einem Raster als Datenmatrix, so sprechen wir anstatt von einem Rasterspeicher von einem Matrixspeicher.

Die in diesem Kapitel dargestellten theoretischen Resultate werden dann in den folgenden Kapiteln 3 und 4 für Rechteck- und Geradenspeicher konkretisiert und angewendet und im Kapitel 5 auf allgemeine Datenstrukturen übertragen.

2.1. Grundbegriffe und Bezeichnungen

Die Abb.2.1 zeigt das Rasterbild eines Pferdes.

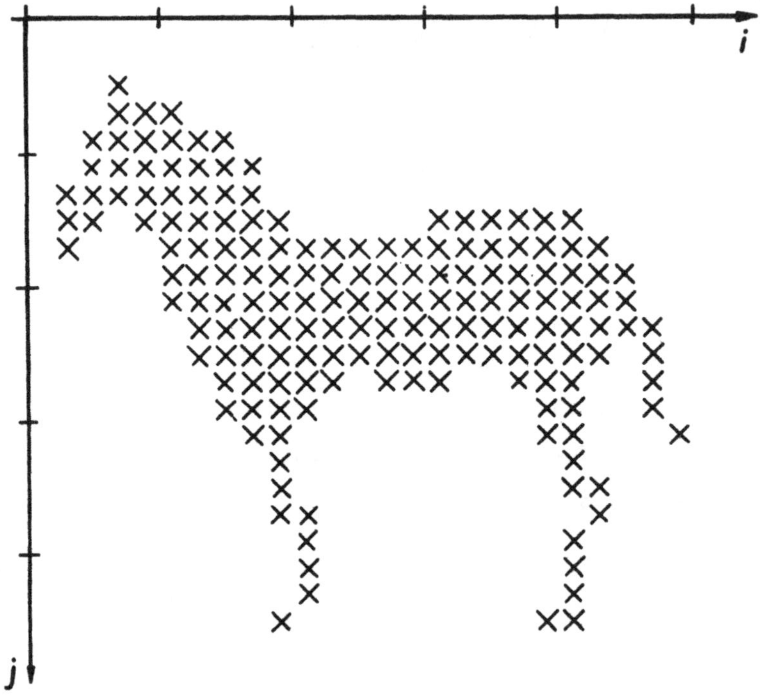

Abb.2.1

In Abb.2.2 sind die Grundkomponenten eines parallelen Speichers dargestellt. Ein paralleler Speicher besteht aus N Speichermoduien S_0, S_1, ... , S_{N-1}, einer Adressenberechnungsschaltung A und einem Permutationsnetzwerk π.

Soll ein Rasterbild in einem parallelen Speicher gespeichert werden, so ist für jeden Rasterpunkt $r = (i,j)$ im Raster R festzulegen, in welchem Speichermodul $S(i,j)$ und unter welcher Adresse $a(i,j)$ der Wert $v(i,j)$ des Rasterpunktes gespeichert wird.

Die Abb.2.3 veranschaulicht die Speicherung eines kleinen Ausschnittes aus einem binären Rasterbild in einem parallelen Speicher, der die vier Speichermodule S_0, S_1, S_2, S_3 besitzt.

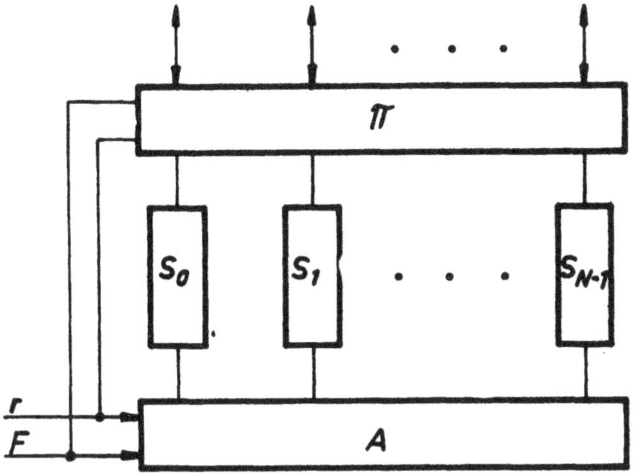

Abb.2.2

In jedem als Feld dargestellten Rasterpunkt ist in Abb.2.3a als obere Zahl die Nummer P $(0 \leq P \leq N-1)$ des Speichermoduls S_P vermerkt, in dem der Wert $v(i,j)$ des Rasterpunktes gespeichert ist. Unter der Nummer des Speichermoduls ist die Adresse $a(i,j)$ angegeben. Schraffierte Felder bedeuten den Wert 1, nicht schraffierte Felder den Wert 0.

Die Werte der Rasterpunkte (3,1), (3,2), (4,1) und (4,2) sind in den Speichermodulen S_1, S_3, S_2, S_0 unter den Adressen 2, 4, 3, 5 gespeichert. Die Pfeile in der Abb.2.3b veranschaulichen das. Das betrachtete Zugriffsformat ist ein achsenparalleles Quadrat der Seitenlänge 2, das in Abb.2.3a stark umrandet ist. Die Werte der Rasterpunkte (6,0), (6,1), (6,2) und (6,3) sind in den Speichermodulen S_2, S_0, S_2 und S_0 unter den Adressen 1, 3, 5, 7 gespeichert. Da beispielsweise die Rasterpunkte (6,0) und (6,2), ebenso wie (6,1) und (6,3) jeweils im gleichen Speichermodul abgelegt sind, ist es nicht möglich, diese 4 Werte gleichzeitig aus dem parallelen Speicher auszulesen. Die entsprechenden Positionen sind in Abb.2.3 mit Kreuzen "x" markiert. Die Speichermodule S_0, S_1, S_2, ... bezeichnen wir nun durch ihre Indizes P = 0, 1, 2, ... Mit dieser Bezeichnung entnimmt man der Abb.2.3 die Zuordnung des Rasterpunktes (i,j) zum Speichermodul

$$S(i,j) = i + j \bmod 4$$

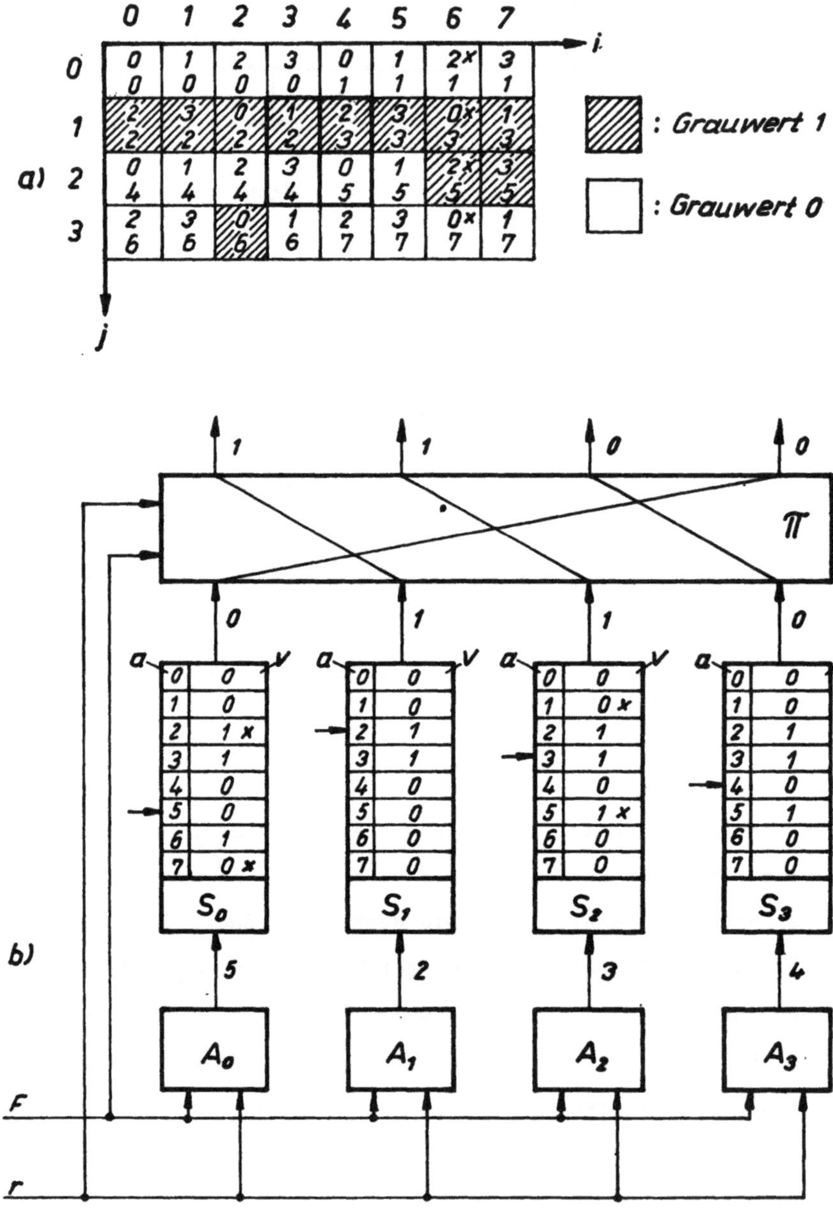

Abb.2.3

und zu der Adresse

$a(i,j) = (i + 8j)/4.$

S nennt man Speicherfunktion, und a wird als Adressenfunktion bezeichnet. Ist allgemein ein in einem Raster R dargestelltes Bild in einem parallelen Speicher mit N Speichermodulen 0, 1, ..., N - 1 zu speichern, so sind formal eine Speicherfunktion

$S: R \dashrightarrow \{0, 1, \ldots, N - 1\}$

und eine Adressenfunktion

$a: R \dashrightarrow \{0, 1, \ldots, a_{max}\}$

zu definieren. Für $r \in R$ bezeichnet S(r) den Speichermodul, in dem der Wert v(r) des Rasterpunktes r abgelegt ist, und a(r) die Adresse im Speichermodul S(r). a_{max} ist die durch die Wahl des Speichermoduls technisch bestimmte maximale Adresse. Werte verschiedener Rasterpunkte r und r' ($r \neq r'$) dürfen nicht im gleichen Speichermodul unter der gleichen Adresse gespeichert werden.

Ein Paar von einer Speicherfunktion S und einer Adressenfunktion a wird als zulässig bezeichnet, wenn für alle $r, r' \in R$ mit $r \neq r'$ gilt

$$(S(r), a(r)) \neq ((S(r'), a(r')). \qquad (2.1)$$

Im folgenden untersuchen wir stets zulässige Paare von Speicherfunktionen und Adressenfunktionen.

Parallele Speicher dienen dem parallelen Einspeichern bzw. Auslesen von Daten.

Das Aus- oder Einlesen der Daten erfolgt dabei in bestimmten Zugriffsformaten oder Fenstern. Die Abb.2.4 zeigt als Beispiele die Zugriffsformate F_1 (horizontale Gerade aus 4 Rasterpunkten), F_2 (vertikale Gerade aus 5 Rasterpunkten), F_3 (achsenparalleles Rechteck mit (2 x 3) Rasterpunkten), F_4 (unterbrochene Nebendiagonale aus 3 Rasterpunkten), F_5 (Kreuz aus 5 Rasterpunkten).

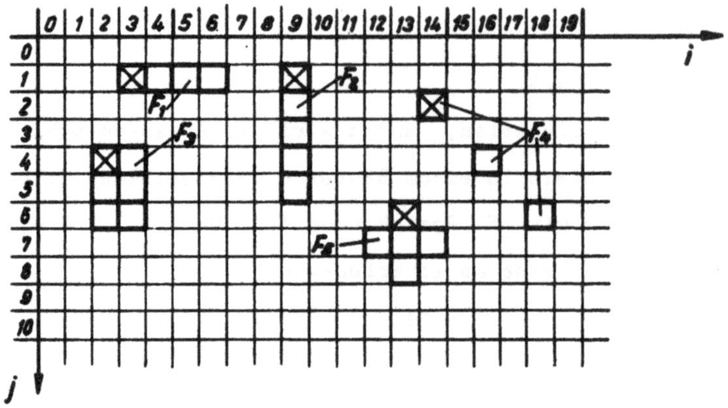

Abb.2.4

Allgemein beschreiben wir ein Zugriffsformat F durch eine geordnete Menge von Vektoren

$$F = (e^1, e^2, \dots, e^M)$$

mit $e^1 = \underline{0}$, $e^m = (e_1{}^m, \dots, e_n{}^m)$, $(m = 2, \dots, M)$,

wobei $e^1 = \underline{0}$ der n-dimensionale 0-Vektor ist und die n-dimensionalen Vektoren e^m, $m = 1, \dots, M$, ganzzahlige Komponenten $e_1{}^m, \dots, e_n{}^m$ haben. Dabei ist n die Dimension des Rasters.

Besonders wichtige Zugriffsformate sind verallgemeinerte Geraden und achsenparallele Rechtecke, die wir im folgenden beschreiben.

Für verallgemeinerte Geraden gilt

$$e^m = (m-1)e, \quad m = 1, \dots, M.$$

Eine verallgemeinerte Gerade ist durch ihren erzeugenden Vektor e und die Anzahl M ihrer Rasterpunkte festgelegt, die jeweils im Abstand e aufeinanderfolgen. Eine verallgemeinerte Gerade mit dem erzeugenden Vektor e, die aus M Rasterpunkten besteht, bezeichnen wir durch $G(e)^M$. Für $n = 2$ bezeichnen wir die horizontale Gerade $G(1,0)^M$ und die vertikale Gerade $G(0,1)^M$ durch $G_h{}^M$ und $G_v{}^M$.

Für $n = 2$ ist ein achsenparalleles Rechteck $R_{p,q}$ mit den Seitenlängen p und q durch die $p * q$ Vektoren e^m, $m \in \{0, \dots, pq-1\}$

$$R_{p,q} = \{e^m = (e_1{}^m . e_2{}^m) \mid 0 \leq e_1{}^m < p,\ 0 \leq e_2{}^m < q\}$$

definiert.

Parallelen Rechteckspeichern und parallelen Geradenspeichern sind die

Kapitel 3 und 4 dieses Buches gewidmet.

Für die Zugriffsformate von Abb.2.4 gilt:

$F_1 = ((0,0),(1,0),(2,0),(3,0)) = G(1,0)^4 = G_h^{\,4}$,

$F_2 = ((0,0),(0,1),(0,2),(0,3),(0,4) = G_v^{\,5}$,

$F_3 = ((0,0),(1,0),(0,1),(1,1),(0,2),(1,2)) = R_{2,3}$,

$F_4 = ((0,0),(2,2),(4,4)) = G(2,2)^3$,

$F_5 = ((0,0),(-1,1),(0,1),(1,1),(0,2))$.

Ein im Rasterpunkt $r \in R$ plaziertes Zugriffsformat F(r) ist durch

$F(r) = (r + e^1 = r,\ r + e^2,\ \ldots,\ r + e^M)$

definiert. Der Rasterpunkt r ist der sogenannte ausgezeichnete Rasterpunkt von F(r). Um ihn als ausgezeichneten Rasterpunkt besonders hervorzuheben, bezeichnen wir ihn gelegentlich mit r_a.

Das Zugriffsformat F(r) beschreibt somit eine geordnete Menge von Rasterpunkten.

In Abb.2.4 sind die ausgezeichneten Rasterpunkte der abgebildeten Zugriffsformate mit einem Kreuz markiert.

Im einzelnen gilt:

$F_1(3,1) = ((3,1),(4,1),(5,1),(6,1)) = G(1,0)^4(3,1) = G_h^{\,4}(3,1)$,

$F_2(9,1) = ((9,1),(9,2),(9,3),(9,4),(9,5)) = G_v^{\,5}(9,1)$,

$F_3(2,4) = ((2,4),(3,4),(2,5),(3,5),(2,6),(3,6)) = R_{2,3}(2,4)$,

$F_4(14,2) = ((14,2),(16,4),(18,6)) = G(2,2)^3(14,2)$,

$F_5(14,6) = ((13,6),(13,7),(14,7),(13,8),(12,7))$.

In einem Speicherzyklus kann in einem Speichermodul nur auf eine Adresse zugegriffen werden. Sollen aus einem parallelen Speicher mit N Speichermodulen die M Werte des Formates F(r) in einem Speicherzyklus konfliktfrei ausgelesen werden, so müssen alle Werte $v(r),\ v(r+e^2),\ \ldots,\ v(r+e^M)$ in verschiedenen Speichermodulen gespeichert sein. Eine entsprechende Formulierung gilt natürlich auch für das Einschreiben.

Wir vereinbaren die

Definition 2.1. Eine Speicherfunktion S ist konfliktfrei bezüglich F(r), wenn für alle $r', r'' \in F(r)$ mit $r' \neq r''$ gilt $S(r') \neq S(r'')$.
Eine Menge von Rasterpunkten, in denen das Zugriffsformat F bei einer vorgegebenen Speicherfunktion S konfliktfrei plaziert werden kann, nennen wir Plazierungsmenge.

Definition 2.2. Es seien $S: R \longrightarrow \{0, 1, \ldots, N-1\}$ eine Speicherfunktion und $F = (e^1, \ldots, e^M)$ ein Zugriffsformat. Dann ist eine Menge von Rasterpunkten $r \in R$, für die S konfliktfrei bezüglich F(r) ist, eine Plazierungsmenge P(S,F).
Die Menge aller Rasterpunkte $r \in R$, für die S konfliktfrei bezüglich F(r) ist, nennt man maximale Plazierungsmenge $P(S,F)_{max}$.
Ist die maximale Plazierungsmenge $P(S,F)_{max}$ mit dem ganzen Raster identisch, ist die Speicherfunktion S bezüglich F konfliktfrei.

Die Einschränkungen, die sich für die Plazierung eines Zugriffsformates F wegen der Begrenzung durch den Rand eines endlichen Rasters ergeben, berücksichtigen wir hier nicht, um unnötig komplizierte zusätzliche Begriffe zu vermeiden. Der wichtige Spezialfall, in dem die maximale Plazierungsmenge $P(S,F)_{max}$ gleich dem Raster R ist, entspricht dem in Definition 2.1. Diese Definition kann man unschwer auf eine Menge von Zugriffsformaten erweitern.

Definition 2.3. Eine Speicherfunktion S ist konfliktfrei bezüglich einer Menge $\underline{F} = \{F_1, \ldots, F_M\}$ von Zugriffsformaten $F_1, \ldots, F_M$, wenn sie für jedes $F_m \in \underline{F}$ konfliktfrei ist.

Für den Fall eingeschränkter Plazierungsmengen verzichten wir auf Formulierungen für mehrere Zugriffsformate, da die entsprechenden Plazierungsmengen für die verschiedenen Zugriffsformate allgemein unterschiedlich sind und zu viele Begriffsbildungen nötig wären.

Anhand von Abb.2.5 sollen die eingeführten Begriffe erläutert werden. Die Abb.2.5 zeigt in einem (8 x 8)-Raster eine Speicherfunktion S und die Zugriffsformate $F_1 = G_h^4$, $F_2 = G_v^4$, $F_3 = R_{2,2}$, $F_4 = G(1,1)^4$,

$F_5 = G(0,2)^4$. Die Zugriffsformate G_h^4 (horizontale Gerade aus 4 Rasterpunkten) und G_v^4 (vertikale Gerade aus 4 Rasterpunkten) können in einem beliebigen Punkt des Rasters konfliktfrei plaziert werden. (Dabei bleiben die Fälle unberücksichtigt, in denen das Format $G_h^4(i,j)$ für $i \geqq 5$ und das Format $G_v^4(i,j)$ für $j \geqq 5$ über den Rand des (8 x 8)-Rasters hinausreichen.)

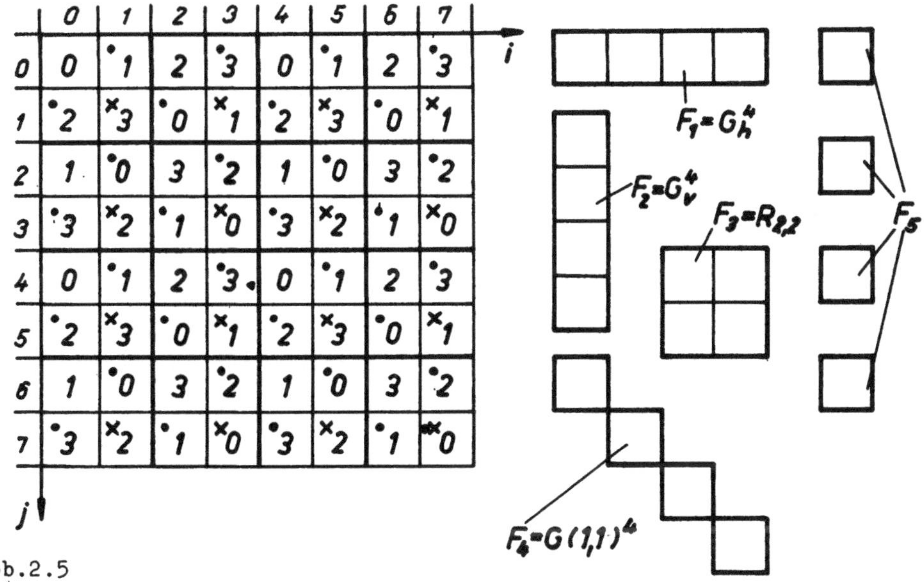

Abb.2.5

Es gilt

$$P(S,G_h^4)_{max} = P(S,G_v^4)_{max} = R,$$

und S ist bezüglich F_1 und F_2 konfliktfrei.

Das Zugriffsformat $R_{2,2}$ (achsenparalleles Quadrat mit der Seitenlänge 2) kann in allen Rasterpunkten plaziert werden, die nicht mit "x" markiert sind.

Es gilt

$$P(S,R_{2,2})_{max} = \{R \setminus \{(i,j) \mid i,j \in \{1, 3, 5, 7\}\}.$$

Die maximale Plazierungsmenge des Fensters $G(1,1)^4$ (Diagonale aus 4 Rasterpunkten) ist mit "•" gekennzeichnet,

$$P(S,G(1,1)^4)_{max} = \{(1,j),(3,j),(5,j),(7,j) \text{ mit } j = 0, 2, 4, 6 \text{ und } (0,j),(2,j),(4,j),(6,j) \text{ mit } j = 1, 3, 5, 7\}.$$

Für das Zugriffsformat $G(0,2)^4$ (unterbrochene vertikale Gerade) ist die maximale Plazierungsmenge leer,

$$P(S,G(0,2)^4)_{max} = \emptyset.$$

Interessant ist die Plazierungsmenge

$$P(S,R_{2,2}) = \{(i,j) \mid i \bmod 2 = 0 \text{ und } j \bmod 2 = 0\}$$

für das Zugriffsformat $R_{2,2}$ (achsenparalleles Quadrat der Länge 2). Plazieren wir in jeden Rasterpunkt $r \in P(S,F_3)$ das Fenster $R_{2,2}$, dann wird das gesamte Raster von den so plazierten Fenstern überdeckt. Dabei gehört kein Rasterpunkt zwei verschiedenen Fenstern an.

<u>Definition 2.4.</u> Eine Plazierungsmenge $P(S,F)$ nennt man für ein Raster R <u>überdeckend</u>, wenn gilt

1. $R \subseteq \bigcup_{r' \in P(S,F)} F(r')$.

Gilt weiterhin

2. aus $r', r'' \in P(S,F)$ und $r' \neq r''$ folgt $F(r') \cap F(r'') = \emptyset$,

so ist die Plazierungsmenge <u>nichtüberlappend überdeckend</u>.

Für das Zugriffsformat $G(1,1)^4$ existiert keine überdeckende Plazierungsmenge.

Für das Zugriffsformat $G_h{}^4$ ist

$$P(S,G_h{}^4)' = \{(i,j) \mid i \bmod 2 = 0 \quad \text{und} \quad i,j = 0, \ldots, 7\}$$

eine überdeckende Plazierungsmenge und

$$P(S,G_h{}^4)'' = \{(i,j) \mid i \bmod 4 = 0 \quad \text{und} \quad i,j = 0, \ldots, 7\}$$

eine nichtüberlappend überdeckende Plazierungsmenge.

Am Anfang dieses Abschnittes hatten wir in Abb.2.2 den Aufbau eines parallelen Speichers aus N Speichermodulen S_0, S_1, ..., S_{N-1}, einer Adressenberechnungsschaltung A und eines Permutationsnetzwerkes π dargestellt. Die Adressenberechnungsschaltung A hat dabei die Aufgabe, für den Speichermodul P, $0 \leq P < N$, die Adresse $a(r_P)$ in Abhängigkeit von einem ausgezeichneten Rasterpunkt r und dem Zugriffsformat F zu berechnen. Unter der Adresse $a(r_P)$ ist der Wert $v(r_P)$ abgelegt, wobei r_P der Rasterpunkt des Zugriffsformates $F(r)$ ist, der im Speichermodul P gespeichert ist, $r_P \in F(r)$ und $S(r_P) = P$.

Dabei wird die Speicherfunktion S als konfliktfrei bezüglich F(r) vorausgesetzt.

Das Permutationsnetzwerk π hat die Aufgabe, die "richtige Reihenfolge" der Daten am parallelen Ausgang des Speichers herzustellen.

Für das Zugriffsformat $F(r) = (r, r + e^2, \ldots, r + e^M)$, $M \leq N$, sollen die Daten $v(r), v(r+e^2), \ldots, v(r+e^M)$ an den Ausgängen $0, 1, \ldots, M-1$ ausgegeben werden. Diese Daten sind in den Speichermodulen S(r), $S(r+e^2)$, ,,, , $S(r+e^M)$ gespeichert.

Das Permutationsnetzwerk π hat daher für das Zugriffsformat F(r) die Permutation

$$\pi(r,F,S) = \begin{pmatrix} S(r) & S(r+e^2) & \ldots & S(r+e^M) & \ldots & \\ 0 & 1 & \ldots & M-1 & \ldots & N-1 \end{pmatrix} \quad (2.2a)$$

auszuführen, wobei im Falle $M < N$ die Permutation (r,F,S) nur partiell definiert ist. Bei der Eingabe von Daten des Zugriffsformates F(r) ist die Permutation

$$\pi^{-1}(r,F,S) = \begin{pmatrix} 0 & 1 & \ldots & M-1 & \ldots & N-1 \\ S(r) & S(r+e^2) & \ldots & S(r+e^M) & \ldots & \end{pmatrix} \quad (2.2b)$$

zu realisieren.

Die Aufgabe des Permutationsnetzwerkes soll nun noch anhand von Abb.2.6 veranschaulicht werden.

Die Abb.2.6 zeigt einen Ausschnitt aus einem Binärbild. Die schraffierten Felder tragen den Wert 1, alle übrigen den Wert 0. Die Speicherfunktion in Abb.2.6 ist

$S(i,j) = i + 3j \bmod 4.$

Das betrachtete Zugriffsformat $F = ((0,0), (1,0), (2,0), (3,0)) = G_h^4$ ist eine horizontale Gerade aus 4 Rasterpunkten.

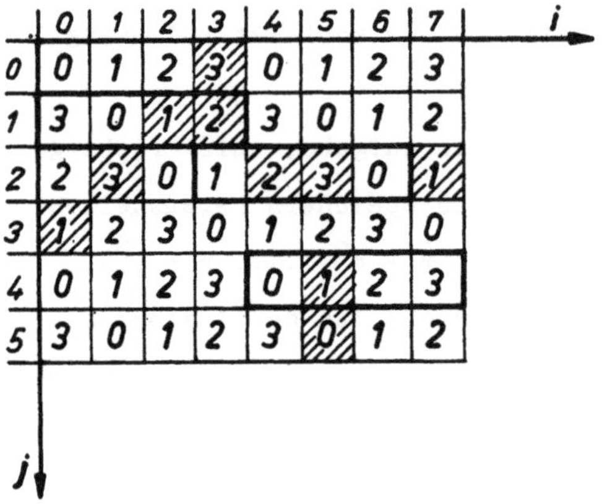

Abb.2.6

Zunächst betrachten wir das Fenster F(0,1). Die Daten dieses Fensters sind v(0,1) = 0, v((0,1)+(1,0)) = v(1,1) = 0, v((0,1)+(2,0)) = v(2,1) = 1, v((0,1)+(3,0)) = v(3,1) = 1. Diese Daten sind in den Speichermodulen 3, 0, 1 und 2 gespeichert. Um die Daten am Ausgang des parallelen Speichers in der Reihenfolge, wie sie im Fenster F(0,1) angeordnet sind, d.h. in der Reihenfolge v(0,1), v(1,1), v(2,1), v(3,1), auszugeben, ist vom Permutationsnetzwerk die Permutation

$$\pi((0,1),F,S) = \begin{pmatrix} 3 & 0 & 1 & 2 \\ 0 & 1 & 2 & 3 \end{pmatrix}$$

auszuführen, die in Abb.2.7 veranschaulicht ist.

Für die in Abb.2.6 weiter hervorgehobenen Formate F(3,2) und F(4,4) sind die Permutationen

$$\pi((3,2),F,S) = \begin{pmatrix} 1 & 2 & 3 & 0 \\ 0 & 1 & 2 & 3 \end{pmatrix}, \quad \pi((4,4),F,S) = \begin{pmatrix} 0 & 1 & 2 & 3 \\ 0 & 1 & 2 & 3 \end{pmatrix}$$

auszuführen, wobei $\pi((4,4),F,S)$ die identische Permutation ist.

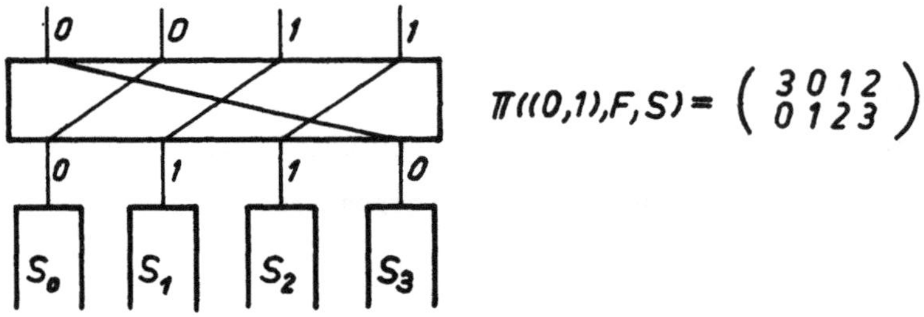

Abb.2.7

2.2. Speicherfunktionen und konfliktfreier Zugriff

In diesem Abschnitt geben wir einen Überblick über die Klassen der beim Entwurf paralleler Rasterspeicher verwendeten Speicherfunktionen, erläutern grundlegende Aussagen über den konfliktfreien Zugriff für unterschiedliche Funktionsklassen und beweisen sie.

In den ersten publizierten Arbeiten über parallele Speicher werden lineare Speicherfunktionen [BK71] und dyadische Speicherfunktionen [Bat 72] verwendet. Grundlegende theoretische Untersuchungen beginnen mit der Arbeit [Sha75a], in der allgemeine, periodische und lineare Speicherfunktionen systematisch untersucht werden

Gegenwärtig werden beim Entwurf paralleler Speicher die folgenden Klassen von Funktionen verwendet: lineare Funktionen, dyadische Funktionen, isotrope Funktionen, schwach isotrope Funktionen, reguläre Funktionen, periodische Funktionen, multiperiodische Funktionen [Diamant-Schemata].

Allgemeine Speicherfunktionen spielen bei theoretischen Untersuchungen eine gewisse Rolle, sind aber für tatsächliche Anwendungen nicht relevant.

Zunächst beweisen wir für beliebige Speicherfunktionen notwendige und hinreichende Bedingungen für den konfliktfreien Zugriff bei beliebiger, nicht eingeschränkter Plazierungsmenge. Diese Sätze sind in [Sha75a], [Sha78] enthalten. Die Beweise sind teilweise vereinfacht und in [RG82] beschrieben.

<u>Theorem 2.5.</u> Es sei $S: R \dashrightarrow \{0, 1, \ldots, N-1\}$ eine Speicherfunktion und $F = (e^1, \ldots, e^M)$, $M \leq N$, ein Zugriffsformat. Dann ist S konfliktfrei bezüglich F genau dann, wenn gilt:

Für $r_1, r_2 \in R$ mit $r_1 \neq r_2$ und $S(r_1) = S(r_2)$ folgt $F(r_1) \cap F(r_2) = \emptyset$.

Beweis.

a) Wir nehmen an, es gibt zwei Rasterpunkte $r_1, r_2 \in R$ mit

$$S(r_1) = S(r_2), \quad F(r_1) \cap F(r_2) \neq \emptyset,$$

und S ist F-konfliktfrei. Wegen $F(r_1) \cap F(r_2) \neq \emptyset$ gibt es dann Vektoren e^m, $e^{m'} \in F$ mit $m \neq m'$, für die $r_1+e^m = r_2+e^{m'}$ ist. Das Zugriffsformat $F(r_1-e^m)$ enthält die Rasterpunkte r_1 und r_2 mit $S(r_1) = S(r_2)$, und S ist nicht konfliktfrei bezüglich F.

b) Wir nehmen an, S ist nicht konfliktfrei bezüglich F. Dann gibt es ein $r \in R$ und Vektoren e^m, $e^{m'} \in F$, für die $S(r+e^m) = S(r+e^{m'})$ unter der Voraussetzung $e^m \neq e^{m'}$ gilt. Die Zugriffsformate $F(r+e^m)$ und $F(r+e^{m'})$ haben den Rasterpunkt $r + e^m + e^{m'}$ gemeinsam, und für $r_1 = r + e^m$, $r_2 = r + e^{m'}$ gilt $r + e^m + e^{m'} \in F(r_1) \cap F(r_2) \neq \emptyset$.

Theorem 2.5 kann ohne Schwierigkeiten auf eine Menge von Zugriffsformaten ausdehnt werden.

Folgerung 2.6. Es sei $S: R \text{ ---> } \{0, \ldots, N-1\}$ eine Speicherfunktion und $\underline{F} = \{F_1, F_2, \ldots, F_M\}$ eine Menge von Zugriffsformaten. S ist konfliktfrei bezüglich $\underline{F}$ genau dann, wenn für $r_1, r_2 \in R$ mit $r_1 \neq r_2$, $F_m \in \underline{F}$ und $S(r_1) = S(r_2)$ die Beziehung $F_m(r_1) \cap F_m(r_2) = \emptyset$ folgt.

Da die Speicherfunktion S zunächst beliebig ist, ist die Bedingung von Theorem 2.5 für das ganze Raster R nachzuprüfen, was praktisch schon für ein 2dimensionales (1024 x 1024)-Raster sehr aufwendig wäre. Deshalb hat Theorem 2.5 in dieser allgemeinen Form wenig praktische Bedeutung.

Unter speziellen Voraussetzungen, etwa unter der Annahme einer periodischen Funktion für S, kann mit dem Theorem aber effektiv die Konfliktfreiheit einer Speicherfunktion überprüft werden. Theorem 2.5 verwenden wir auch zum Beweis weiterer Theoreme

In [Sha75a] wurde der Zusammenhang zwischen der Existenz einer bezüglich eines Zugriffsformates F konfliktfreien Speicherfunktion S und der Parkettierung des Rasters R durch das Format F herausgearbeitet. Anschaulich bedeutet die Parkettierung eines Rasters durch ein Fenster, durch

Aneinanderlegen des Fensters das Raster lückenlos zu überdecken. Jeder Rasterpunkt ist dabei genau in einem der aneinanderliegenden Fenster enthalten. Drehungen des Fensters sind nicht zugelassen.

<u>Definition 2.7.</u> Ein Fenster F parkettiert das Raster R, wenn es eine Teilmenge $R_M \subset R$ gibt, für die

1. $R \subseteq \bigcup_{r \in R_M} F(r)$

und

2. $F(r_1) \cap F(r_2) = \emptyset$ für $r_1, r_2 \in R_M$ und $r_1 \neq r_2$

gilt.

Ein Vergleich der Definitionen 2.5 und 2.7 zeigt: Gibt es für eine Speicherfunktion S eine nichtüberlappend überdeckende Plazierungsmenge P(S,F), dann parkettiert F das Raster R.

Ein Beispiel für die Parkettierung eines 2dimensionalen Rasters durch das Fenster F_1 = ((0,0),(1,0),(2,0),(1,1),(0,2),(1,2),(2,2)) zeigt die Abb.2.8.

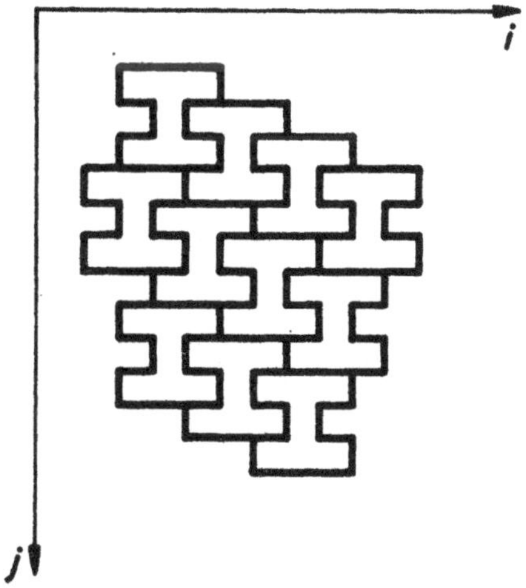

Abb.2.8

Das Fenster F_2 = ((0,0), (1,0), (2,0), (1,1), (1,2)) parkettiert das Raster nicht. (vgl. Abb.2.9)

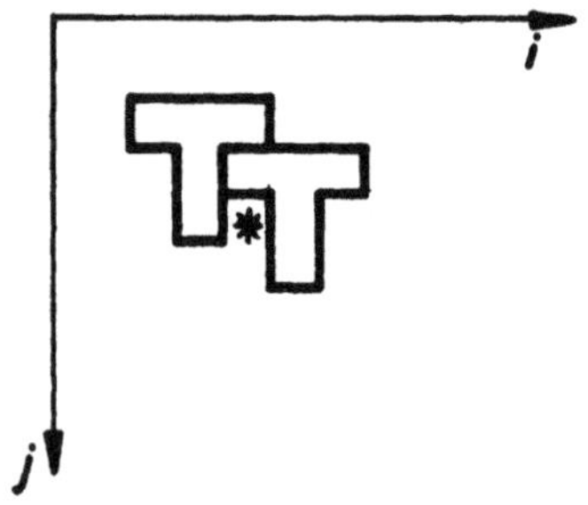

Abb.2.9

Der mit * markierte Rasterpunkt gehört keinem Fenster an.

Der Zusammenhang zwischen der Existenz einer bezüglich einem Zugriffsformat konfliktfreien Speicherfunktion und der Parkettierung des Rasters durch diese Speicherfunktion wird in dem folgenden Theorem beschrieben.

<u>Theorem 2.8.</u> Es sei $F = (e^1, \ldots, e^N)$ ein Zugriffsformat. Es gibt genau dann eine Speicherfunktion $S: R \longrightarrow \{0, 1, \ldots, N-1\}$, die bezüglich F konfliktfrei ist, wenn F das Raster R parkettiert.

<u>Beweis.</u>

<u>a)</u> Wir nehmen an, das Fenster F parkettiert das Raster R, und zeigen die Existenz einer Speicherfunktion, die bezüglich F konfliktfrei ist. Mit R_0 bezeichnen wir die Menge der ausgezeichneten Rasterpunkte des R parkettierenden Fensters F. Wir setzen $S(r') = m$ für $r' \in F(r)$ mit $r \in R_0$ und $r' = r + e^{m+1}$ und zeigen $F(r_3) \cap F(r_4) = \emptyset$ für zwei beliebige Rasterpunkte $r_3, r_4 \in R$ mit $r_3 \neq r_4$ und $S(r_3) = S(r_4) = m$, $0 \leq m < N$. Nach Theorem 2.5 ist S dann konfliktfrei bezüglich F. Wegen $S(r_3) = S(r_4) = m$, $m \in \{1, \ldots, N-1\}$, mit $r_3 \neq r_4$ gibt es Rasterpunkte $r_1, r_2 \in R_0$ mit $r_1 \neq r_2$, $r_3 \in F(r_1)$, $r_4 \in F(r_2)$ und $r_3 = r_1 + e^{m+1}$, $r_4 = r_2 + e^{m+1}$. Wegen $r_1, r_2 \in R_0$ gilt offensichtlich $F(r_1) \cap F(r_2) = \emptyset$, d. h.

$\{r_1+e^1, r_1+e^2, \ldots, r_1+e^N\} \cap \{r_2+e^1, r_2+e^2, \ldots, r_2+e^N\} = \emptyset$,

woraus $\{r_1+e^1+e^{m+1}, r_1+e^2+e^{m+1}, \ldots, r_1+e^N+e^{m+1}\} \cap$ $\{r_2+e^1+e^{m+1}, r_2+e^2+e^{m+1}, \ldots, r_2+e^N+e^{m+1}\} = \emptyset$, d. h. $F(r_1+e^{m+1}) \cap$ $F(r_2+e^{m+1}) = \emptyset$ bzw. $F(r_3) \cap F(r_4) \neq \emptyset$ folgt.

b) Wir nehmen nun an, S sei bezüglich F konfliktfrei. Mit R_0 bezeichnen wir

$$R_0 = \{r \mid r \in R \text{ und } S(r) = 0\}.$$

Nach Theorem 2.5 gilt $F(r_1) \cap F(r_2) = \emptyset$ für $r_1, r_2 \in R_0$ und $r_1 \neq r_2$.
Mit R' bezeichnen wir

$$R' = \bigcup_{r_1 \in R_0} F(r_1).$$

Offensichtlich parkettiert F das Raster R, wenn aus $r \in R$ die Gültigkeit von $r \in R'$ folgt.

Wir nehmen an, es existiert ein $r \in R$ mit $r \notin R'$. Für $m = 0, \ldots, N-1$ ist $r \in F(r-e^{m+1})$. Wegen $r \notin R'$ gilt dann für $m = 0, \ldots, N-1$ die Beziehung $S(r-e^{m+1}) \neq 0$, und die N verschiedenen Rasterpunkte $r-e^1, r-e^2, \ldots, r-e^N$ werden durch S in die N-1 Werte $\{1, \ldots, N-1\}$ abgebildet. Für mindestens zwei dieser Rasterpunkte, etwa $r-e^m$, $r-e^{m'}$, gilt dann $S(r-e^m) = S(r-e^{m'}) \in \{1, \ldots, N-1\}$ mit $e^m \neq e^{m'}$. Die Fenster $F(r-e^m)$ und $F(r-e^{m'})$ haben dann den Rasterpunkt r gemeinsam,

$$r \in F(r-e^m) \cap F(r-e^{m'}),$$

obwohl $S(r-e^m) = S(r-e^{m'})$ gilt. Nach Theorem 2.5 ist dann S nicht bezüglich F konfliktfrei (Widerspruch). Somit gibt es keinen Rasterpunkt $r \notin R'$, und F parkettiert R.

Für eine Menge von Fenstern gilt

Theorem 2.9. Es sei $\underline{F} = \{F_1, \ldots, F_M\}$ eine Menge von Zugriffsformaten mit jeweils N Rasterpunkten. Es gibt genau dann eine Speicherfunktion $S: R \longrightarrow \{0, \ldots, N-1\}$, die bezüglich $\underline{F}$ konfliktfrei ist, wenn jedes $F_m \in \underline{F}$ das Raster R parkettiert und die ausgezeichneten Rasterpunkte der verschiedenen Formate F_m bei der Parkettierung von R zusammenfallen.

Der prinzipiell nicht schwierige Beweis ist in [Sha75a] und etwas vereinfacht sowie für beliebige Dimensionalität des Rasters in [RG82] zu finden.

Praktisch leichter überprüfbare und auch anwendbare Resultate erhält man, wenn die Speicherfunktion S einer bestimmten Klasse von Funktionen angehört. Als Klassen von Speicherfunktionen werden, wie wir schon ausführten, folgende verwendet:

lineare, dyadische, isotrope, reguläre, periodische und multiperiodische Funktionen.

Wir definieren und erläutern zunächst diese Funktionsklassen, untersuchen sodann Zusammenhänge zwischen ihnen und leiten einige Theoreme über den konfliktfreien Zugriff in diesen Funktionsklassen für Raster her. Die Definitionen und Theoreme formulieren wir meist für 2dimensionale Raster. Ihre Übertragung auf beliebig-dimensionale Raster bereitet keine Schwierigkeiten.

Da wir Speicherfunktionen als gleichwertig ansehen wollen, wenn sie sich nur in der Bezeichnung der Speichermodule unterscheiden, führen wir noch den Begriff der Isomorphie von Speicherfunktionen ein.

<u>Definition 2.10.</u> Die Speicherfunktionen $S: R \dashrightarrow \{0, \ldots, N-1\}$ und $S': R \dashrightarrow \{0,1, \ldots, N-1\}$ sind isomorph, wenn es eine eindeutig umkehrbare Funktion $\varphi : \{0, \ldots, N-1\} \dashrightarrow \{0, \ldots, N-1\}$ gibt, bei der für alle $r \in R$ gilt

$$S(r) = \varphi(S'(r)).$$

Die Speicherfunktionen S und S' von Abb.2.10 sind isomorph. Es gilt $\varphi(S) = S' = 3\,S + 1 \bmod 4 = \varphi^{-1}(S)$.

S:

j \ i	0	1	2	3	4	5	6	7
0	0	1	2	3	0	1	2	3
1	2	3	0	1	2	3	0	1
2	0	1	2	3	0	1	2	3
3	2	3	0	1	2	3	0	1

S':

j \ i	0	1	2	3	4	5	6	7
0	1	0	3	2	1	0	3	2
1	3	2	1	0	3	2	1	0
2	1	0	3	2	1	0	3	2
3	3	2	1	0	3	2	1	0

Abb.2.10

<u>Definition 2.11.</u> Eine Speicherfunktion $S: R \longrightarrow \{0, 1, \ldots, N-1\}$ nennt man <u>linear</u>, wenn für $(i,j) \in R$ gilt

$$S(i,j) = ai + bj + c \mod N. \tag{2.3}$$

Zur Speicherfunktion (2.3) ist die Speicherfunktion

$$S'(i,j) = ai + bj \mod N \tag{2.4}$$

isomorph. Dabei gilt $S' = \varphi_1(S) = S - c \mod N$.

Ist b kein Teiler von N, so ist die Speicherfunktion

$$S''(i,j) = ab^{-1}i + j \mod N = a''i + j \mod N \tag{2.5}$$

mit $S'' = \varphi_2(S') = b^{-1}S' \mod N$ und $bb^{-1} \mod N = 1$ isomorph zu (2.4) und (2.3).

Ist a kein Teiler von N, so erhält man, indem i und j vertauscht werden, ebenfalls die Form (2.5). Ist N eine Primzahl, so können wir stets die Form (2.5) voraussetzen.

Prinzipiell können wir also eine lineare Speicherfunktion für ein 2dimensionales Raster o.B.d.A. entsprechend (2.4) in der Form

$$S(i,j) = ai + bj \mod N \tag{2.4}$$

ansetzen. Für ein 3dimensionales Raster mit $r = (i,j,k)$ ergibt sich entsprechend

$$S(i,j,k) = ai + bj + ck \mod N \tag{2.6}$$

und, wenn N eine Primzahl ist,

$$S(i,j,k) = ai + bj + k \mod N. \tag{2.7}$$

Die Möglichkeit, lineare Speicherfunktionen bis auf Isomorphie in der Form (2.4) bzw. (2.6) voraussetzen zu können, ist sehr wichtig, da für lineare Speicherfunktionen in dieser Form die einfache Funktionalgleichung

$$S(r+r') = S(r) + S(r') \mod N \tag{2.8}$$

mit $r = (i,j)$, $r' = (i',j')$ bzw. $r = (i,j,k)$, $r' = (i',j',k')$ gilt. Diese Funktionalgleichung wird beim Entwurf paralleler Speicher mit linearer Speicherfunktion intensiv genutzt.

In der Tat gilt

$$S(r+r') = a(i+i') + b(j+j') \mod N$$

$$= (ai + bj \bmod N) + (ai' + bj' \bmod N) \bmod N$$
$$= S(r) + S(r') \bmod N.$$

Für eine lineare Speicherfunktion gilt das interessante

<u>Theorem 2.12.</u> Es sei S linear modulo N und konfliktfrei bezüglich $F = (e^1, e^2, \ldots, e^M)$, $M \leq N$. Dann ist S bezüglich $aF = (ae^1, ae^2, \ldots, ae^M)$ konfliktfrei, wenn a und N teilerfremd sind.

<u>Beweis.</u> Wir nehmen an, S sei bezüglich aF nicht konfliktfrei und bezüglich F konfliktfrei. Dann gibt es ein $r \in R$ und Vektoren e^m, $e^{m'} \in F$, $e^m \neq e^{m'}$, für die

$$S(r + ae^m) = S(r + ae^{m'})$$

gilt. Wegen (2.8) und der Teilerfremdheit von a und N gilt ferner die Beziehung

$$S(e^m) = S(e^{m'}).$$

Aus der Konfliktfreiheit bezüglich F folgt $S(r+e^m) \neq S(r+e^{m'})$ und damit wegen (2.8) $S(e^m) \neq S(e^{m'})$ (Widerspruch).

Zur Definition dyadischer Speicherfunktionen benötigen wir eine Bezeichnung für die binäre Darstellung von Zahlen.

Ist z eine ganze Zahl mit $0 \leq z < 2^m$, dann bezeichnen wir mit $(z)_2$ die binäre Darstellung von z und schreiben auch explizit

$$(z)_2 = (z_{m-1} | z_{m-2} | \ldots | z_1 | z_0) \quad \text{mit} \quad z_k \in \{0,1\} \quad \text{für} \quad k = 0, \ldots, m-1$$

und

$$z = \sum_{k=0}^{m-1} 2^k z_k.$$

So gilt etwa $(5)_2 = (1|0|1)$, $(12)_2 = (1|1|0|0)$.

<u>Definition 2.13.</u> Eine Speicherfunktion $S\colon R \longrightarrow \{0, 1, \ldots, N-1\}$ mit $N = 2^m$ wird <u>dyadisch</u> genannt, wenn für $(i,j) \in R$ gilt

$$S(i,j) = (f(j) \bmod N)_2 \oplus (g(i) \bmod N)_2 \oplus (c \bmod N)_2. \qquad (2.9)$$

Dabei sind f und g einstellige Funktionen, die die ganzzahligen Koordinaten in die natürlichen Zahlen abbilden. Es gilt

$$0 \leq f(j) \bmod N;\; g(i) \bmod N;\; c \bmod N < 2^m,$$

und die Operation $\oplus$ bezeichnet die komponentenweise Addition modulo 2 der Operanden in binärer Darstellung.

Die Speicherfunktion

$$S'(i,j) = (f(j) \bmod N)_2 \oplus (g(i) \bmod N)_2 \tag{2.10}$$

ist der Speicherfunktion (2.9) isomorph.

Die Speicherfunktion (2.9) bzw. (2.10) beschreibt den allgemeinsten Ansatz für eine dyadische Funktion. Der technisch bedeutsame Vorteil der Operationen "komponentenweise Addition modulo 2", bei denen keine Überträge zwischen den Komponenten auftreten, kommt dann voll zum Tragen, wenn f und g aus den Binärzahlen der koordinaten j und i jeweils m' Stellen ($m' \leq m$) in einer bestimmten Reihenfolge auswählen und mit Konstanten 0 und 1 bis auf m Stellen ergänzen.

Die meisten Anwendungen dyadischer Funktionen beschränken sich auf Funktionen der Form

$$S(i,j) = (\pi(j \bmod N))_2 \oplus (\tau(i \bmod N))_2, \tag{2.11}$$

wobei π und τ Permutationen der Komponenten der Binärzahlen $(j \bmod N)_2$ und $(i \bmod N)_2$ sind.

Ist

$$\tau(i \bmod N)_2 = \tau(i_{m-1}|\ldots|i_0) = (i_{\tau(m-1)}|\ldots|i_{\tau(0)}) \tag{2.12}$$

mit

$$\tau = \begin{pmatrix} 0 & 1 & \ldots & m-1 \\ \tau(0) & \tau(1) & \ldots & \tau(m-1) \end{pmatrix}, \tag{2.13}$$

dann gilt

$$(\pi(j \bmod N))_2 \oplus (\tau(i \bmod N))_2$$
$$= \tau\tau^{-1}((\pi(j \bmod N))_2 \oplus (\tau(i \bmod N))_2)$$
$$= \tau\ \{\tau^{-1}(\pi(j \bmod N))_2 \oplus (i \bmod N)_2\}$$

und somit

$$S''(i,j) = (\tau^{-1}(S(i,j)))_2 = (\pi''(j \bmod N))_2 \oplus (i \bmod N)_2 \tag{2.14}$$

mit $\pi'' = \tau^{-1}\pi$.

Dabei sind S" und S isomorph.

Für den durch (2.11) beschriebenen Spezialfall dyadischer Funktionen können wir eine dyadische Funktion also o.B.d.A. in der Form (2.14) ansetzen.

Derartige, häufig verwendete Permutationen der Stellen der Binärzahlen sind beispielsweise

$$\text{REVERSE}\ (i_{m-1}|\ldots|i_1|i_0) = (i_0|i_1|\ldots|i_{m-1})$$

und für $m = 2m'$

$$\text{SWAP}\ (i_{2m'-1}|\ldots|i_{m'}|i_{m'-1}|\ldots|i_0) = (i_{m'-1}|\ldots|i_0|i_{2m'-1}|\ldots|i_{m'}).$$

Für ein 3dimensionales Raster R mit $(i,j,k) \in R$ gilt analog zu (2.11)

$$S(i,j,k) = (h(k) \bmod N)_2 \oplus (f(j) \bmod N)_2 \oplus (g(i) \bmod N)_2. \quad (2.15)$$

Dabei sind $(h(k) \bmod N)_2$, $(f(j) \bmod N)_2$ und $(g(i) \bmod N)_2$ Werte zwischen 0 und 2^m-1 in binärer Darstellung. Im Unterschied zu den Funktionen, die linear modulo N sind und für die die Funktionalgleichung (2.8) gilt, gibt es für dyadische Funktionen keine Funktionalgleichung des Typs

$$S(r+r') = f(S(r), S(r')), \quad (2.16)$$

da z.B. die Annahme der Gültigkeit einer derartigen Funktionalgleichung für

$S(i,j) = (i_{m-1}|\ldots|i_0) \oplus (j_{m-1}|\ldots|j_0)$ und $m = 2$ zum Widerspruch führt.

Mit $r = (0,0)$ bzw. $r = (1,1)$ und $r' = (0,1)$ folgt aus (2.16)

$$f(0,1) = S(0,1) = S(1,2)$$

im Widerspruch zu $S(0,1) = 1$, $S(1,2) = 3$. Die Operation + auf der linken Seite von (2.16) bedeutet dabei die "übliche" Addition der Koordinatenwerte von r und r'. Für die Binärdarstellung gibt es natürlich eine entsprechende Gleichung mit komponentenweiser Addition modulo 2.

Als nächste Funktionenklasse betrachten wir isotrope Speicherfunktionen [RG82, GR86].

<u>Definition 2.14.</u> Eine Speicherfunktion $S:\ R \longrightarrow \{0,1,\ \ldots,\ N-1\}$ ist <u>isotrop</u>, wenn für alle $r,r' \in R$, $r = (i,j)$, $r' = (i',j')$ gilt:

Aus $S(i,j) = S(i',j')$ folgt

$$S(i\pm1,j) = S(i'\pm1,j') \text{ und } S(i,j\pm1) = S(i',j'\pm1). \quad (2.17)$$

Für isotrope Speicherfunktionen gilt: Sind zwei Rasterpunkte im gleichen Speichermodul gespeichert, so sind auch ihre entsprechenden Nachbarn in gleichen Speichermodulen gespeichert.

Ist S eine in einem Raster isotrope Speicherfunktion, dann setzen wir

$$S(i+1,j) = \phi_x\,(S(i,j)); \qquad S(i-1,j) = \phi_{-x}\,(S(i,j)),$$
$$S(i,j+1) = \phi_y\,(S(i,j)); \qquad S(i,j-1) = \phi_{-y}\,(S(i,j)). \tag{2.18}$$

Offensichtlich gilt

$$\phi_x\,\phi_y = \phi_y\,\phi_x, \quad \phi_x\,\phi_{-x} = \phi_{-x}\,\phi_x = I, \quad \phi_y\,\phi_{-y} = \phi_{-y}\,\phi_y = I, \tag{2.19}$$

wobei mit I die Identität bezeichnet ist.

Die Funktionen ϕ_x : {0, ..., N-1} ---> {0, ..., N-1} und ϕ_y : {0,..., N-1} ---> {0, ..., N-1} sind eindeutig umkehrbare Funktionen, deren inverse Funktionen ϕ_{-x} und ϕ_{-y} sind.

Die Verallgemeinerung auf 3 und mehr Dimensionen ist nicht schwierig und soll hier nicht ausgeführt werden.

In [Wij88] wird der Begriff der regulären Speicherfunktion eingeführt.

<u>Definition 2.15.</u> Eine Speicherfunktion S: R ---> {0, 1, ..., N-1} wird <u>regulär</u> genannt, wenn für r_1, r_2, $r \in R$ gilt:

Aus $S(r_1) = S(r_1+r)$ folgt $S(r_2) = S(r_2+r)$.

Für reguläre Funktionen gilt: Sind zwei Rasterpunkte, die den "Abstand" r voneinander haben, im gleichen Speichermodul gespeichert, so sind alle Rasterpunkte mit dem "Abstand" r in jeweils gleichen Speichermodulen gespeichert.

Intuitiv klar ist der Begriff der periodischen Funktion.

<u>Definition 2.16.</u> Eine Speicherfunktion S: R ---> {0, 1, ..., N-1} ist (n_1,n_2)-periodisch, $n_1, n_2 > 0$, wenn für alle $r \in R$, $r = (i,j)$, und für alle ganzen Zahlen m_1, m_2

$$S(i,j) = S(i+m_1n_1,\ j+m_2n_2) \tag{2.20}$$

gilt.

Für endliche Raster setzen wir natürlich $(i+m_1n_1,\ j+m_2n_2) \in R$ voraus. Eine (n_1,n_2)-periodische Funktion S ist durch ihre Werte in einem achsenparallelen Rechteck mit den Seitenlängen n_1 und n_2 und durch die Beziehung (2.20) festgelegt. Dieses Rechteck nennen wir das <u>Grundgebiet</u> G der Funktion S. Es wird von den Basisvektoren $\underline{v}_1 = (n_1,0)$ und $\underline{v}_2 = (0,n_2)$ aufgespannt.

Mit diesen Bezeichnungen kann man (2.20) auch in der Form

$$S(r) = S(r + m_1\underline{v}_1 + m_2\underline{v}_2) \qquad (2.21)$$

für $m_1, m_2 = 0, \pm 1, \pm 2, \ldots$ schreiben.

Die Definition einer (4,2)-periodischen Funktion S: R ---> {0,1,2,3,4} soll nun anhand von Abb.2.11 erläutert werden.

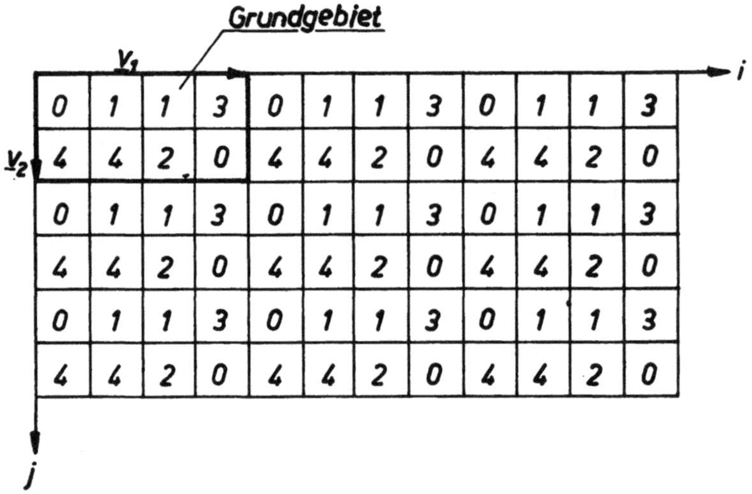

Abb.2.11

In dem von den Vektoren $\underline{v}_1 = (4,0)$ und $\underline{v}_2 = (0,2)$ aufgespannten Grundgebiet wird die Funktion S zu

$0 = S(0,0) = S(3,1)$, $1 = S(1,0) = S(2,0)$, $2 = S(2,1)$,

$3 = S(3,1)$ und $4 = S(1,0) = S(1,1)$

festgelegt. Alle übrigen Funktionswerte sind durch die Beziehung (2.20), die hier die Form

$$S(i,j) = S(i+4m_1, j+2m_2)$$

annimmt, bestimmt.

Das Grundgebiet einer periodischen Funktion braucht nicht notwendig ein achsenparalleles Rechteck zu sein.

In Abb.2.12 ist ein Grundgebiet von den Vektoren $\underline{v}_1 = (2,-1)$, $\underline{v}_2 = (1,2)$ aufgespannt. Die in Abb.2.12 schraffierten Rasterpunkte des Grundgebietes bilden wegen der Digitalisierung des Rasters ein Kreuz aus 5 Rasterpunkten. Durch ihre Werte im Grundgebiet und durch die Bedingung (2.21) ist die Funktion S auf dem ganzen Raster R erklärt. Die Rasterpunkte

$$L = \{r' \mid r' = m_1\underline{v}_1 + m_2\underline{v}_2 \quad \text{und} \quad m_1, m_2 \in \{0, \pm 1, \pm 2, \ldots\}\}$$

bilden ein sogenanntes Integralgitter. Die Punkte dieses Integralgitters sind Linearkombinationen von Basisvektoren, hier $\underline{v}_1$ und $\underline{v}_2$, mit ganzzahligen Koeffizienten.

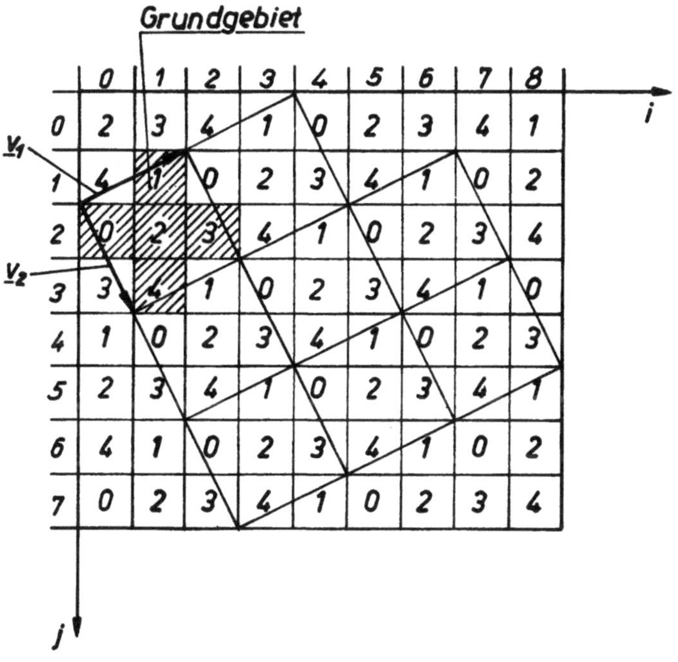

Abb.2.12

Bezeichnen wir

$$r + L = \{\tilde{r} \mid \tilde{r} = r + r' \quad \text{und} \quad r' \in L\},$$

dann ist die Menge der Rasterpunkte, für die

$$S(r) = 0,\ 1,\ 2,\ 3 \quad \text{bzw.}\ 4$$

gilt, durch

$$(2,1)+L,\ (1,1)+L,\ (0,0)+L,\ (1,0)+L \ \text{bzw.}\ (0,1)+L$$

beschrieben.

Der Flächeninhalt des Grundgebietes ist durch

$$\det(\underline{v}_1, \underline{v}_2) = G_F$$

bestimmt (vgl. z.B. [Cas59, Weg40]). Für die Speicherfunktionen von Abb.2.11 bzw. von Abb.2.12 gilt

$$G_F = \begin{vmatrix} 4 & 0 \\ 0 & 2 \end{vmatrix} = 8 \quad \text{und} \quad N = 5$$

bzw.

$$G_F = \begin{vmatrix} 2 & 1 \\ -1 & 5 \end{vmatrix} = 5 \quad \text{und} \quad N = 5.$$

Der Flächeninhalt G_F des durch die Vektoren $\underline{v}_1$ und $\underline{v}_2$ aufgespannten Grundgebietes legt offensichtlich die maximal mögliche Anzahl der Speichermodule der zugehörigen periodischen Speicherfunktion fest. Die Speicherfunktion von Abb.2.12 ist (5,5)-periodisch im Sinne der Definition 2.16. Sie ist schon durch ihre Werte in ihrem Grundgebiet mit dem Flächeninhalt $G_F = 5$ und durch Beziehung (2.21) bestimmt. Es ist nicht erforderlich, die (5,5)-periodische Funktion in einem achsenparallelen Quadrat aus 25 Rasterpunkten festzulegen, sondern diese Funktion ist, wie wir erläutert haben, durch ihre Werte in einem Grundgebiet aus 5 Rasterpunkten bestimmt.

Als ein Grundgebiet G kann man allgemein ein Parallelogramm bzw. in höherdimensionalen Rastern ein Parallelepiped wählen. Den linken oberen Punkt des Grundgebietes nennen wir <u>ausgezeichneten Rasterpunkt</u> von G. G(r) bezeichnet das Grundgebiet G, dessen ausgezeichneter Punkt der Rasterpunkt r ist. Für ein Grundgebiet G(r) definieren wir eine periodische Numerierung τ des Rasters R.

<u>Definition 2.17.</u> Es sei G ein durch die Vektoren $\underline{v}_1$ und $\underline{v}_2$ bestimmtes Grundgebiet. Dann ist die Funktion

$$\tau: R \longrightarrow \{0, 1, \ldots, G_F-1\}$$

eine <u>periodische Numerierung</u> des Rasters R bezüglich G(r), $r \in R$, wenn gilt: Aus $r', r'' \in G(r)$ mit $r' \neq r''$ folgt $(r') \neq (r'')$ und

$$\tau(r + m_1\underline{v}_1 + m_2\underline{v}_2) = \tau(r) \quad \text{für} \quad m_1, m_2 \in \{0, \pm 1, \pm 2, \ldots\}.$$

Durch eine periodische Numerierung τ des Rasters R bezüglich G(r) werden zunächst alle Rasterpunkte von G(r) numeriert, und diese Numerierung wird periodisch durch $\underline{v}_1$ und $\underline{v}_2$ auf das Raster R fortgesetzt.
Bei einer periodischen Numerierung werden verschiedenen Rasterpunkten des Grundgebietes jeweils unterschiedliche Zahlen zugeordnet. Im Falle einer periodischen Speicherfunktion können unterschiedlichen Rasterpunkten des Grundgebietes auch gleiche Zahlen, d.h. gleiche Speichermodule, zugeordnet sein.

Allgemein kann eine periodische Funktion durch die Basisvektoren $\underline{v}_1$ und $\underline{v}_2$, die das Grundgebiet bestimmen, in folgender Weise definiert werden.

Definition 2.18. Es sei $S: R \dashrightarrow \{0, \ldots, N-1\}$ eine Speicherfunktion, $\underline{v}_1$ und $\underline{v}_2$ Vektoren mit ganzzahligen Komponenten, die das Grundgebiet G mit $G_F = \det(\underline{v}_1, \underline{v}_2)$ bestimmen, $N \leq G_F$. S ist dann $(\underline{v}_1,\underline{v}_2)$-periodisch, wenn für alle $r \in R$ und für alle $m_1, m_2 \in \{0, \pm 1, \pm 2, \ldots\}$ gilt

$$S(r + m_1\underline{v}_1 + m_2\underline{v}_2) = S(r). \tag{2.22}$$

Anstatt den Rasterpunkten eines Grundgebietes G(r) direkt die Werte $S(r')$, $r' \in G(r)$, einer periodischen Speicherfunktion S zuzuweisen, kann man nun auch etwas umständlicher verfahren.
Die Rasterpunkte des Grundgebietes G(r) werden durch unterschiedliche Zahlen $\tau(r')$, $r' \in G(r)$, numeriert, diesen Werten wird durch eine Funktion $f: \{0, \ldots, G_F-1\} \dashrightarrow \{0, \ldots, N-1\}$ der Wert der periodischen Speicherfunktion S zugewiesen,

$$f(\tau(r')) = S(r'), \quad r' \in G(r), \tag{2.23}$$

und es gilt dann offensichtlich

$$f(\tau(r)) = S(r) \quad \text{für } r \in R. \tag{2.24}$$

Gilt für eine periodische Speicherfunktion S und eine periodische Numerierung τ die Beziehung (2.24), so nennen wir τ eine f-Numerierung von S.

Diese eigentlich simplen Zusammenhänge spielen beim funktionellen Entwurf von Adressenberechnungsschaltungen für parallele Speicher eine Rolle.

Interessant für spezielle Anwendungen und relativ einfach in ihrer Beschreibung sind die in [JFL84] eingeführten speziellen multiperiodischen Funktionen, die in [JFL84] "Diamant Schemata" (engl.: diamond schemes) genannt werden.

Ausgehend von zwei Basisvektoren $\underline{v}_1$ und $\underline{v}_2$ werden die Werte der Speicherfunktion S: R ---> {0, 1, ..., N-1} mit

$$N \leqq G_F = \det(\underline{v}_1, \underline{v}_2)$$

in dem von $\underline{v}_1$ und $\underline{v}_2$ aufgespannten Grundgebiet G definiert. Weiterhin werden zwei kommutierende Permutationen π_1 und π_2 der Zahlen 0, 1, ..., N-1 vorgegeben, für die also $\pi_1 \pi_2 = \pi_2 \pi_1$ erfüllt ist. Die Fortsetzung der Funktion S auf das ganze Raster R wird dann durch die Beziehung

$$S(r + k\underline{v}_1 + l\underline{v}_2) = \pi_1^k \pi_2^l S(r) \tag{2.25}$$

erklärt.

Die Speicherfunktion S ist damit durch die Basisvektoren $\underline{v}_1$, $\underline{v}_2$, durch ihre $N \leqq G_F$ Werte im Grundgebiet und durch die beiden Permutationen π_1 und π_2 auf dem ganzen Raster R definiert. Gilt $G_F = N$, so werden die Diamant-Schemata als regulär bezeichnet. Als Beispiel ist in Abb.2.13 ein Diamant-Schema mit den Basisvektoren $\underline{v}_1 = (2,0)$ und $\underline{v}_2 = (0,2)$, die als Grundgebiet ein achsenparalleles Quadrat aus den 4 Rasterpunkten (0,0), (1,0), (1,0) und (1,1) aufspannen, und den Permutationen $\pi_1(x) = x + 2 \bmod 4$, $\pi_2(x) = x + 1 \bmod 4$ dargestellt. Es ist S(0,0) = 0, S(1,0) = 1, S(1,0) = 2, S(1,1) = 3 gesetzt.

In Abb.2.14 wird das Grundgebiet aus 4 Rasterpunkten von den Basisvektoren $\underline{v}_1 = (2,0)$ und $\underline{v}_2 = (1,2)$ aufgespannt. Es enthält die Rasterpunkte (0,0), (0,1), (1,1), (1,2) mit den Funktionswerten S(0,0) = 0, S(0,1) = 1, S(1,1) = 2, S(1,2) = 3. Für die Permutationen π_1 und π_2 gilt wieder, wie im Beispiel der Abb.2.13, $\pi_1(x) = x + 2 \bmod 4$, $\pi_2(x) = x + 1 \bmod 4$.

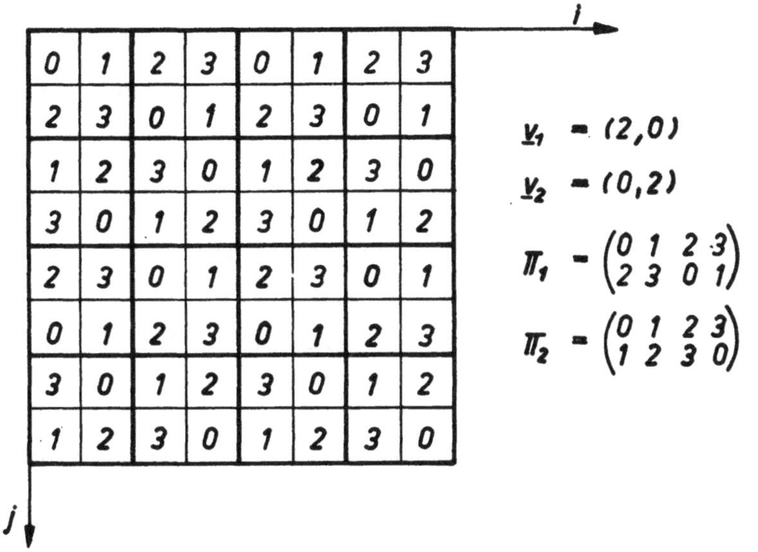

Abb.2.13.

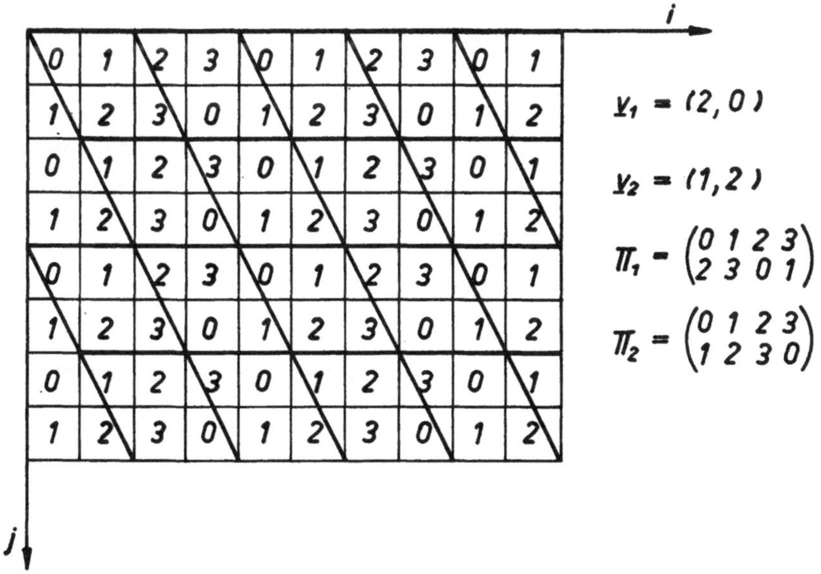

Abb.2.14

Reguläre Diamant-Schemata lassen sich auch als isotrope Speicherfunktionen interpretieren. Die üblichen Rasterkoordinaten (i,j) ersetzen wir durch (i',j',k,l), wobei i',j' nur noch das Grundgebiet durchlaufen und k und l die Exponenten der beschriebenen Permutationen sind.

Für die Speicherfunktion von Abb.2.13 gilt dann

$$S(i',j',k,l) = \pi_1^k \pi_2^l (i'+2j')$$

mit $0 \leq i',j' < 2$, die offensichtlich isotrop ist.
Die Koordinaten i',j',k,l sind aus i,j durch

$$i' = i \bmod 2, \quad j' = j \bmod 2, \quad k = i/2, \quad l = j/2$$

bestimmt.

Die 2dimensional mit den Rasterkoordinaten i, j nicht isotrope Funktion ist 4dimensional mit den Koordinaten i', j', k, l isotrop. Auf diese Problematik kommen wir im Abschnitt 5 noch einmal zurück.
Von theoretischem Interesse sind noch die in der Terminologie der Integralgitter formulierten Untersuchungen zu allgemeinen, mehrfach periodischen Funktionen [WL85].

Die bisher gegebenen Definitionen von Funktionen beziehen sich alle auf die "natürlichen" Rasterkoordinaten.

Wir gehen nun auf den Zusammenhang zwischen den verschiedenen Klassen von Speicherfunktionen für Raster ein, der in einfacher Weise in Abb.2.15 veranschaulicht ist.

Wir zeigen

<u>Theorem 2.19.</u> Ist $S: R \longrightarrow \{0, \ldots, N-1\}$ eine lineare Speicherfunktion, dann ist S isotrop.
<u>Beweis.</u> Wegen $S(i,j) = ai + bj \bmod N$ gilt
$S(i\pm1,j) = S(i,j)\pm a \bmod N$ und $S(i,j\pm1) = S(i,j)\pm b \bmod N$. Damit ergibt sich aus $S(i,j) = S(i',j')$ unmittelbar $S(i\pm1,j) = S(i'\pm1,j)$ und $S(i,j\pm1) = S(i,j'\pm1)$.

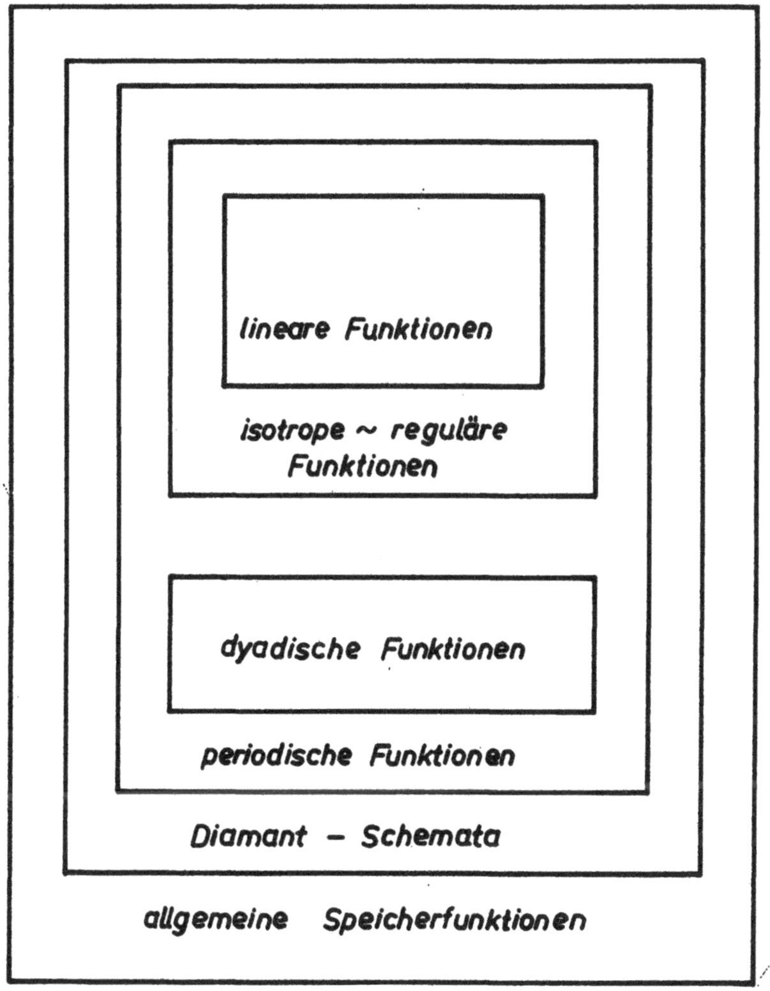

Abb.2.15

Nicht jede isotrope Funktion ist isomorph zu einer linearen Funktion. Wir erläutern das an dem Beispiel der isotropen Funktion $S(i,j)$ von Abb.2.16.

Wir nehmen an, es gibt eine lineare Speicherfunktion $S'(i,j) = ai + bj + c \bmod M$, $0 \leq a,b < M$, und eine eindeutig umkehrbare Funktion $\varphi : \{0, \ldots, M-1\} \longrightarrow \{0, \ldots, M-1\}$ mit $S(i,j) = \varphi(S'(i,j))$ für alle $(i,j) \in R$, und führen diese Annahme zum Widerspruch.

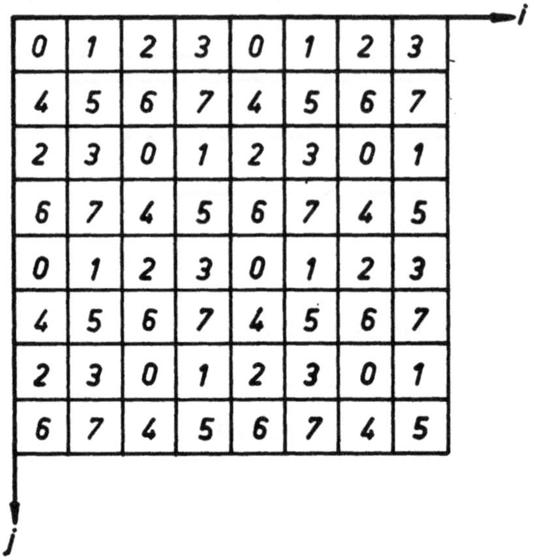

Abb.2.16

Aus $S(i+4,j) = S(i,j)$ und $S(i,j+4) = S(i,j)$ folgern wir

$$4a \bmod M = 0, \quad 4b \bmod M = 0,$$

d.h.

$$4a = m_1 M, \qquad 4b = m_2 M$$

bzw.

$$a = \frac{m_1 M}{4}, \qquad b = \frac{m_2 M}{4}.$$

Da a und b kleiner als M sind, gilt $m_1, m_2 \in \{0, 1, 2, 3\}$, und 4 ist Teiler von M.

Wegen $S(i,j) \neq S(i+2,j)$ und $S(i,j) \neq S(i,j+2)$ ist $k,l \in \{1,3\}$. Wegen $S(i+1,j) \neq S(i,j+1)$ ist $a \neq b$. Der Fall $a = M/4$, $b = 3M/4$ ist wegen $S(i+3,j) \neq S(i,j+1)$ und der Fall $a = 3M/4$, $b = M/4$ wegen $S(i+1,j) \neq S(i,j+3)$ nicht möglich. Damit gibt es keine lineare Speicherfunktion, die isomorph zur isotropen Speicherfunktion von Abb.2.16 ist.

Wir untersuchen nun isotrope Speicherfunktionen $S: R \longrightarrow \{0, \ldots, N-1\}$, die tatsächlich alle Werte von 0 bis N-1 auf dem Raster annehmen.

<u>Theorem 2.20.</u> Es sei S eine isotrope Speicherfunktion, dann ist S in jeder Zeile periodisch mit der gleichen Periode N_Z und in jeder Spalte periodisch mit der gleichen Periode N_S, wobei N_Z und N_S Teiler von N sind.

<u>Beweis.</u> Es seien i und j fest gewählt. Wegen $S(i+1,j) = \phi_x S(i,j)$ gilt für $m > 0$ $S(i+m,j) = \phi_x^m S(i,j)$. Da die Anzahl N der Speichermodule endlich ist, müssen Zahlen m_1, m_2 mit $0 \leq m_1 < m_2$ existieren, für die

$$\phi_x^{m_1} S(i,j) = \phi_x^{m_2} S(i,j)$$

gilt. Es sei $m_3 = m_2 - m_1$ und m_3 minimal. Die Folge der Werte $S(i,j)$, $S(i+1,j)$, $S(i+2,j)$, ... hat dann die Form

$$S(i,j) \ldots \underbrace{S(i+m_1,j) \ldots S(i+m_1+m_3-1,j)}_{\text{periodisch}}. \tag{2.26}$$

Da ϕ_x eindeutig umkehrbar ist, besitzt S aber keine Vorperiode und ist m_3-periodisch.

Da $S(i,j+1) = \phi_y S(i,j)$ gilt und ϕ_y eindeutig umkehrbar ist, sind die Werte von S der (j+1)-ten Zeile aus den Werten von S in der j-ten Zeile eindeutig bestimmt, haben ebenfalls die Periode m_3, und die Werte der (j+1)-ten Zeile sind entweder elementfremd zu den Werten der j-ten Zeile oder eine Permutation der Werte der j-ten Zeile.

Die gleiche Aussagen können für die (j + m)-te Zeile (m = 2, 3, ...) getroffen werden.

Bezeichnen wir mit $\mathcal{S}(i)$, $\mathcal{S}(i+1)$, ... die Menge der Werte der i-ten, (i+1)-ten, ... Zeile, so gilt für ein gewisses m mit $m \geq 1$

$\mathcal{S}(i) = \mathcal{S}(m)$, $\mathcal{S}(i') \cap \mathcal{S}(i'') = \emptyset$ für $i \leq i'$, $i'' \leq m$ und $i' \neq i''$, und für $m' \geq 0$ die Beziehung

$$\mathcal{S}(i+m') = \mathcal{S}(i+m+m'), \quad \{0, \ldots, N-1\} = \bigcup_{i'=i}^{i+m-1} \mathcal{S}(i').$$

Damit ist $m_3 = N_Z$ notwendig Teiler von N. Analog ist N_S Teiler von N.

Theorem 2.21. Ist $S: R \longrightarrow \{0, \ldots, N-1\}$ eine isotrope Speicherfunktion, die in einer Zeile (einer Spalte) alle Werte $0, \ldots, N-1$ annimmt, dann ist S isomorph zu einer linearen Funktion.

Beweis. Wir konstruieren eine zu S isomorphe lineare Funktion. Da S in einer Zeile alle Werte $0, 1, \ldots, N-1$ annimmt, nimmt sie in jeder Zeile alle Werte an und ist in jeder Zeile periodisch mit der Periode N, wobei wegen der Isotropie von S auf gleiche Werte jeweils gleiche Werte folgen. Wir definieren eine Funktion $\varphi: \{0, \ldots, N-1\} \longrightarrow \{0, \ldots, N-1\}$ durch $\varphi(S(i,0)) = i$ für $i = 0, \ldots, N-1$.
Die Funktion

$$S'(i,j) = i + \varphi(S(0,1))j) \bmod N$$

ist dann offensichtlich zu S isomorph.

Wenn N eine Primzahl ist, ergibt sich aus Theorem 2.21 sofort das

Theorem 2.22. Sind $S: R \longrightarrow \{0, \ldots, N-1\}$ eine isotrope Speicherfunktion und N eine Primzahl, dann ist S isomorph einer linearen Funktion S' modulo N.

Beweis. Da N Primzahl ist, hat N nur die trivialen Teiler 1 und N. S kann dann in einer Zeile (Spalte) entweder nur einen Wert oder alle Werte $\{0, \ldots, N-1\}$ annehmen. Nimmt S in einer Zeile oder Spalte alle Werte an, dann ist S nach Theorem 2.21 isomorph zu einer linearen Funktion S' modulo N. Nimmt S nur einen Wert c an, so ist S der linearen Funktion $S'(i,j) \equiv 0$ isomorph.

Unter Verwendung von Theorem 2.20 können wir noch die isotropen Funktionen als spezielle periodische Funktionen charakterisieren.

Theorem 2.23. Es sei $S: R \longrightarrow \{0, \ldots, N-1\}$ eine Speicherfunktion, die alle ihre Werte tatsächlich annimmt. Es ist S genau dann isotrop, wenn S periodisch mit einem Grundgebiet G ist und $G_F = N$ gilt.

Beweis.

a) S sei isotrop. Dann ist S in jeder Zeile periodisch mit der Periode

N_Z, und N_Z ist Teiler von N. Wir bestimmen G und bezeichnen, wie im Beweis von Theorem 2.20 mit $\mathcal{S}(i)$, $\mathcal{S}(i+1)$, ... die Menge der Werte der i-ten, (i+1)-ten ..., Zeile.

Dann gibt es ein m, $m \geq 1$, mit $\mathcal{S}(i) = \mathcal{S}(m)$ und $\mathcal{S}(i') \cap \mathcal{S}(i'') = \emptyset$ für $0 \leq i', i'' < m$ und $i' \neq i''$. Da S alle Werte {0, ..., N-1} annimmt, ist $mN_Z = N$, und das Grundgebiet G kann von den Vektoren $\underline{v}_1 = (N_Z, 0)$, $\underline{v}_2 = (m', m)$ mit $0 \leq m' < N_Z$ aufgespannt werden, woraus $G_F = \det(\underline{v}_1, \underline{v}_2) = N_Z m = N$ folgt.

<u>b)</u> S sei periodisch mit dem Grundgebiet G, das von den Basisvektoren $\underline{v}_1$ und $\underline{v}_2$ aufgespannt wird und für das $G_F = N$ gilt. S nimmt offensichtlich ebensoviele Werte an, wie S im Grundgebiet G annimmt. Wegen $G_F = N$ sind alle Funktionswerte von S in G verschieden.

Gilt $S(r) = S(r')$, so existieren ganze Zahlen m, m', mit denen $r' = r + m\underline{v}_1 + m'\underline{v}_2$ gilt. Für beliebige $\tilde{r}$ gilt dann trivialerweise $r' + \tilde{r} = r + \tilde{r} + m\underline{v}_1 + m'\underline{v}_2$ und damit $S(r+\tilde{r}) = S(r'+\tilde{r})$. Für $\tilde{r}$ = (1,0), (-1,0), (0,1), (0,-1), r = (i,j), r' = (i',j') ergibt sich daraus gerade die Definition 2.14.

<u>Bemerkung.</u> Eine isotrope Speicherfunktion ist eine periodische Numerierung des Rasters mit dem Grundgebiet G, das durch die Vektoren $\underline{v}_1$ und $\underline{v}_2$ bestimmt ist. Die Vektoren $\underline{v}_1$ und $\underline{v}_2$ sind im Beweis von Theorem 2.23 definiert.

Im Falle von auf einem Raster definierten Speicherfunktionen ist die Klasse der isotropen und regulären Speicherfunktionen identisch, wie Theorem 2.24 zeigt. Für andere Datenstrukturen gilt nicht notwendig ein derartiges Resultat, wie wir später für reguläre Bäume zeigen.

Da für eine periodische Numerierung τ des Rasters R bezüglich G(r) (vgl. Definition 2.13) die Voraussetzungen von Theorem 2.23 erfüllt sind, ist jede periodische Numerierung isotrop.

<u>Theorem 2.24.</u> Eine Speicherfunktion S: R ---> {0, ..., N-1} ist genau dann isotrop, wenn sie regulär ist.

Beweis.

a) Wir setzen S als isotrop voraus und zeigen die Regularität von S. Aus der Definition der Isotropie ergibt sich unmittelbar:
Aus $S(r_1) = S(r')$ folgt $S(r_1+\tilde{r}) = S(r'+\tilde{r})$ für beliebige $\tilde{r} \in R$. Wir setzen $r' = r_1 + r$, $\tilde{r} = r_2 - r_1$, r_2 beliebig, und erhalten:
Aus $S(r_1) = S(r_1+r)$ folgt $S(r_2) = S(r_2+r)$.

b. Wir nehmen S als regulär an und zeigen die Isotropie von S. Da S regulär ist, gilt: Aus $S(r_1) = S(r_1+r)$ folgt $S(r_2) = S(r_2+r)$ für beliebiges r_2. Wir setzen $r_2 = r_1 + \tilde{r}$, $r_1 + r = r'$ und erhalten:
Aus $S(r_1) = S(r_1')$ folgt $S(r_1+\tilde{r}) = S(r_1'+\tilde{r})$. Setzen wir der Reihe nach $r = (1,0), (-1,0), (0,1), (0,-1)$, so erhalten wir mit $r_1 = (i,j)$, $r_1' = (i',j')$ die Definition 2.14.

Wir leiten nun einige Eigenschaften für dyadische Speicherfunktionen ab, die durch die Konstruktion des STARAN-Rechners [Bat72] und durch nachfolgende Modifikationen [KM81, KM83, KM84, KMK84, SK80, SK80a, SK83] interessant geworden sind.
Wie das folgende Theorem zeigt, sind dyadische Funktionen im allgemeinen nicht isotrop.

Theorem 2.25. Es sei $S(i,j) = \pi(i \bmod 2^m) \oplus \tau(j \bmod 2^m)$ mit $m \geq 2$ eine dyadische Speicherfunktion. Dann ist S nicht isotrop.

Beweis. Wir nehmen an, S sei dyadisch und isotrop. Für jedes j $(0 \leq j < 2^m)$ gibt es dann ein i_j mit $i_j = \pi^{-1}(\tau(j))$, für das

1) $0 \leq i_j < 2^m$,

2) $i_{j'} \neq i_j$, für $j \neq j'$

und

3) $\pi(i_j) \oplus \tau(j) = S(i_j,j) = 0$

gilt.
Wegen $S(i_j,j) = 0$ für $0 \leq j < 2^m$ gibt es, da S isotrop vorausgesetzt ist, eine Konstante c, $0 \leq c < 2^m$, bei der für $0 \leq j < 2^m-1$

$$S(i_j, j+1) = \pi(i_j) \oplus \tau(j+1) = c,$$

und unter Verwendung von 3)

$$\tau(j) \oplus \tau(j+1) = c \quad \text{gilt,}$$

woraus $\tau(0) = \tau(2)$ folgt. Da τ nach Voraussetzung eine Permutation ist, ist das ein Widerspruch.

Bemerkung.

Für m = ; ist eine dyadische Funktion einer linearen Funktion im Galois-Feld GF(2) isomorph und damit natürlich isotrop.

Periodizitätseigenschaften dyadischer Funktionen werden im folgenden Theorem beschrieben.

Theorem 2.26. Es sei S eine dyadische Speicherfunktion mit

$$S(i,j) = \pi(i \bmod 2^m) \oplus \tau(j \bmod 2^m),$$

wobei π und τ Permutationen der Zahlen $0, \ldots, 2^m-1$ sind. Dann folgt aus

$$S(r+r') = S(r), \quad r' = (i', j'),$$

die Beziehung

$$i' = m_1 2^{m-1}, \; j' = m_2 2^{m-1}.$$

Gilt $i' \bmod 2^m = 0$, dann gilt auch $j' \bmod 2^m = 0$, und das kleinste mögliche Grundgebiet G hat den Flächeninhalt $G_F \geqq 2^{2m-1}$

Beweis. Aus $S(r+r') = S(r)$ mit $r = (i,j)$ folgt

$$\tau(j \bmod 2^m) = \pi(i \bmod 2^m) \oplus \pi(i+i' \bmod 2^m) \oplus \tau(j+j' \bmod 2^m)$$
$$= c(i,i') \oplus \tau(j+j' \bmod 2^m),$$
$$\tau(j+j' \bmod 2^m) = c(i,i') \oplus \tau(j+2j' \bmod 2^m)$$

und damit

$$\tau(j \bmod 2^m) = \tau(j+2j' \bmod 2^m),$$
$$2j' \bmod 2^m = 0,$$
$$j' = m_1 2^{m-1} \quad \text{mit} \quad m_1 = 0, \pm 1, \pm 2, \ldots .$$

Analog erhält man

$$i' = m_2 2^{m-1} \quad \text{mit} \quad m_2 = 0, \pm 1, \pm 2, \ldots .$$

Es gelte nun

$$\pi((i+m_1 2^{m-1}) \bmod 2^m \oplus \pi((j+m_2 2^{m-1}) \bmod 2^m)$$
$$= \pi(i \bmod 2^m) \oplus \pi(j \bmod 2^m)$$

mit m_1 gerade, also $i' \bmod 2^m = 0$.

Dann ist $\pi(i+m_1 2^{m-1} \bmod 2^m) = \pi(i \bmod 2^m)$

und damit

$$\tau((j+m_2 2^{m-1}) \bmod 2^m) = \tau(j \bmod 2^m)$$

und $m_2 2^{m-1} \bmod 2^m = 0$.

Das kleinste mögliche Grundgebiet G ist

$$G_F = \left|\det\begin{pmatrix} 2^{m-1} & 2^m \\ 2^{m-1} & 0 \end{pmatrix}\right| = \left|\det\begin{pmatrix} 2^{m-1} & 2^{m-1} \\ 2^{m-1} & -2^{m-1} \end{pmatrix}\right| = 2^{2m-1}.$$

Der Vollständigkeit halber führen wir noch an: Jede periodische Funktion kann man als Diamant-Schema mit den Permutationen $\pi_1 = \pi_2 = \pi_I$ auffassen, wobei π_I die identische Permutation bezeichnet.

Wählen wir andererseits für ein Diamant-Schema mit dem von den Vektoren $\underline{v}_1$ und $\underline{v}_2$ aufgespannten Grundgebiet G und den Permutationen π_1 und π_2 ein Grundgebiet $\tilde{G}$, das von den Vektoren $k\underline{v}_1$ und $l\underline{v}_2$ aufgespannt wird, wobei $\pi_1^k = \pi_2^l = \pi_I$ gilt, so kann man ein Diamant-Schema mit dem Grundgebiet G mit $G_F = \det(\underline{v}_1, \underline{v}_2)$ auch als periodische Funktion mit dem Grundgebiet $\tilde{G}$ mit $\tilde{G}_F = klG_F$ interpretieren.

Wir fassen hier, wie in Abb.2.15 dargestellt, periodische Speicherfunktionen als Spezialfall von Diamant-Schemata auf.

In Abhängigkeit von der Funktionenklasse der Speicherfunktion S ist die Bestimmung der Plazierungsmenge P(S,F) eines Zugriffsformates $F = (e^1, e^2, \ldots, e^M)$ bzw. der Konfliktfreiheit einer Speicherfunktion S bezüglich F unterschiedlich schwierig.

Für Diamant-Schemata gilt

<u>Theorem 2.27.</u> Es seien S ein Diamant-Schema mit dem von den Basisvektoren $\underline{v}_1$ und $\underline{v}_2$ aufgespannten Grundgebiet G, $F = (e^1, \ldots, e^M)$ ein Zugriffsformat und $P(S,F)/_G = P(S,F) \cap G$ die auf G eingeschränkte Plazierungsmenge des Zugriffsformates F. Dann gilt für die Plazierungsmenge

P(S,F) des Zugriffsformates F

$$P(S,F) = \{r + k\underline{v}_1 + l\underline{v}_2 \mid r \in P(S,F)/_G, \quad k, l \in \{0, \pm 1, \pm 2, \dots\}\}.$$

__Beweis.__ Ist $r' \in P(S,F)$, dann ist S bezüglich F(r') konfliktfrei. Für jedes $r' \in R$ existieren ganze Zahlen k und l, für die

$$r = r' + k\underline{v}_1 + l\underline{v}_2 \quad \text{mit} \quad r \in G$$

gilt.

Wegen $S(r' + k\underline{v}_1 + l\underline{v}_2) = \pi_1{}^k \pi_2{}^l S(r')$ und da $\pi_1{}^k \pi_2{}^l$ eine Permutation ist, ist S bezüglich F(r) konfliktfrei.

Die Plazierungsmenge eines Diamant-Schemas ist somit aus der auf das Grundgebiet eingeschränkten Plazierungsmenge in einfacher Weise bestimmt.

Ein entsprechender Satz gilt für periodische Funktionen als Spezialfall von Diamant-Schemata.

Aus Theorem 2.27 ergibt sich unmittelbar

__Folgerung 2.28.__ Es sei S ein Diamant-Schema (eine periodische Funktion) mit dem von den Basisvektoren $\underline{v}_1$ und $\underline{v}_2$ aufgespannten Grundgebiet G. Dann ist S konfliktfrei bezüglich F, wenn S konfliktfrei bezüglich F(r) für alle $r \in G$ ist.

Für speziellere Bedingungen für Diamant-Schemata, bei denen die Zerlegung der Permutationen π_1 und π_2 in ihre Bahnen (orbits) verwendet wird, verweisen wir auf [JFL84].

Für isotrope Speicherfunktionen gilt eine wesentlich schärfere Aussage.

__Theorem 2.29.__ Es seien S eine isotrope Speicherfunktion und $F = (e^1, \dots, e^M)$ ein Zugriffsformat. Dann ist S bezüglich F konfliktfrei, wenn es ein $r \in R$ gibt, für das S bezüglich F(r) konfliktfrei ist.

__Beweis.__

__a)__ Wir nehmen an, S ist F(r)-konfliktfrei und es existiert ein $r' \neq r$, mit dem S nicht F(r')-konfliktfrei ist. Dann gibt es zwei Vektoren e^m,

$e^{m'}$ mit $e^m \neq e^{m'}$, und es gilt $S(r'+e^m) = S(r'+e^{m'})$. Wir setzen $r = r'+(a,b)$. Dann gilt

$$S(r+e^m) = S(r'+(a,b)+e^m) = \phi^{|a|}_{sign(a)x}\ \phi^{|b|}_{sign(b)y}\ (S(r'+e^m)),$$

$$\phi^{|a|}_{sign(a)x}\ \phi^{|b|}_{sign(b)y}\ (S(r'+e^{m'})) = S(r+e^{m'})$$

im Widerspruch zur Annahme von S als $F(r)$-konfliktfrei.

b) Die Umkehrung ist offensichtlich.

Für isotrope Speicherfunktionen genügt es also, die Konfliktfreiheit für einen einzigen, beliebig gewählten Rasterpunkt r nachzuweisen.

Aus Theorem 2.29 erhalten wir unmittelbar die

Folgerung 2.30. Es seien S eine isotrope Speicherfunktion und F ein Zugriffsformat. Dann gilt für die Plazierungsmenge $P(S,F)_{max}$ die Beziehung $P(S,F)_{max} = R$ oder $P(S,F)_{max} = \emptyset$.

Für isotrope Speicherfunktionen ist es damit nicht möglich, durch Einschränkung der Plazierungsmenge zusätzliche Zugriffsformate zu erhalten.

Die Adressenberechnung kann auch für isotrope Speicherfunktionen technisch vereinfacht werden, indem man für bestimmte Zugriffsformate ihre Plazierungsmenge einschränkt.

Neben der Speicherfunktion und den Plazierungsmengen der betrachteten Zugriffsformate ist die Kompliziertheit der parallelen Speicher auch von der Wahl der Adressenfunktion abhängig. Bei vorgegebener Speicherfunktion S haben wir an die Adressenfunktion a zunächst nur die Forderung

$$(S(r),\ a(r)) \neq (S(r'),\ a(r')) \quad \text{für} \quad r \neq r'$$

gestellt.

Für eine gegebene Speicherfunktion S gibt es prinzipiell sehr viele verschiedene Adressenfunktionen. Aber alle bisher in Publikationen vorgeschlagenen Adressenfunktionen sind von einem speziellen Typ, den wir F-regulär nennen.

<u>Definition 2.31</u> Es seien $S: R \longrightarrow \{0, 1, \ldots, N-1\}$ eine Speicherfunktion, $F = (e^1, e^2, \ldots, e^M)$ mit $M \leq N$ ein Zugriffsformat und $P(S,F)$ eine nichtüberlappend überdeckende Plazierungsmenge von F bezüglich S. Die Adressenfunktion $a: R \longrightarrow \{0, 1, \ldots, a_{max}\}$ ist <u>F-regulär</u>, wenn gilt

1. aus $r_1, r_2 \in F(r),\ r \in P(S,F)$ folgt $a(r_1) = a(r_2)$

und

2. für $r, r' \in P(S,F)$ mit $r \neq r'$ gilt $a(r) \neq a(r')$.

Der Begriff der nichtüberlappend überdeckenden Plazierungsmenge ist in Definition 2.4 eingeführt worden.
Anschaulich kann eine F-reguläre Adressenfunktion eingeführt werden, indem man zunächst das Raster mit dem Fenster F parkettiert, wobei die ausgezeichneten Rasterpunkte von F zur Plazierungsmenge $P(S,F)$ gehören. Dabei ist $P(S,F)$ nichtüberlappend überdeckend. Allen Rasterpunkten, die zum gleichen Fenster gehören, wird die gleiche Adresse zugeordnet. Rasterpunkte unterschiedlicher Fenster haben unterschiedliche Adressen.
Da die Speicherfunktion S für $r \in P(S,F)$ bezüglich $F(r)$ konfliktfrei ist, ist (S,a) für die F-reguläre Adressenfunktion zulässig.
Zur Erläuterung des Begriffes betrachten wir die folgenden einfachen Beispiele von F-regulären Adressenfunktionen.

<u>Beispiel 2.32.</u> Für das Raster $R = \{(i,j) \mid 0 \leq i,j < 1024\}$ sei $S(i,j) = i + 4 \bmod 16$. Die Adressenfunktion $a_1(i,j) = i/16 + 64j$ ist F_1-regulär mit $F_1 = G_h^{16}$. Dabei ist G_h^{16} die horizontale Gerade, die aus 16 benachbarten Rasterpunkten besteht. Die nichtüberlappend überdeckende Plazierungsmenge ist $P(S,F_1) = \{(i,j) \in R$ mit $i \bmod 16 = 0\}$. Jeweils 16 aufeinanderfolgenden Rasterpunkten einer Zeile wird die gleiche Adresse zugeordnet.
Für die gleiche Speicherfunktion ist die Adressenfunktion $a_2(i,j) = i/4 + 256j/4$ nun F_2-regulär mit $F_2 = R_{4,4}$, wobei $R_{4,4}$ ein achsenparalleles Quadrat der Seitenlänge 4 bezeichnet Für $P(S,F_2)$ gilt $P(S,F_2) = \{(i,j) \in R$ mit $i \bmod 4 = 0$ und $j \bmod 4 = 0\}$.

Die Rasterpunkte mit gleichen Adressen bilden achsenparallele Quadrate mit der Seitenlänge 4.

<u>Beispiel 2.33.</u> Für das Raster $R = \{(i,j) \mid 0 \leq i,j < 10\}$ wählen wir die Speicherfunktion $S(i,j) = i + 2j \bmod 5$. Die Adressenfunktion $a_3(i,j) = i/4 + 3j$ ist F_3-regulär mit $F_3 = G_h{}^4$. Für $P(S,F_3)$ gilt $P(S,F_3) = \{(i,j) \in R$ mit $i \bmod 4 = 0\}$.
Jeweils nur 4 aufeinanderfolgende Rasterpunkte einer Zeile besitzen die gleiche Adresse, obwohl 5 Speichermodule vorhanden sind.
Die Adressenfunktion $a_4(i,j) = i + 10j \bmod 20$ ist F_4-regulär mit $F_4 = G(0,2)^4$ und der Plazierungsmenge $P(S,F_4) = \{(i,j) \in R$ mit $0 \leq i \leq 1\}$. Sowohl die Adressenfunktion als auch die Speicherfunktion sind linear. F_4 ist eine unterbrochene Gerade aus 4 Rasterpunkten mit jeweils einem Rasterpunkt als Zwischenraum.

Auf die genannten Zugriffsformate wird in den Abschnitten 3 und 4 noch näher eingegangen.

2.3. Adressenberechnungsschaltungen

In diesem Abschnitt beschreiben wir den funktionellen Aufbau der Adressenberechnungsschaltungen für parallele Speicher.

Die Kompliziertheit dieser Schaltung wird in erster Linie durch den Typ der Speicherfunktion und auch durch die Plazierungsmenge der Zugriffsformate bestimmt.

Zunächst erläutern wir die Abhängigkeit der Adressenberechnungsschaltung von der Speicherfunktion.

Abb.2.17 zeigt das funktionelle Blockschaltbild einer Adressenberechnungsschaltung für eine beliebige Speicherfunktion.

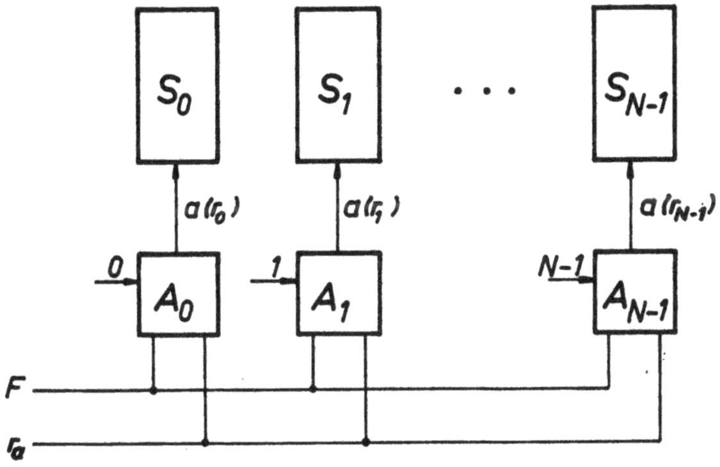

Abb.2.17

Jedem Speichermodul S_0, S_1, ..., S_{N-1} ist eine eigene, dezentrale Adressenberechnungsschaltung A_0, A_1, ..., A_{N-1} zugeordnet. Die dezentrale Adressenberechnungsschaltung A_P bestimmt in Abhängigkeit vom Zugriffsformat F, vom ausgezeichneten Rasterpunkt r_a des Zugriffsformates und von der gewählten Speicherfunktion S zunächst den Increment-Vektor $d(r_a,F,P) \in F$. Dieser Increment-Vektor führt vom ausgezeichneten Rasterpunkt r_a zu dem Rasterpunkt $r_P = r_a + d(r_a,F,P)$, der im Speichermodul P gespeichert ist und im Zugriffsformat $F(r_a')$ liegt. Es gilt also

$$r_P = r_a + d(r_a,F,P),$$

$$S(r_P) = P,$$

$$r_P \in F(r_a), \; d(r_a,P,F) \in F,$$

und A_P berechnet dann die Adresse

$$a(r_a + d(r_a,F,P))$$

dieses Rasterpunktes im Speichermodul S_P.

Da die Speicherfunktion S konfliktfrei bezüglich F vorausgesetzt ist, gibt es höchstens einen Rasterpunkt r_P mit diesen Eigenschaften, und für $F = (e^1, \ldots, e^M)$ mit $M = N$ gibt es genau ein r_P.

Etwas detaillierter ist die dezentrale Adressenberechnungsschaltung A_P in Abb.2.18 dargestellt.

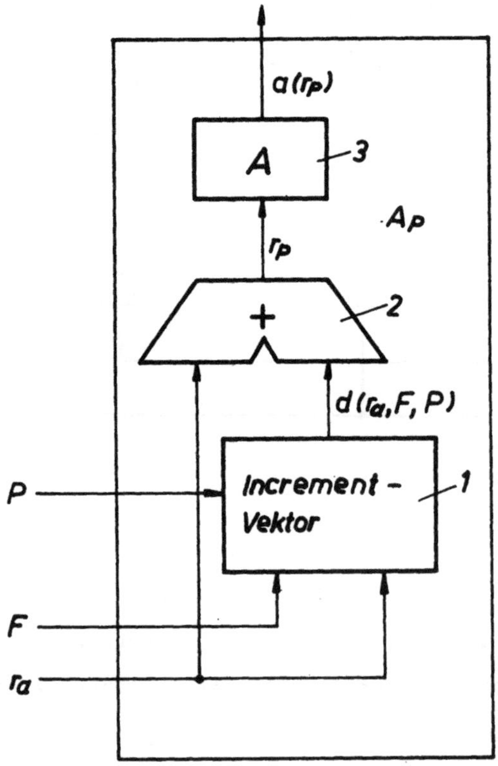

Abb.2.18

Im Schaltungsteil 1 wird der Increment-Vektor $d(r_a,F,P)$ gebildet, der im Addierer 2 zu r_a addiert wird. Der Schaltungsteil 3 berechnet die Adresse $a(r_a + d(r_a,F,P))$.

Der Aufwand für die Realisierung des Incrementbildners wird wesentlich durch den Typ der Speicherfunktion S bestimmt.

Nehmen wir zunächst an, die Speicherfunktion S sei (N_1,N_2)-periodisch. Damit gilt

$$S(i+m_1N_1,j+m_2N_2) = S(i,j) \quad \text{für} \quad m_1,m_2 \geqq 0,$$

und für $r_a = (i_a,j_a)$ ist

$$d(r_a,F,P) = d(i_a \bmod N_1, j_a \bmod N_2,F,P).$$

Der Increment-Vektor hängt somit nur von den N_1N_2 Werten $i_a \bmod N_1$, $j_a \bmod N_2$ anstatt von allen möglichen Werten (i_a,j_a) im Raster ab.

Sind $N_1 = 2^m$, $N_2 = 2^{m'}$ Zweierpotenzen, so ist der Increment-Vektor $d(r_a,F,P)$ schon durch die m niederwertigen Bits LSB_m von i_a und die m' niederwertigen Bits $LSB_{m'}$ von j_a bestimmt. Für kleine Werte N_1, N_2 ist der Schaltungsteil 1 der Adressenberechnungsschaltung einfach mit einem ROM realisierbar.

Der beschriebene Typ der Adressenberechnungsschaltung ist in Abb.2.19 veranschaulicht.

Unter Verwendung der periodischen Numerierung σ des Grundgebietes einer periodischen Funktion kann die in Abb.2.20 dargestellte Adressenberechnungsschaltung abgeleitet werden.

Der Vektor $d(\sigma(r_a),F,P)$ für das konfliktfreie Zugriffsformat F wird bestimmt, indem man $F(r')$ in alle durch $\sigma(r')$ numerierten Felder eines Grundgebietes $G(r)$ plaziert und die Vektoren $d(\sigma(r'), F, P) = r_P - r'$ abliest, die von r' in den Rasterpunkt $r_P \in F(r')$ zeigen, der in S_P gespeichert ist, für den also $S(r_P) = P$ gilt.

Ob die Realisierung von Abb.2.19 oder die von Abb.2.20 praktisch günstiger ist, hängt von den erforderlichen Wortbreiten für $\sigma(r_a)$ bzw. $i_a \bmod N_1$, $j_a \bmod N_2$ und vom Aufwand zur Berechnung von $\sigma(r_a)$ ab. Für isotrope Speicherfunktionen können wir $\sigma(r) = S(r)$ wählen. Die Adres-

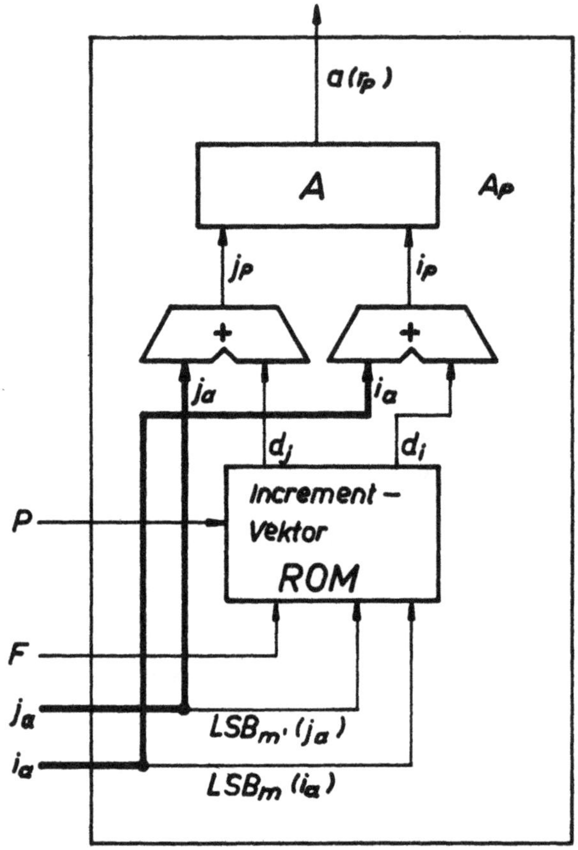

Abb.2.19

senberechnungsschaltung für isotrope Speicherfunktionen erhält man damit aus Abb.2.20, indem $\sigma(r_a)$ durch $S(r_a)$ ersetzt wird, wie das in Abb.2.21 veranschaulicht ist.

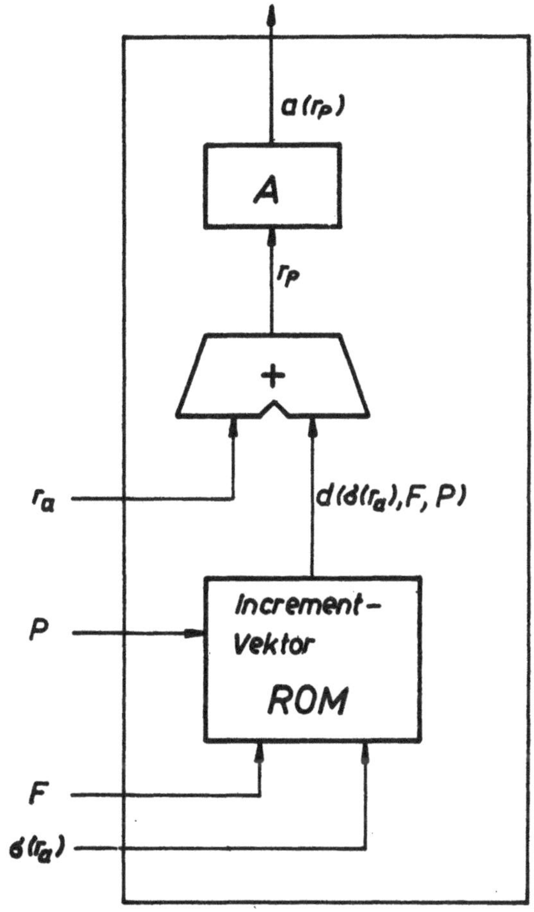

Abb.2.20

Ist S eine isotrope Speicherfunktion, die bezüglich $F = (e^1, \ldots, e^M)$ konfliktfrei ist, dann gilt für $e^m \in F$

$$S(r_a+e^m) = \phi_{\mathrm{sign}(e_1^m)x}^{|e_1^m|} \phi_{\mathrm{sign}(e_2^m)y}^{|e_2^m|}(S(r_a))$$

$$= f(e^m, S(r_a)) = P_m \in \{0, \ldots, N-1\}.$$

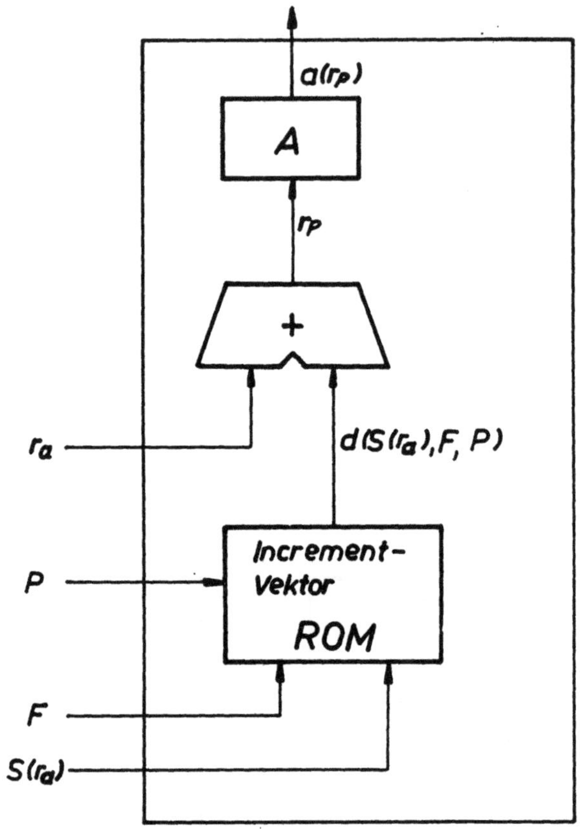

Abb.2.21

Wegen der Konfliktfreiheit von S bezüglich $F(r_a)$ werden unterschiedlichen Vektoren e^m unterschiedliche Werte P_m zugeordnet. Damit ist für die Werte P_m, für die $f(e^m,S(r_a)) = P_m$ gilt, e^m aus $S(r_a)$ und P_m eindeutig bestimmt.

Für den Increment-Vektor $d(r_a,F,P)$ können wir daher

$$d(r_a,F,P) = d(S(r_a),F,P)$$

voraussetzen. Dabei kann $S(r_a)$ zentral für alle dezentralen Adressenberechnungsschaltungen bestimmt werden. Die Wortbreite zur Darstellung von $S(r_a)$ ist natürlich wesentlich geringer als im allgemein periodischen Fall, weshalb die Schaltung in Abb.2.20 prinzipiell wesentlich einfacher als die in Abb.2.19 ist.

Ist S eine lineare Speicherfunktion, die bezüglich $F' = (e^1, \ldots, e^M)$ konfliktfrei ist, dann gilt für $e^m \in F$

$$S(r_a+e^m) = S(r_a) + S(e^m) \bmod N = P_m \in \{0, \ldots, N-1\}$$

und damit

$$S(e^m) = P_m - S(r_a) \bmod N.$$

Da S bezüglich F konfliktfrei ist, sind unterschiedlichen Vektoren $e^m \in F$ unterschiedliche P_m zugeordnet, und es gilt $S(e^m) \neq S(e^{m'})$ für $m \neq m'$. Damit erlaubt der Wert $P_m - S(r_a)$, eindeutig den Vektor e^m zu identifizieren, für den $S(r_a+e^m) = P_m$ gilt, und $d(S(r_a), F, P)$ ist in der Form $d(S(r_a),F,P) = d(P - S(r_a) \bmod N, F)$ darstellbar.

Der Increment-Vektor-Bildner von Abb.2.21 kann dann prinzipiell in der in Abb.2.22 gezeigten Form realisiert werden. Die Anzahl der Eingänge des ROMs verringert sich somit für lineare Funktionen weiter.

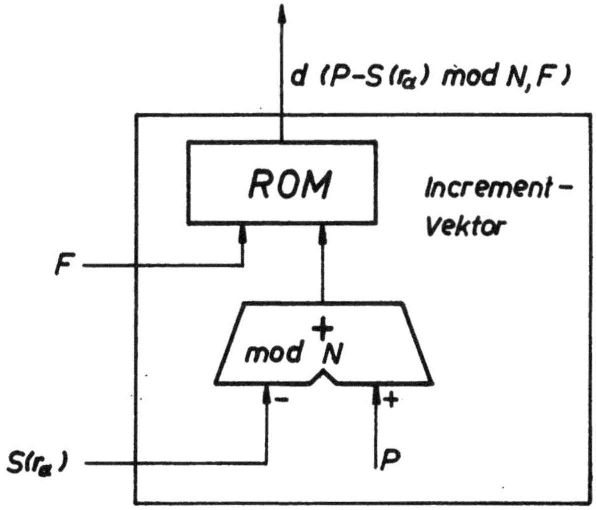

Abb.2.22

Nachdem wir die Auswirkung der Speicherfunktion auf die Kompliziertheit der Adressenberechnungsschaltung in schematischer Weise dargestellt haben, fragen wir nun danach, wie die Kompliziertheit dieser Schaltung von der gewählten Plazierungsmenge abhängt.

Die Vielzahl der Möglichkeiten der Wahl von Plazierungsmengen für vorgegebene Speicherfunktionen und Zugriffsformate erlaubt hier nicht, das Problem umfassend zu behandeln. An typischen Beispielen zeigen wir aber, wie stark sich Adressenberechnungsschaltungen durch eingeschränkte Plazierungsmengen vereinfachen lassen.

Als erstes Beispiel betrachten wir die nichtisotrope, periodische Speicherfunktion

$$S(i,j) = i + \tau(j) \bmod 16 \qquad (2.27)$$

mit

$$\tau(j) = \begin{cases} 0 & \text{für } j \bmod 4 = 0 \text{ oder } j \bmod 4 = 3, \\ 5 & \text{für } j \bmod 4 = 1, \\ 11 & \text{für } j \bmod 4 = 2. \end{cases}$$

Diese Speicherfunktion ist (16,4)-periodisch mit dem von den Vektoren $\underline{v}_1 = (16,0)$ und $\underline{v}_2 = (0,4)$ aufgespannten Grundgebiet G mit $G_F = \det(\underline{v}_1,\underline{v}_2) = 64$.

Die Zugriffsformate seien $F_1 = ((0,0),(1,0),(2,0),(3,0),(-1,1),(0,1),(1,1),(2,1),(-3,2),(-2,2),(-1,2),(0,2),(-4,3),(-3,3),(-2,3),(-1,3))$ und die horizontale Gerade $F_2 = \underline{G}_h^{16}$ aus 16 Rasterpunkten. Speicherfunktion (2.27) und Zugriffsformate F_1 und F_2 sind in Abb.2.23 dargestellt.

Für die maximale Plazierungsmenge $P(S,F_1)_{max}$ gilt

$$P(S,F_1)_{max} = \{(i,j) \mid j \bmod 4 = 0\}.$$

$P(S,F_1)_{max}$ ist in Abb.2.23 durch das Zeichen • markiert.

Die Plazierungsmenge für F_2 ist nicht eingeschränkt,

$$P(S,F_2)_{max} = R.$$

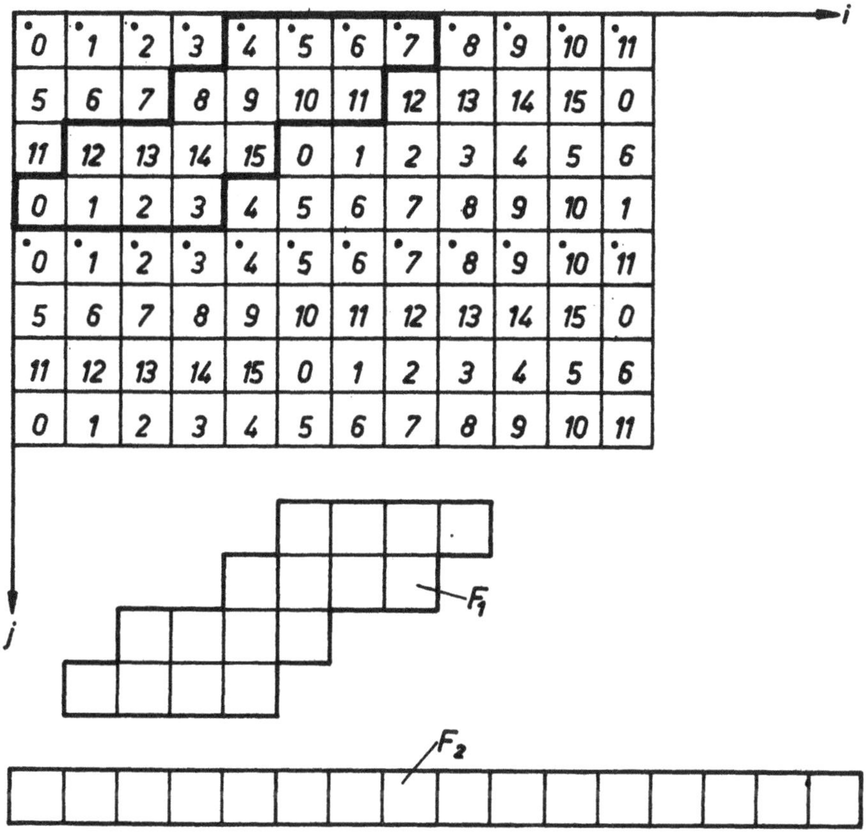

Abb.2.23

Für $r_a = (i_a, j_a) \in P(S,F_1)$, d.h. für $j_a \bmod 4 = 0$, liest man in Abb.2.23

$$d_i(r_a,F_1,P) = f_1\{P - S(r_a) \bmod 16\} = f(P - i_a \bmod 16),$$

$$d_j(r_a,F_1,P) = f_2\{P - S(r_a) \bmod 16\} = (P - i_a \bmod 16) / 4$$

mit den in der folgenden Tabelle 1 dargestellten Werten für f_1 ab:

x	0	1	2	3	4	5	6	7	8	9	10	11	12	13	14	15
$f_1(x)$	0	1	2	3	-1	0	1	2	-3	-2	-1	0	-4	-3	-2	-1 .

Der Increment-Vektor $d(r_a,F_2,P)$ für das Zugriffsformat $F_2 = G_h^{16}$ ist zu

$$d_i(r_a,F_2,P) = P - S(r_a) \bmod 16,$$

$$d_j(r_a,F_2,P) = 0$$

bestimmt.

Obwohl die Speicherfunktion (2.27) nicht isotrop und damit auch nicht linear (und auch nicht isomorph zu einer linearen Funktion) ist, kann die Adressenberechnung wie für eine lineare Funktion mit $N = 16$ Speichermodulen erfolgen (vgl. Abb.2.22). Der jeweilige Increment-Vektor hängt für beide Zugriffsformate nur vom Wert $P - S \bmod 16$ ab, wenn $r_a \notin P(S,F)_{max}$ für $F_1(r_a)$ gilt. Eine lineare, für F_1 und F_2 bei beliebiger Plazierungsmenge konfliktfreie Speicherfunktion ist

$$S(i,j) = i + 6j \bmod 18. \qquad (2.28)$$

Die Speicherfunktion (2.28) erfordert zunächst zwei Speichermodule mehr als die Speicherfunktion (2.27).

Die Berechnungen modulo 16 benötigen die niederwertigen 4 Bit von i_a und j_a, während Berechnungen modulo 18 die volle Wortbreite von i_a und j_a erfordern.

Zu dem nun folgenden Beispiel erläutern wir, wie der Addierer (Schaltungsteil 2 in der allgemeinen Adressenberechnungsschaltung von Abb. 2.19) durch Einschränkung der Plazierungsmenge eingespart werden kann.

Als Speicherfunktion wählen wir

$$S(i,j) = i + j \bmod 4. \qquad (2.29)$$

Die betrachteten Zugriffsformate sind

$$F_1 = G_h^4 \quad \text{und} \quad F_2 = G_v^4$$

mit den Plazierungsmengen

$$P(S,F_1) = \{(i,j) \mid i \bmod 4 = 0\}$$

und

$$P(S,F_2) = \{(i,j) \mid j \bmod 4 = 0\}.$$

Für die maximalen Plazierungsmengen gilt $P(S,F_1)_{max} = P(S,F_2)_{max} = R$, da S bezüglich F_1 und F_2 konfliktfrei ist.

Wir beschränken uns hier, um die Hardware zu vereinfachen, auf $P(S,F_1)$ und $P(S,F_2)$ für F_1 und F_2.

Als Beispiel setzen wir ein (16 x 16)-Raster voraus, dessen linker oberer Teil in Abb.2.24 gezeigt ist.

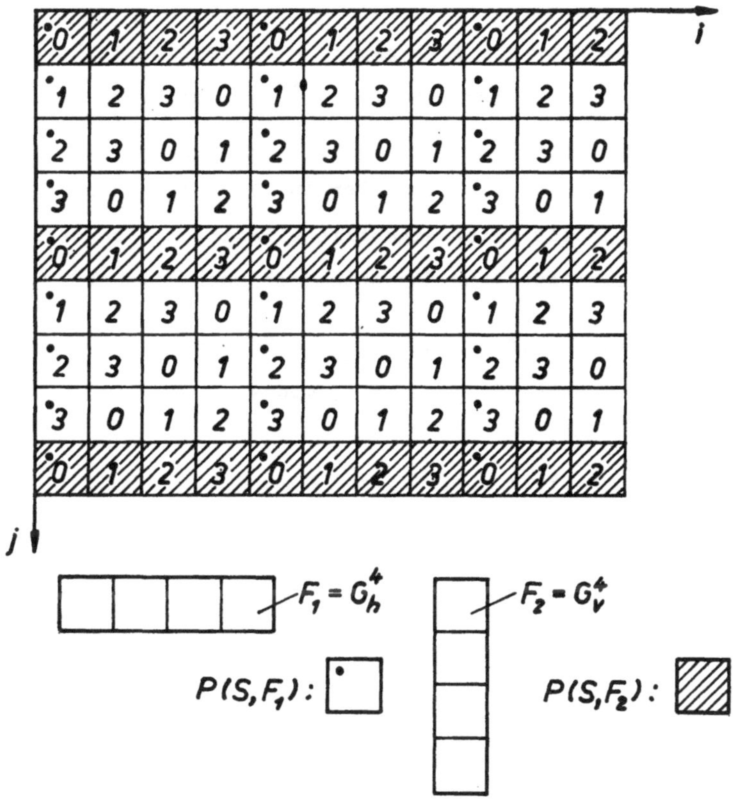

Abb.2.24

Die Rasterpunkte von $P(S,F_1)$ sind mit "•" markiert, die Rasterpunkte von $P(S,F_2)$ sind schraffiert.

Für die lineare Speicherfunktion (2.29) gilt

$$d_i(r_a,F_1,P) = P - S(r_a) \bmod 4,$$

$$d_j(r_a,F_1,P) = 0,$$

$$d_i(r_a,F_2,P) = 0,$$

$$d_j(r_a,F_2,P) = P - S(r_a) \bmod 4.$$

Betrachten wir zunächst das Zugriffsformat $F_1 = G_h^4$. Wegen $r_a = (i_a,j_a) \in P(S,F_1)$ gilt dann $i_a \bmod 4 = 0$ und damit $S(i_a,j_a) = j_a \bmod 4$ und

$$i_P = i_a + d_i(r_a,F_1,P) = (i_a + (P - j_a) \bmod 4.$$

Wegen $i_a \bmod 4 = 0$ ist i_a in binärer Darstellung

$$(i_a)_2 = (i_{a3}|i_{a2}|0|0).$$

Die Zahl m im Index gibt die Wertigkeit 2^m der binären Komponente an. Wegen $(P-j_a \bmod 4) \leq 3$ ist $P-j_a \bmod 4$ in binärer Darstellung $((P-j_a)_1|(P-j_a)_0)$. Damit entsteht $(i_P)_2 = (i_{a3}|i_{a2}|(P-j_a)_1|(P-j_a)_0)$. Da $d_j(r_a,F_1,P) = 0$ ist, gilt weiterhin $j_P = j_a$, und zur Berechnung von $r_P = (i_P,j_P)$ ist keine eigentliche Addition, sondern nur eine stellenrichtige Bereitstellung der entsprechenden Bits erforderlich.

Analog gilt für das Zugriffsformat $F_2 = G_v^4$ wegen $r_a \in P(P,F_2)$

$$j_a \bmod 4 = 0 \quad \text{und} \quad S(i_a,j_a) = i_a \bmod 4$$

sowie

$$j_P = j_a+d_j(r_a,F_2,P) = j_a+(P-i_a \bmod 4) \bmod 4.$$

Wegen $j_a \bmod 4 = 0$, d.h. $(j_a)_2 = (j_{a3}|j_{a2}|0|0)$ und $(P-i_a \bmod 4) \leq 3$, d.h. $P-i_a \bmod 4$ ist in binärer Darstellung $((P-i_a)_1|(P-i_a)_0)$, ergibt sich $(j_P)_2 = (j_{a3}|j_{a2}|(P-i_a)_1|(P-i_a)_0)$. Da $d_i(r_a,F_2,P) = 0$ ist, gilt $i_P = i_a$, und zur Berechnung von $r_P = (i_P,j_P)$ ist wieder keine eigentliche Addition, sondern nur eine stellenrichtige Bereitstellung der entsprechenden Bits von j_a und $P - i_a \bmod 4$ erforderlich.

Verwenden wir darüber hinaus noch die Adressenfunktion $a(i,j) = i/4 + 4j$ (für das (16 x 16)-Raster), dann sind in einer Zeile jeweils 4 aufeinanderfolgende Adressen gleich, und wegen $i_a \bmod 4 = 0$ ist für das Zugriffsformat $F_1 = G_h^4$ keine Adressenmodifikation zu berechnen.

Die auf diese Weise stark vereinfachte Adressenberechnungsschaltung zeigt Abb.2.25.

Der Schalter σ ist im Falle des Zugriffsformates F_1 bzw. F_2 in Stellung 1 bzw. in Stellung 2.

Die einzige, tatsächlich noch auszuführende arithmetische Operation ist $P - i_a \bmod 4$.

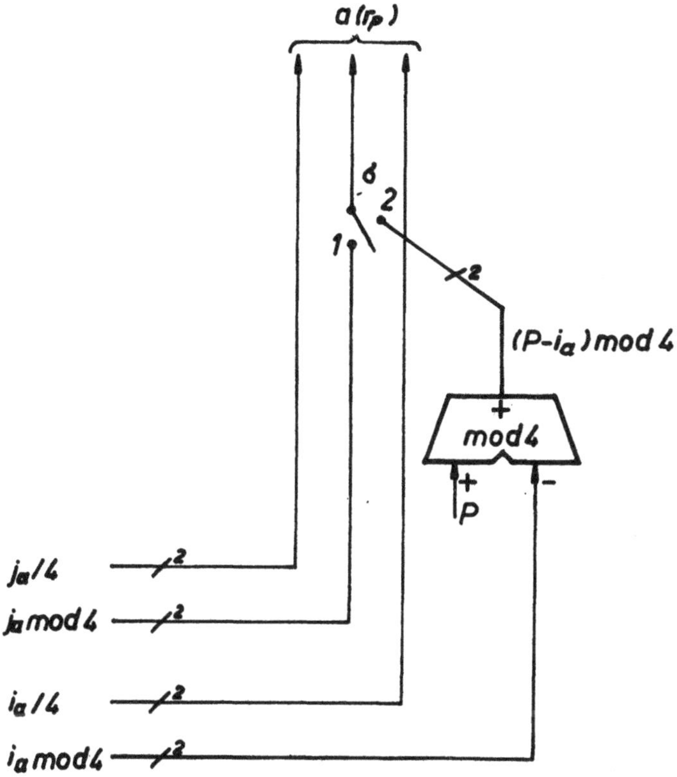

Abb.2.25.

2.4. Permutationen für unterschiedliche Speicherfunktionen

In diesem Abschnitt untersuchen wir den Zusammenhang zwischen gewählter Speicherfunktion und der Anzahl sowie dem Typ der zu realisierenden Permutationen.

Allgemein ist für die Speicherfunktion $S: R \longrightarrow \{0,\dots,N-1\}$ und das konfliktfreie Zugriffsformat $F(r) = (r, r+e^2, \dots, r+e^N)$ im Rasterpunkt r die Permutation

$$\pi(r,F) = \begin{pmatrix} S(r) & S(r+e^2) & \dots & S(r+e^N) \\ 0 & 1 & \dots & N-1 \end{pmatrix} \qquad (2.30)$$

zu realisieren.

Ist weder die Speicherfunktion S noch die Lage des Rasterpunktes r des Zugriffsformates F(r) eingeschränkt, so ist r, $r \in R$, der Steuerparameter des in Abb.2.26a dargestellten Permutationsnetzwerkes.

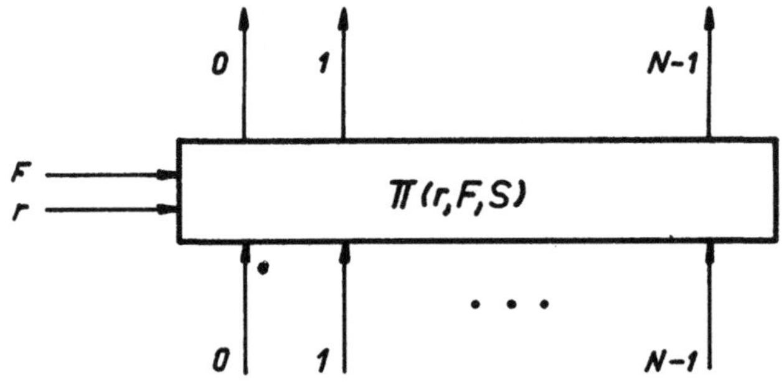

Abb.2.26a

Die Wortbreite von r ist durch die Dimension des Rasters R gegeben. Schon für ein (512 x 512)-Raster hat r die Wortbreite 18.

Ein Permutationsnetzwerk mit einem derartigen Steuerparameter hat keine praktische Bedeutung.

Für periodische, isotrope und lineare Speicherfunktionen ergeben sich realistische Permutationsnetzwerke.

Ist S eine periodische Funktion mit einem von den Vektoren $\underline{v}_1$ und $\underline{v}_2$

aufgespannten Grundgebiet G, dann gibt es eine bezüglich G periodische Numerierung $\sigma : R \longrightarrow \{0, 1, \ldots, G_F-1\}$ des Rasters R, und es gilt

$$S(r) = f(\sigma(r)), \quad r \in R. \tag{2.31}$$

Dabei können wir die periodische Numerierung σ als isotrope Speicherfunktion mit G_F Speichermodulen auffassen. Für die Vektoren e^m des betrachteten Zugriffsformates $F = (e^1, \ldots, e^N)$ setzen wir

$$g_m(\sigma(r) = \phi^{|e_1^m|}_{\text{sign}(e_1^m)x} \phi^{|e_2^m|}_{\text{sign}(e_2^m)y} \sigma(r) = \sigma(r+e^m), \tag{2.32}$$

da $\sigma : R \longrightarrow \{0,\ldots,G_F-1\}$ isotrop ist.

Für $S(r+e^m)$ gilt damit

$$S(r+e^m) = f(\sigma(r+e^m)) = f(g_m(\sigma(r)) \tag{2.33}$$

und für die Permutation (2.28)

$$\pi(r,F) = \begin{pmatrix} f(\sigma(r)) & f(g_1(\sigma(r))) & \ldots & f(g_{N-1}(\sigma(r))) \\ 0 & 1 & \ldots & N-1 \end{pmatrix}. \tag{2.34}$$

Im Falle einer periodischen Speicherfunktion gibt es damit für ein Zugriffsformat F höchstens $|G_F|$ unterschiedliche Permutationen und $\pi(r,F)$ hängt anstatt allgemein von r, nur noch von $\sigma(r)$ ab,

$$\pi(r,F) = \pi(\sigma(r), F).$$

Da $\sigma(r)$ nur $|G_F|$ unterschiedliche Werte annimmt, ist die erforderliche Wortbreite für den Steuerparameter $\lceil \mathrm{ld}(G_F) \rceil$.

Ist $S: R \longrightarrow \{0,\ldots,N-1\}$ eine isotrope Funktion, so können wir $\sigma(r) = S(r)$ für $r \in R$ setzen, und unter Verwendung von (2.32) erhalten wir aus (2.30)

$$\pi(r,F) = \begin{pmatrix} S(r) & g_1(S(r)) & \ldots & g_{N-1}(S(r)) \\ 0 & 1 & \ldots & N-1 \end{pmatrix}. \tag{2.35}$$

$\pi(r,F)$ hängt somit nur noch von $S(r)$ ab,

$$\pi(r,F) = \pi(S(r), F). \tag{2.36}$$

Für ein Zugriffsformat F sind dann im Falle einer isotropen Speicherfunktion höchstens noch N unterschiedliche Permutationen auszuführen.

Der für die dezentrale Adressenberechnung schon bestimmte Parameter S(r) des ausgezeichneten Rasterpunktes r des Zugriffsformates F(r) ist der Steuerparameter für das Permutationsnetzwerk, wie das Abb.2.26b veranschaulicht.

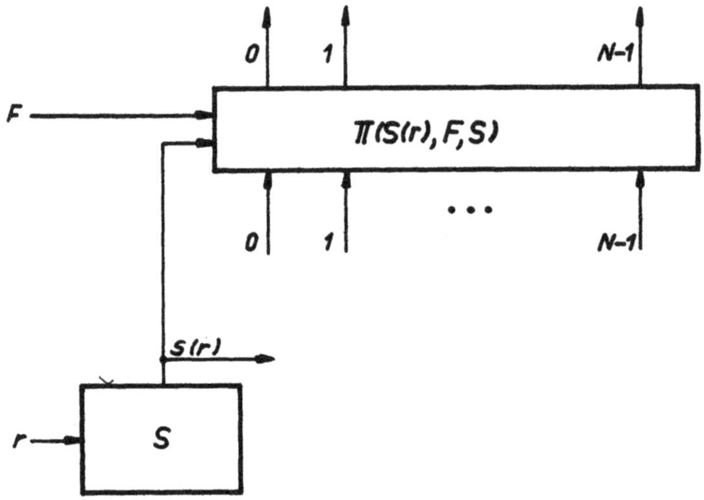

Abb.2.26b

Im Falle linearer Speicherfunktionen lassen sich die für ein Zugriffsformat $F = (e^1,\ldots,e^N)$ erforderlichen Permutationen stets auf eine zyklische Verschiebung und eine fest verdrahtbare Permutation zurückführen (vgl. [RG82, PG84, Wäc85,86]).

Da für eine lineare Speicherfunktion $S(i,j) = ai + bj \bmod N$

$$S(r+e^m) = S(r) + S(e^m) \bmod N \qquad (2.37)$$

gilt, erhalten wir aus (2.30)

$$\pi(r,F) = \begin{pmatrix} S(r) & S(r)+S(e^2) & \ldots & S(r)+S(e^N) \\ 0 & 1 & \ldots & N-1 \end{pmatrix}$$

$$= \tau(S)\ \varkappa(F), \qquad (2.38)$$

mit

$$\tau(S) = \begin{pmatrix} S & S+1 & S+2 & \ldots & S+N-1 \\ 0 & 1 & 2 & \ldots & N-1 \end{pmatrix} \qquad (2.39)$$

und

$$\varkappa(F) = \begin{pmatrix} 0 & S(e^2) & S(e^3) & \ldots & S(e^N) \\ 0 & 1 & 2 & \ldots & N-1 \end{pmatrix} \qquad (2.40)$$

Dabei ist in der Zerlegung (2.38) zuerst $\tau(S)$ und dann $\varkappa(F)$ auszuführen.

Die Additionen in (2.38) und (2.39) sind modulo N zu verstehen.

Die durch (2.39) beschriebene Permutation $\tau(S)$ ist eine zyklische Verschiebung. Die durch (2.40) definierte Permutation $\varkappa(F)$ ist ortsunabhängig. Sie hängt nur vom gewählten Zugriffsformat F ab und kann für ein Zugriffsformat fest verdrahtet werden.

Abb.2.27 zeigt die Reihenschaltung der Permutationen $\tau(S)$ und $\varkappa(F)$.

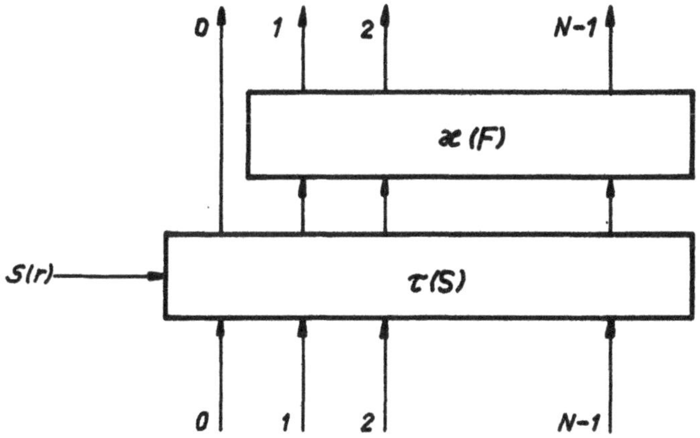

Abb.2.27

Durch das Einschränken der Plazierungsmenge kann man den Aufwand für Permutationen weiter verringern.

Betrachten wir wieder die Speicherfunktion

$$S(i,j) = i + \tau(j) \bmod 16 \qquad (2.41)$$

mit

$$\tau(j) = \begin{cases} 0 & \text{für } j \bmod 4 = 0 \text{ oder } j \bmod 4 = 3, \\ 5 & \text{für } j \bmod 4 = 1, \\ 11 & \text{für } j \bmod 4 = 2, \end{cases}$$

den in Abb.2.23 dargestellten Zugriffsformaten F_1, F_2 und mit den maximalen Plazierungsmengen

$$P(S,F_1)_{max} = \{(i,j) \mid j \bmod 4 = 0\},$$

$$P(S,F_2)_{max} = R.$$

Wegen $S(i+c,j) = S(i,j) + c \bmod 16$ für $c \geq 0$ ist für F_2 die Permutation

$$\pi((i,j),F_2) = \begin{pmatrix} S(i,j) & S(i,j)+1 & \dots & S(i,j)+N-1 \\ 0 & 1 & \dots & N-1 \end{pmatrix}$$

auszuführen.

Für $r = (i,j) \in P(S,F_1)$ gilt

$$S(i+c,j) = S(i,j) + c,$$

$$S(i+c,j+1) = S(i,j) + c + 5,$$

$$S(i+c,j+2) = S(i,j) + c + 11,$$

$$S(i+c,j+3) = S(i,j) + c.$$

Somit ergibt sich für $r \in P(S,F_1)$ die Beziehung

$$\pi(r,F_1) = \pi(r,F_2).$$

Sowohl für das Zugriffsformat F_2 als auch für $F_1(r)$ mit $r \in P(S,F_1)$ ist als Permutation ein zyklisches Schieben ausreichend.

3. Parallele Rechteckspeicher

In diesem Kapitel leiten wir zunächst untere und obere Schranken der erforderlichen Anzahl von Speichermodulen für den konfliktfreien Zugriff zu verschiedenen achsenparallelen Rechtecken ab.
Ausführlich behandeln wir das Problem, zu allen achsenparallelen Rechtecken bis zu einem vorgegebenen maximalen Flächeninhalt M konfliktfrei zugreifen zu können. Für die Anzahl N der erforderlichen Speichermodule gilt $N \approx \sqrt{5}\, M$, wenn die Plazierungsmenge der Rechtecke nicht eingeschränkt ist.

Unser besonderes Interesse gilt dem praktisch relevanten Fall $N = 2^n$, für den die Anzahl N der Speichermodule eine Zweierpotenz ist. Überraschende Resultate ergeben sich hier für dyadische Speicherfunktionen, die für eingeschränkte Plazierungsmengen den konfliktfreien Zugriff zu allen Rechtecken mit einem Flächeninhalt N erlauben.

In dem für die Rastergrafik wichtigen Fall $N = 2^{2n}$, $n = 1, 2, 3, \ldots$, beschreiben wir detailliert, wie man zu Quadraten der Seitenlänge 2^n-1 und zu achsenparallelen Geraden der Länge N ohne Einschränkung der Plazierungsmengen und zu Quadraten der Seitenlänge 2^n mit möglichst geringfügigen Einschränkungen der Plazierungsmenge parallele Speicher mit vertretbarem Hardware-Aufwand realisieren kann.

Konkrete Schaltungsbeispiele für unterschiedliche Leistungsklassen paralleler Speicher mit entsprechend unterschiedlichem Aufwand werden im letzten Teil dieses Kapitels behandelt.

3.1. Untere und obere Schranken für die Anzahl der Speichermodule

Für beliebige positive ganze Zahlen p und q erlaubt die Speicherfunktion

$$S(i,j) = i + pj \bmod N, \quad N = pq, \tag{3.1}$$

den konfliktfreien Zugriff zu einem achsenparallelen Rechteck $R_{p,q}$ mit den Seitenlängen p und q. Die Anzahl N der für den konfliktfreien Zugriff erforderlichen Speichermodule ist der Anzahl der Rasterpunkte des Rechteckes $R_{p,q}$ gleich. Die Speicherfunktion S nennt man dann $R_{p,q}$-konfliktfrei. Für $p = 8$ und $N = 64$ wird eine derartige Speicherfunktion in [GSS81] verwendet.

Fragen wir nun, ob der konfliktfreie Zugriff zu den beiden achsenparallelen Rechtecken $R_{p,q}$ und $R_{q,p}$, $p > q$, mit $N = pq$ Speichermodulen gleichzeitig möglich ist, so hängt die Antwort von den speziellen Zahlen p und q ab. So ist es beispielsweise nicht möglich, zu den Rechtecken $R_{3,2}$ und $R_{2,3}$ gleichzeitig konfliktfrei mit $N = 2 * 3 = 6$ Speichermodulen zuzugreifen, was wir zunächst zeigen.

Dazu nehmen wir die Existenz einer Funktion $S: R \text{--->} \{0, 1, \ldots, 5\}$, die $R_{2,3}$- und $R_{3,2}$-konfliktfrei ist, an und führen diese Annahme zum Widerspruch.

Die Abb.3.1 zeigt $R_{3,2}(0,0)$ im Raster R, wobei also der ausgezeichnete Rasterpunkt von $R_{3,2}$ der Koordinatenursprung ist.

O.B.d.A. setzen wir $S(0,0) = 0$, $S(1,0) = 1$, $S(2,0) = 2$, $S(0,1) = 3$, $S(1,1) = 4$, $S(2,1) = 5$ voraus. Da auch $R_{2,3}(0,0)$ und $R_{2,3}(1,0)$ nach Voraussetzung konfliktfrei sind, unterscheidet sich der Wert $S(1,3)$ von allen Werten 0, 1, 2, 3, 4, 5 (Widerspruch). Deshalb sind zur konfliktfreien Speicherung von $R_{3,2}$ und $R_{2,3}$ mindestens 7 Speichermodule erforderlich.

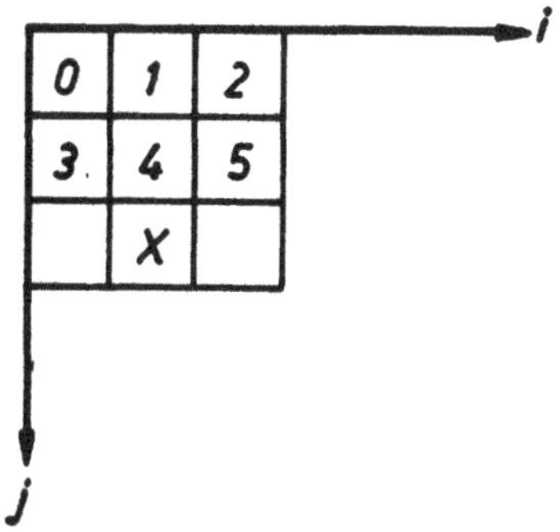

Abb.3.1.

Für $p = 4$ und $q = 2$ ist die Situation anders.

Die Abb.3.2 veranschaulicht eine Speicherfunktion $S: R \dashrightarrow \{0, 1, \ldots, 7\}$ mit $N = 2 * 4 = 8$ Speichermodulen, die den konfliktfreien Zugriff zu den Rechtecken $R_{4,2}$ und $R_{2,4}$ aus jeweils 8 Rasterpunkten gestattet.

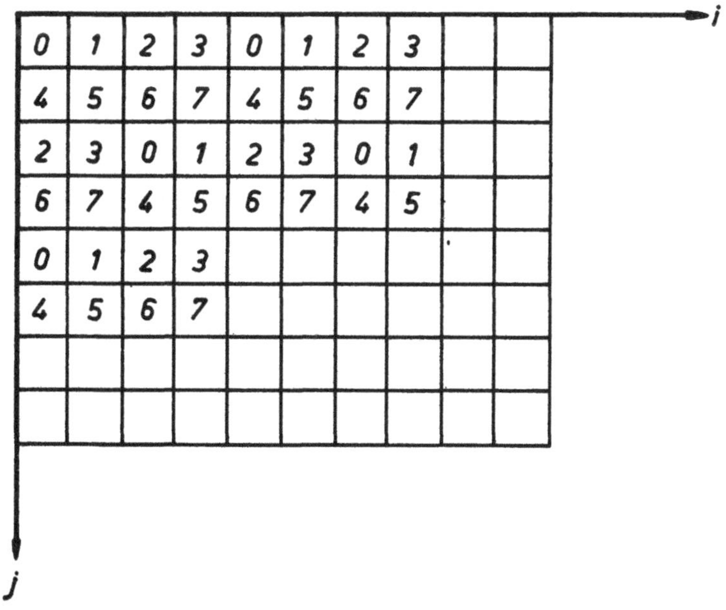

Abb.3.2

Für diese periodische Funktion gilt

$$S(i,j+4) = S(i,j) = S(i+4,j) \quad \text{für} \quad i,j \geq 0. \tag{3.2}$$

Für die Rechtecke $R_{p,q}$ und $R_{q,p}$ gibt es im Falle $p = 4$ und $q = 2$ eine konfliktfreie Speicherfunktion mit $N = pq$ Speichermodulen, während es für $p = 3$ und $q = 2$ keine derartige Speicherfunktion gibt.

Eine allgemeine Antwort auf die Frage, wann für die beiden Rechtecke $R_{p,q}$ und $R_{q,p}$ eine konfliktfreie Speicherfunktion mit $N = pq$ Speichermodulen existiert, wird durch die Theoreme 3.1 und 3.2 gegeben.

<u>Theorem 3.1.</u> Es sei $N = pq$, $p \geq q$ und $S: R \dashrightarrow \{0, 1, \ldots, N-1\}$ eine Speicherfunktion, die $R_{p,q}$- und $R_{q,p}$-konfliktfrei ist. Dann gilt

$$p = mq, \qquad m \in \{1, 2, \ldots\}.$$

<u>Beweis.</u>

1. Es sei $p = q$. Dann ist die Speicherfunktion (3.1) $R_{p,p}$-konfliktfrei. Daher benötigt jede $R_{p,p}$-konfliktfreie Speicherfunktion mindestens N Speichermodule.

2. Es sei $p > q$. Dann gibt es ein m', $(m' > 0)$, mit $m'q < p \leq (m'+1)q$. Die Abb.3.3 zeigt $R_{p,q}(0,0)$ im Raster R. O.B.d.A. setzen wir, wie in Abb.3.3 dargestellt, für $0 \leq i < p$, $0 \leq j < q$ die Speicherfunktion $S(i,j) = i + pj \bmod pq$ entsprechend (3.1) an.

Da S nach Voraussetzung $R_{p,q}$-konfliktfrei ist, nimmt S in den Zeilen $Z_{m'q+1} = \{(i,m'q),\ 0 \leq i \leq p-1\}$ die Werte 0, 1, ..., p-1 an, insbesondere auch in den Zeilen Z_{q+1}, Z_{2q+1}, ..., $Z_{m'q+1}$. Da S auch $R_{q,p}$-konfliktfrei ist, hat die Speicherfunktion in den ersten q Spalten der Zeilen Z_1, Z_{q+1}, ..., $Z_{m'q}$, $Z_{(m'+1)q+1}$ unterschiedliche Werte. Damit gilt $p \geq (m'+1)q$, und da nach Voraussetzung $m' < q \leq (m'+1)p$ ist, ergibt sich mit $m = m' + 1$

$$p = mq.$$

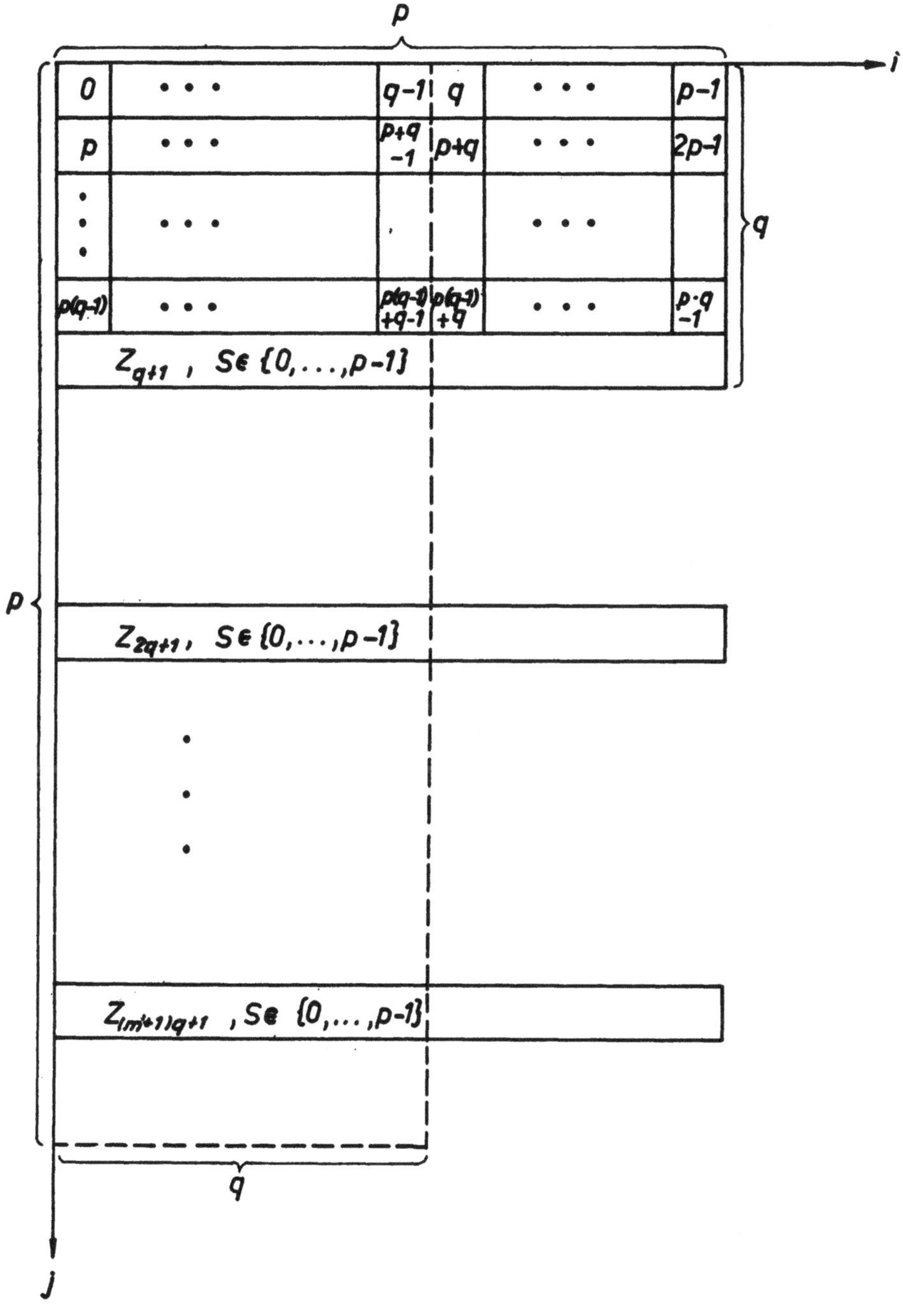
p
i
0
• • •
q-1
q
• • •
p-1
p
p+q -1
p+q
2p-1
q
p(q-1)
p(q-1) +q-1
p(q-1) +q
p·q -1
Z_{q+1} , S ∈ {0,...,p-1}
p
Z_{2q+1} , S ∈ {0,...,p-1}
Z_{(m+1)q+1} , S ∈ {0,...,p-1}
q
j

Abb.3.3.

<u>Theorem 3.2.</u> Die durch

$$S(i,j) = i + pj + q(j/q) \bmod pq \quad \text{für} \quad 0 \leq i,j < p \tag{3.3}$$

und

$$S(i+p,j) = S(i,j),$$

$$S(i,j+p) = S(i,j)$$

definierte Speicherfunktion S mit $N = pq$ Speichermodulen ist $R_{p,q}$- und $R_{q,p}$-konfliktfrei, wenn q Teiler von p ist.

Den <u>Beweis</u> sollte der Leser selbst ausführen. Für $p = 4$, $q = 2$ ist diese Funktion schon in Abb.3.2 veranschaulicht.

In [Wij87] ist für sogenannte Block-Formate ein entsprechendes Theorem bewiesen. Dabei ist ein $(m_1,p_1),\ldots,(m_n,p_n)$-Blockformat B durch

$$B = \{(i_1m_1, \ldots, i_nm_n) \mid 0 \leq i_1 < p_1, \ldots, 0 \leq i_n < p_n\}$$

definiert. Für $n = 2$ und $m_1 = m_2 = 1$ ist ein Blockformat B ein achsenparalleles Rechteck R_{p_1,p_2} mit den Seitenlängen p_1 und p_2.

Aus den Theoremen 3.1 und 3.2 ergibt sich die

<u>Folgerung 3.3.</u> Die Speicherfunktion

$$S(i,j) = i + j \bmod N \tag{3.4}$$

ist konfliktfrei bezüglich der horizontalen und vertikalen Geraden

$$G_h^N = R_{N,1} \quad \text{und} \quad G_v^N = R_{1,N}$$

aus N Rasterpunkten.

Folgerung 3 kann man natürlich auch leicht direkt beweisen.

Sind die beiden achsenparallenen Rechtecke $R_{p,q}$ und $R_{p',q'}$ konfliktfrei zu speichern, so erhält man durch einfache geometrische Betrachtungen eine untere Schranke für die Anzahl der mindestens erforderlichen Speichermodule.

<u>Theorem 3.4.</u> Es sei S: R ---> {0, 1, ..., N-1} eine Speicherfunktion, die konfliktfrei bezüglich der achsenparallelen Rechtecke $R_{p,q}$ und $R_{p',q'}$ mit $p > q$, $q' > q$, $p' < p$ ist. Dann gilt

$$N \geq \begin{cases} pq' - 2(p-p')(q'-q) & \text{für } 2(p-p') \leq p, \\ pq & \text{für } 2(p-p') > p. \end{cases} \tag{3.5}$$

Beweis. Die Abb.3.4 zeigt die Rechtecke $R_{p,q}(0,0)$, $R_{p',q'}(0,0)$ und $R_{p',q'}(p-p',0)$.

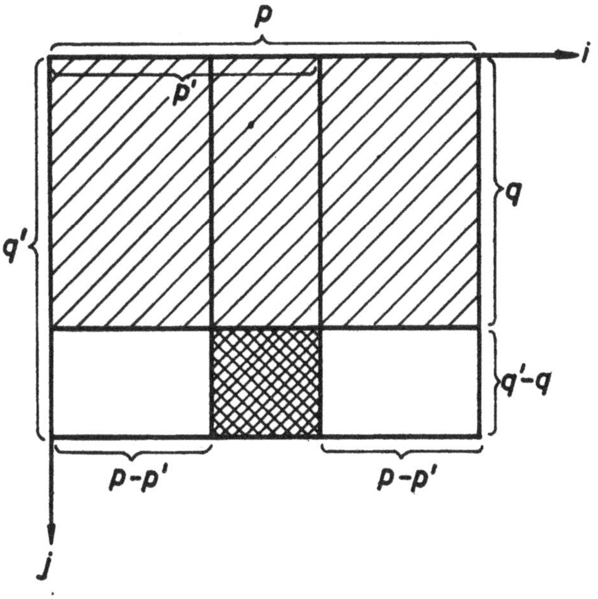

Abb.3.4.

O.B.d.A. seien die Rasterpunkte $(i,j) \in R_{p,q}(0,0)$ in den Speichermodulen $0, 1, \dots, pq-1$ gespeichert. Das Rechteck $R_{p,q}(0,0)$ ist in Abb.3.4 einfach schraffiert. Die in Abb.3.4 doppelt schraffierten Rasterpunkte sind Elemente von $(R_{p',q'}(0,0) \cap R_{p',q'}(p-p',0))$. Wegen

$$R_{p,q}(0,0) \subseteq R_{p',q'}(0,0) \cup R_{p',q'}(p-p',0) \quad \text{und} \quad 2(p-p') \leq p$$

müssen die $(q'-q)(p-2(p-p'))$ Rasterpunkte des Rechteckes

$$(R_{p',q'}(0,0) \cap R_{p',q'}(p-p',0)) \setminus R_{p,q}(0,0))$$

in von $0, 1, \dots, pq-1$ unterschiedlichen Speichermodulen gespeichert sein, woraus sich für $2(p-p') \leq p$ die Behauptung unmittelbar ergibt. Für $2(p-p') > p$ ist die Behauptung offensichtlich.

Für $q' = p$, $p' = q$ ergibt sich aus Theorem 3.4 unmittelbar die

<u>Folgerung 3.5.</u> Es sei $S: R \longrightarrow \{0, 1, \ldots, N-1\}$ eine Speicherfunktion, die konfliktfrei bezüglich der achsenparallelen Rechtecke $R_{p,q}$ und $R_{q,p}$ mit $p > q$ ist. Dann gilt

$$N \geq \begin{cases} 4pq - (p^2 + 2q^2) & \text{für } p - 2q \leq 0, \\ pq & \text{für } p - 2q > 0. \end{cases} \tag{3.6}$$

Eine obere Schranke für die erforderliche Anzahl der Speichermodule zur konfliktfreien Speicherung zweier achsenparalleler Rechtecke wird durch das folgende Theorem gegeben.

<u>Theorem 3.6.</u> Ist $S: R \longrightarrow \{0, 1, \ldots, N-1\}$ eine Speicherfunktion, die konfliktfrei bezüglich der achsenparallelen Rechtecke $R_{p,q}$ und $R_{p',q'}$ mit $p > q$, $p' < p$, $q' > q$ ist, und ist N minimal, dann gilt

$$N \leq pq' - (p-p').$$

<u>Beweis.</u> Die lineare Speicherfunktion

$$S(i,j) = i + pj \bmod (pq'-(p-p') \tag{3.7}$$

ist konfliktfrei bezüglich $R_{p,q}$ und $R_{p',q'}$.

Für die konfliktfreie Speicherung spezieller Rechtecke lassen sich die exakten Werte für die minimale Anzahl der Speichermodule angeben.

Wenn q ein Teiler von p ist, dann ist die minimale Anzahl der zur konfliktfreien Speicherung von $R_{p,q}$ und $R_{q,p}$ erforderlichen Speichermodule $N = pq$ (vgl. Theorem 3.2).

Für $q = p - 1$ gilt

<u>Theorem 3.7.</u> Ist $S: R \longrightarrow \{0, 1, \ldots, N-1\}$ eine bezüglich $R_{p,p-1}$ und $R_{p-1,p}$ konfliktfreie Speicherfunktion und ist N minimal, so gilt

$$N = p^2 - 1.$$

<u>Beweis.</u> Nach Folgerung 3.5 ist $N \geq p^2 - 2$, und nach Theorem 3.6 gilt $N \leq p^2-1$. Wir nehmen $N = p^2 - 2$ und S konfliktfrei bezüglich $R_{p,p-1}$ und $R_{p-1,p}$ an und führen diese Annahme zum Widerspruch. Um die Darstellung des Beweises einfach zu halten, zeigen wir diesen Wider-

spruch für $p = 4$. Für jedes andere p $(p > 4)$ ist der Beweis analog. In Abb.3.5 ist $R_{4,3}(0,0)$ im Raster R dargestellt. O.B.d.A. sei $S(i,j) = i + 4j$ für $0 \leqq i \leqq 3$, $0 \leqq j \leqq 2$.
Wegen der Konfliktfreiheit von $R_{3,4}(0,0)$ und $R_{3,4}(1,0)$ gilt $\{r_1, r_2\} = \{12, 13\}$. Da $R_{3,4}(0,0)$ und $R_{4,3}(0,1)$ konfliktfrei sind, folgt $r_3 = 3$ und analog $r_4 = 0$, $\{r_5, r_6\} = \{1, 2\}$, $r_7 = 7$, $r_8 = 4$, $\{r_9, r_{10}\} = \{5, 6\}$, $r_{12} = 8$ und damit $r_{13} \neq 0, 1, \ldots, 13$ (Widerspruch).

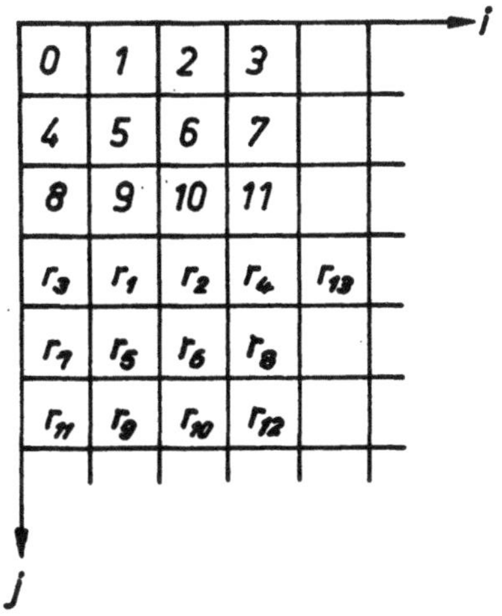

Abb.3.5.

Wir erläutern nun die Anwendung der bisher erzielten Resultate auf ein konkretes Beispiel.

Es soll die minimale Anzahl N der Speichermodule bestimmt werden, die den konfliktfreien Zugriff zu $R_{5,3}$ und $R_{3,5}$ ermöglicht.
Aus Folgerung 3.5 ergibt sich

$$N \geqq 4 * 5 * 3 - (25 + 2 * 9) = 17$$

und aus Theorem 3.6

$$N \leqq 25 - 2 = 23.$$

Eine bessere obere Schranke erhält man durch die folgende Überlegung. Die konfliktfreie Speicherung von $R_{6,3}$ und $R_{3,6}$ ist nach Theorem 3.2 mit $N = 3 * 6 = 18$ Speicherbauelementen möglich. Wegen

$R_{5,3}(r) \subset R_{6,3}(r)$ und $\subset R_{3,5}(r')$ $R_{3,6}(r')$ für $r, r' \in R$ gilt damit für die minimale Anzahl N der zur konfliktfreien Speicherung von $R_{5,3}$ und $R_{3,5}$ notwendigen Speichermodule die Bedingung

$$17 \leq N \leq 18.$$

Wir nehmen nun die Existenz einer Speicherfunktion S für $N = 17$ Speichermodule an, die bezüglich $R_{5,3}$ und $R_{3,5}$ konfliktfrei ist und führen diese Aussage zum Widerspruch, woraus sich dann endgültig $N = 18$ ergibt. Die Abb.3.6 dient zur Veranschaulichung des Beweisganges.

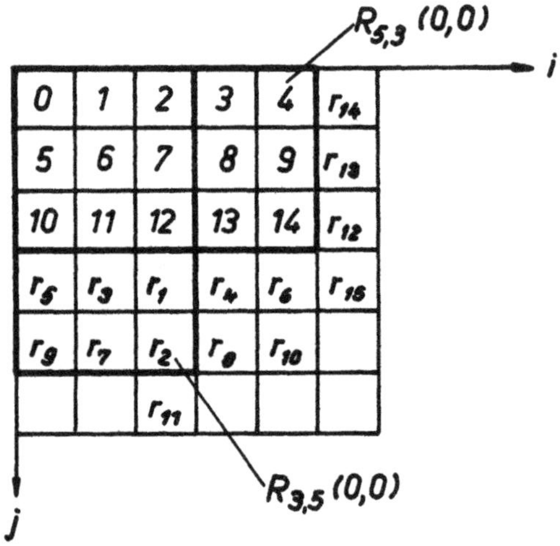

Abb.3.6

Für $0 \leq i \leq 4$, $0 \leq j \leq 2$ setzen wir o.B.d.A. $S(i,j) = i + 5j$ voraus. Zunächst folgert man $\{r_1, r_2\} = \{15, 16\}$. O.B.d.A. setzen wir $r_1 = 15$, $r_2 = 16$. Bestimmt man nun die Werte der Speicherfunktion S in den mit r_3, r_4, r_5, ... r_{14} bezeichneten Rasterfeldern aus den Bedingungen der Konfliktfreiheit von S sowohl für $R_{5,3}$ als auch für $R_{3,5}$, so erhält man die eindeutig bestimmten Werte $r_3 = 4$, $r_4 = 0$, $r_5 = 3$, $r_6 = 1$, $r_7 = 9$, $r_8 = 5$, $r_9 = 8$, $r_{10} = 6$, $r_{11} = 2$, $r_{12} = 10$, $r_{13} = 16$, $r_{14} = 15$, und für r_{15} gibt es keine Lösung. Damit existiert keine konfliktfreie Speicherfunktion mit $N = 17$ Speichermoduln.

Untersucht man nun die konfliktfreie Speicherung von mehr als zwei achsenparallelen Rechtecken allgemein, dann gibt es eine praktisch unüberschaubare Vielfalt von Aufgabenstellungen, für die eine allgemeine Theorie nicht mehr sinnvoll ist.

Der praktische Sinn derartiger theoretischer Aussagen ist dann durch ihre mögliche sinnvolle Anwendbarkeit gegeben.

Im folgenden beziehen wir uns auf das Anwendungsgebiet der hochauflösenden Rastergrafik. Zum Bild-Refresh verwendet man üblicherweise das Zugriffsformat $R_{N,1} = G_h^N$, zur Änderung alphanumerischer Zeichen und zum Konturfüllen ein Rechteck $R_{p,q}$. Wünschenswert wäre weiterhin das Format $R_{1,N} = G_v^N$.

Der gleichzeitige konfliktfreie Zugriff zu $R_{p,q}$ und G_h^N mit $N = pq$ ist bei Verwendung der Speicherfunktion

$$S(i,j) = i + pj \bmod pq \tag{3.8}$$

mit $N = pq$ Speicherbauelementen möglich.

Der gleichzeitige konfliktfreie Zugriff zu G_h^N, G_v^N und $R_{p,q}$ ist mit $N = pq$ Speichermodulen nicht möglich, wie wir im folgenden zeigen.

Wir beweisen zunächst:

<u>Lemma 3.8.</u> Es sei $N = pq$ mit $p,q \geq 2$ und $S: R \longrightarrow \{0,1,\ldots,N-1\}$ eine Speicherfunktion, die konfliktfrei bezüglich $R_{p,q}$ (bei beliebiger Lage von $R_{p,q}$ im Raster R) ist, und es sei $r' = (i',j') \in R$ ein Rasterpunkt, für den $G_h^N(r')$ konfliktfrei ist. Dann gilt

$$S(i'+m,\ j'+m'q) = S(i'+m,\ j')$$

für $m = 0, \ldots, N-1$ und $m' = \pm 1, \pm 2, \ldots$.

<u>Beweis.</u> Die Abb.3.7 zeigt $G_h^N(r')$ und $R_{p,q}(r')$ im Raster R mit $r' = (i',j')$. O.B.d.A. setzen wir $S(i'+m,\ j') = m$ für $m = 0, \ldots, N-1$ voraus und bezeichnen für $0 \leq i \leq p-1$, $1 \leq j \leq q-1$

$$S(i'+i,\ j'+j) = S_{i+pj} \quad \text{mit} \quad S_m \neq S_{m'} \quad \text{für} \quad m \neq m'$$

und

$$S_m \geq p \quad \text{für} \quad m = p, \ldots, qp-1.$$

Da $R_{p,q}(r'+(1,0))$ konfliktfrei und $S(r'+(p,0)) = p \neq 0$ gilt, ist

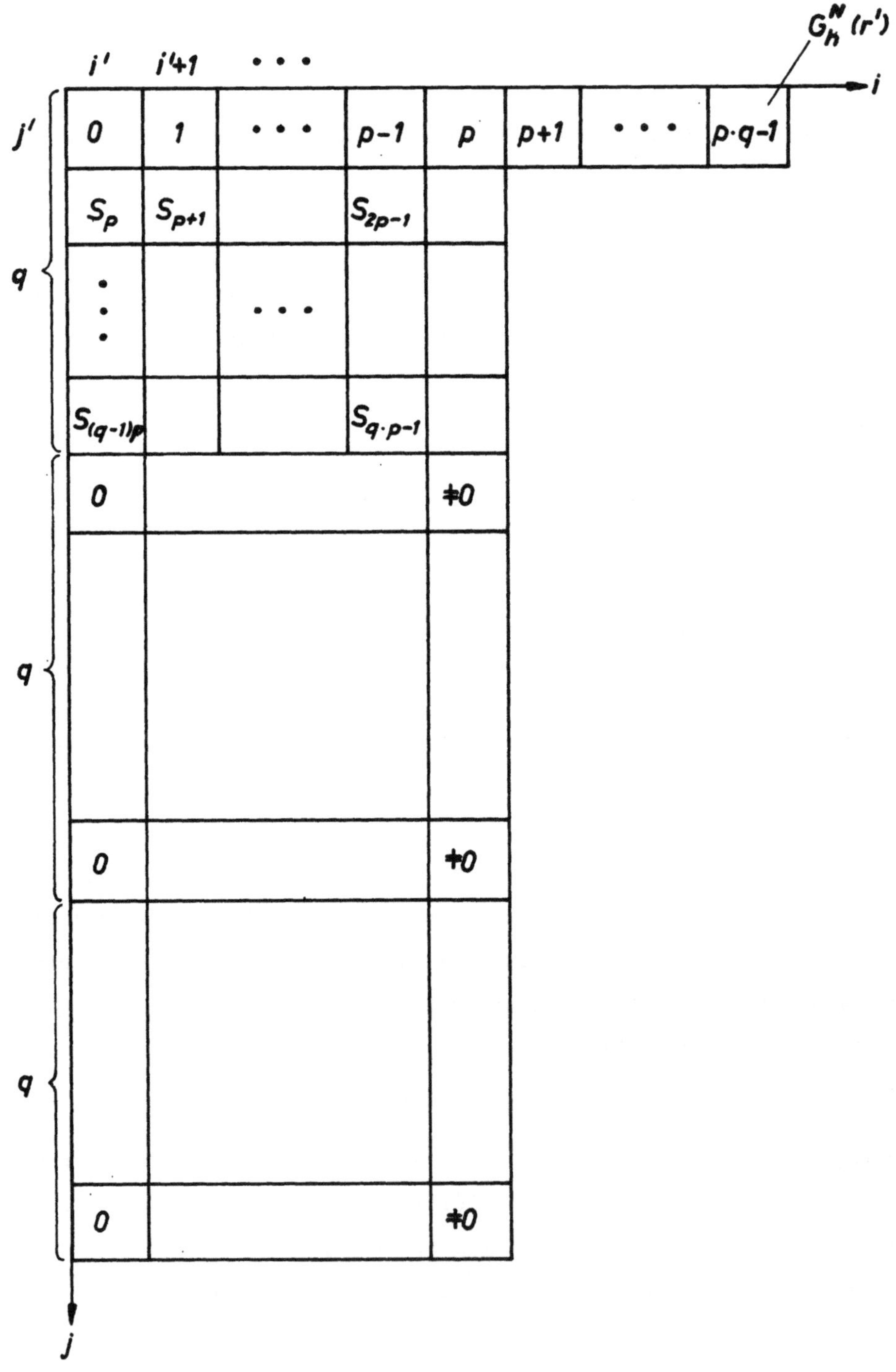
$G_h^N(r')$
i' i'+1 ...
i
j'
0 1 ... p-1 p p+1 ... p·q-1
S_p S_{p+1} S_{2p-1}
q
...
$S_{(q-1)p}$ $S_{q \cdot p-1}$
0 ≠0
q
0 ≠0
q
0 ≠0
j

Abb.3.7.

$0 \notin \{S(r'+(p,1)), \ldots, S(r'+(p,q-1)\}$. Aus der Konfliktfreiheit von $R_{p,q}(r'+(1,1))$ folgt dann $S(r'+(m,q)) \neq 0$ für $m = 1,\ldots,p$, insbesondere auch $S(r'+(p,q)) \neq 0$. Aus der Konfliktfreiheit von $R_{p,q}(r'+(0,1))$ folgt $S(r'+(0,q)) = 0$. Wegen $R_{p,q}(r'+(0,q))$ konfliktfrei und $S(r'+(0,q)) = 0$ ergibt sich nun $S(r'+(i,j)) \neq 0$ für $0 \leq i \leq p-1$, $q \leq j \leq 2q-1$ und $(i,j) \neq (0,q)$ und damit aus der Konfliktfreiheit von $R_{p,q}(r'+(1,q))$ und $S(r'+(p,q)) \neq 0$, die Beziehung $0 \notin \{S(r'+(p,q+1), \ldots, S(r'+(p,2q-1))\}$ aus der Konfliktfreiheit von $R_{p,q}(r'+(1,q+1))$, $S(r'+(i,2q)) \neq 0$ für $1 \leq i \leq p$, insbesondere auch $S(r'+(p,2q)) \neq 0$ und $S(r'+(0,2q)) = 0$ aus der Konfliktfreiheit von $R_{p,q}(r'+(0,q+1)$.

Völlig analog kann man für $m = 3, 4, 5, \ldots$ und $m = -1, -2, -3, \ldots$ die Beziehung $S(r'+(0,mq)) = 0$ ableiten.
Nach dem gleichen Prinzip erhält man

$$S(r'+(m',mq)) = S(i'+m', j'+mq) = S(r'+(m',0)) = S(i'+m',j').$$

Aus Lemma 3.8 ergibt sich die für die Rastergrafik wichtige

<u>Folgerung 3.9.</u> Für $N = pq$ gibt es keine Speicherfunktion $S: R \longrightarrow \{0, \ldots, N-1\}$, die bezüglich $R_{p,q}$, G_h^N und G_v^N konfliktfrei ist.

Insbesondere gibt es für $N = 16$ keine Speicherfunktion, die den konfliktfreien Zugriff zu den Formaten $R_{4,4}$, G_h^{16} und G_v^{16} erlaubt.

Für $N = pq$ besteht nun prinzipiell die Möglichkeit, durch Einschränkung der Plazierungsmenge für die verschiedenen Zugriffsformate den konfliktfreien Zugriff zu $R_{p,q}$, G_h^N und G_v^N doch noch zu realisieren.

Da die vertikalen und horizontalen Geraden G_v^N und G_h^N im wesentlichen für Refresh-Operationen gedacht sind, wäre die Einschränkung ihrer ausgezeichneten Rasterpunkte (i_a,j_a) auf Punkte, die etwa der Bedingung $j_a \bmod N = 0$ bzw. $i_a \bmod N = 0$ genügen, durchaus vertretbar, wenn die ausgezeichneten Rasterpunkte des Formates $R_{p,q}$ nicht beschränkt wären. Aus Lemma 3.8 ergibt sich aber die

<u>Folgerung 3.10.</u> Es sei $N = pq$. Dann gibt es keine Speicherfunktion $S: R \text{ ---> } \{0, 1, \ldots, N-1\}$, die konfliktfrei bezüglich $R_{p,q}$ (ohne Einschränkung der Plazierungsmenge) und bezüglich G_h^N und G_v^N mit eingeschränkten, überdeckenden Plazierungsmengen ist.

Will man also mit $N = pq$ Speichermodulen den konfliktfreien Zugriff zu $R_{p,q}$, G_h^N und G_v^N realisieren, so ist die Plazierungsmenge von $R_{p,q}$ notwendig zu beschränken. (In einem Beispiel zeigen wir derartige Lösungen des Problems.)

Durch Hinzunahme eines weiteren Speichermoduls kann man leicht eine Speicherfunktion $S: R \text{ ---> } \{0, 1, \ldots, pq\}$ angeben, die für $N = pq+1$ konfliktfrei bezüglich $R_{p,q}$, G_h^N und G_v^N ist.

<u>Theorem 3.11.</u> Die Speicherfunktion

$$S(i,j) = i + pj \bmod (pq + 1) \qquad (3.9)$$

ist konfliktfrei bezüglich $R_{p,q}$, $G_h^{N'}$ und $G_v^{N'}$ mit $N' = pq+1$.

Da p und pq+1 teilerfremd sind, ist der <u>Beweis</u> einfach und sei dem Leser überlassen.

Die Hinzunahme eines einzigen Speichermoduls ist auf den ersten Blick eine sehr einfache Methode, um den konfliktfreien Zugriff zu den Formaten $R_{p,q}$, $G_h^{N'}$ und $G_v^{N'}$ zu ermöglichen, ohne die Plazierungsmenge einschränken zu müssen.
Vorschläge für eine technische Realisierung beschränken sich auf die Zugriffsformate $R_{p,q}$, G_h^N und G_v^N, wie z. B. in [Voo77], [VM78], [Par86] mit $N = N'-1$ und $pq = N$.
Für praktische Anwendungen kommt dieser Ausweg nur selten in Betracht. Gewünschte Zahlenwerte für N sind N = 4, 8, 16, 32, 64, ... Infolge der binären Darstellung der Zahlen ist die Arithmetik modulo 4, 8, 16, 32, 64 ... sehr einfach, während eine Arithmetik modulo 5, 9, 17, 33, 65 ... wesentlich aufwendiger und am einfachsten noch für die Primzahlen 5 und 17 zu realisieren ist.

Relativ naheliegend ist die in [Mie82] beschriebene Vorgehensweise, die hauptsächlich für $N = 2^m$ gedacht ist. Da der konfliktfreie Zugriff zu G_h^N, G_v^N und $R_{p,q}$ mit $N = pq$ Speichermodulen nicht gleichzeitig verwirklicht werden kann, wird $R_{p,q}$ durch ein Rechteck $R_{p',q'}$ mit $p'q' < N$ ersetzt. Die Speicherfunktion ist dabei linear modulo N. Für $N = 16$ ist mittels der Speicherfunktion

$$S(i,j) = i + 9j \bmod 16$$

der parallele Zugriff zu G_h^{16}, G_v^{16}, $R_{7,2}$, $R_{2,7}$ und mit der Speicherfunktion

$$S(i,j) = i + 5j \bmod 16$$

der parallele Zugriff zu G_h^{16}, G_v^{16} und $R_{5,3}$ möglich.

Um verschiedene rechteckige Zugriffsformate zur Verfügung zu haben, sind unterschiedliche Betriebsweisen des Speichers vorgesehen, die durch den Inhalt von Look-up-Tabellen bestimmt werden. Verschiedene Betriebsarten sind auch für den in [Mur83] beschriebenen Speicher vorgesehen, der in der ersten Betriebsart den konfliktfreien Zugriff zu G_h^N und G_v^N und in der zweiten Betriebsart den konfliktfreien Zugriff zu G_h^N und $R_{p,q}$ mit $N = pq$ erlaubt.

Theoretisch interessant sind Untersuchungen, wie man auf alle achsenparallelen Rechtecke bis zu einem gegebenen Flächeninhalt M mit einer möglichst geringen Anzahl von Speichermodulen konfliktfrei zugreifen kann. Erste Ergebnise wurden in [Gup 81] beschrieben.

Sofort klar ist, wie man mit $N = M^2$ Speichermodulen den konfliktfreien Zugriff zu allen achsenparallelen Rechtecken mit einem Flächeninhalt M realisieren kann. Eine mögliche Speicherfunktion ist durch

$$\begin{aligned} &S(i,j) = i + Mj \quad \text{für} \quad 0 \leqq i \leqq M, \quad 0 \leqq j \leqq M, \\ &S(i+M,j) = S(i,j), \quad S(i,j+M) = S(i,j) \end{aligned} \tag{3.10}$$

gegeben und für $N = 4 = 2^2$ in Abb.3.8 dargestellt.

In den Rasterpunkten eines Quadrates mit der Seitenlänge M, dem Grundgebiet der periodischen Funktion, werden die Werte der Speicherfunktion $S(i,j)$ jeweils paarweise unterschiedlich festgelegt und dann periodisch mit der Periode M in i- und j-Richtung fortgesetzt.

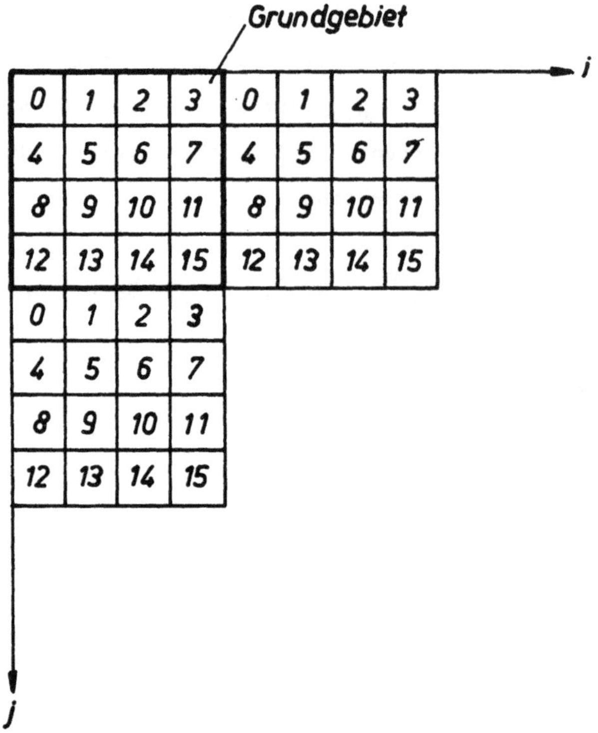

Abb.3.8.

Eine Verbesserung des Wertes von N auf $N \approx \sqrt{5}\, M$ kann man durch die folgende Überlegung erreichen [Gup81, CLR82, CLR86].

Ist ein Pixel r_1 des Rasters R im Speichermodul $S(r_1)$ gespeichert, dann darf ein Pixel r_2, für das $S(r_1) = S(r_2)$ gilt, nicht innerhalb der in Abb.3.9 dargestellten "verbotenen Umgebung" des Pixels r_1 liegen.
Die verbotene Umgebung von r_1 ist durch die Menge aller achsenparalleler Rechtecke mit dem Flächeninhalt M bestimmt, zu dem r_1 gehört. In Abb. 3.9 ist $r_1 = (0,0)$ gewählt, und in diesem Falle ist die "verbotene Umgebung" des Pixels r_1 durch die Hyperbeln $i * j = M$ und $i * j = -M$ begrenzt.
Für einen Punkt $r_2 = (i_2,j_2)$, der nicht in der verbotenen Umgebung des Punktes $r_1 = (i_1,j_1)$ liegt, gilt dann

$$|(i_1-i_2)(j_1-j_2)| \geq M. \tag{3.11}$$

Die Struktur des Rasters wird hierbei nicht berücksichtigt. In einem Raster können die Seitenlängen der entsprechenden Rechtecke nur ganzzahlige Werte annehmen, und zu einer vorgegebenen ganzzahligen Seitenlänge s_i in i-Richtung gibt es nur dann eine ganzzahlige Seitenlänge s_j in j-Richtung mit $s_i s_j = M$, wenn s_i Teiler von M ist. Die Bedingung (3.11) ist somit in einem Raster nur eine hinreichende Bedingung.

Zur formalisierten Behandlung wird in [CLR82] die M-Verträglichkeit zweier Punkte bzw. einer Punktmenge eingeführt.

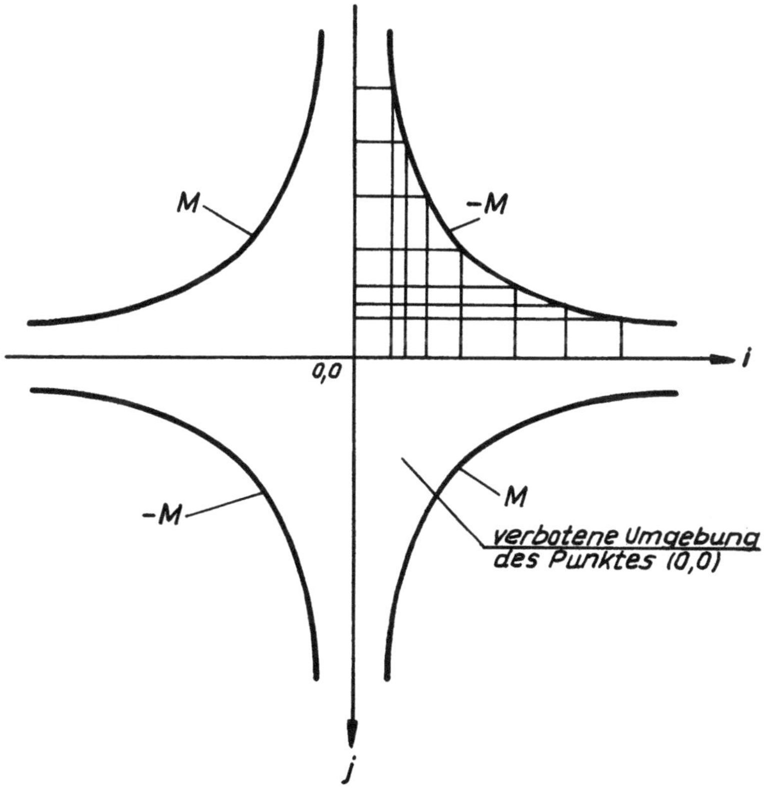

Abb.3.9.

Definition 3.12. Zwei Punkte $r_1 = (i_1, j_1)$, $r_2 = (i_2, j_2)$ nennt man *M-verträglich*, wenn die Bedingung

$$|(i_1-i_2)(j_1-j_2)| \geq M \tag{3.11}$$

gilt. Eine Menge von Punkten ist M-verträglich, wenn jedes ihrer Paare M-verträglich ist.

Nach [CLR82,CLR86] beweisen wir nun Theorem 3.13. Es ermöglicht uns, eine Speicherfunktion für $N \approx \sqrt{5}\,M$ Speichermodule explizit anzugeben, die den konfliktfreien Zugriff zu allen achsenparallelen Rechtecken aus höchstens M Rasterpunkten erlaubt.

Theorem 3.13. Das orthogonale Integral-Gitter, das durch die Basisvektoren

$$\left(\sqrt{\frac{M}{\phi}}\ ,\ \sqrt{M\,\phi}\ \right),\quad \left(-\sqrt{M\,\phi}\ ,\ \sqrt{\frac{M}{\phi}}\ \right)$$

mit $\phi = 1/2\ (1 + \sqrt{5})$ erzeugt wird, ist eine M-verträgliche Menge. Die Fläche des Grundgebietes ist $\sqrt{5}\ M$.

Beweis. Wir zeigen die M-Verträglichkeit des Koordinatenursprungs $r = (0,0)$ mit allen Gitterpunkten. Aufgrund der Invarianz des Gitters bezüglich Translationen um das Vielfache der Basisvektoren ist dann jeder Gitterpunkt mit jedem Gitterpunkt M-verträglich. Mit

$$\sqrt{\frac{M}{\phi}} = a,\quad \sqrt{M\,\phi} = b$$

zeigen wir für alle ganzen Zahlen u,v mit $(u,v) \neq (0,0)$: Der Gitterpunkt $v\cdot(a,b) + u\cdot(-b,a)$ kann nicht innerhalb der verbotenen Umgebung des Punktes $(0,0)$ liegen, womit also die Bedingung

$$|(av-bu)(bv+au)| > M$$

erfüllt ist. Es gilt $(av-bu)\ (bv+au) = M\ (v^2-uv-u^2)$. Der Ausdruck $|v^2-uv-u^2|$ ist für $(u,v) \neq (0,0)$ eine ganze Zahl ≥ 1, da die Gleichung $v^2-uv-u^2 = 0$ nur die nicht ganzzahligen Lösungen

$$v = \frac{u}{2} \pm \frac{u\sqrt{5}}{2}$$

und die triviale Lösung $v = u = 0$ hat. Deshalb gilt für $(u,v) \neq (0,0)$

$$|(av-bu)(bv+au)| = M\ |v^2-uv-u^2| \geq M.$$

Die Basisvektoren

$$\left(\sqrt{\frac{M}{\phi}}\,,\ \sqrt{M\,\phi}\right) \quad \text{und} \quad \left(-\sqrt{M\,\phi}\,,\ \sqrt{\frac{M}{\phi}}\right)$$

sind orthogonal und der Flächeninhalt des Grundgebietes ist

$$M' = \frac{M}{\phi} + M\,\phi = M\left(\phi + \frac{1}{\phi}\right) = M\sqrt{5} \quad \text{(vgl. Abb.3.10).} \qquad (3.11)$$

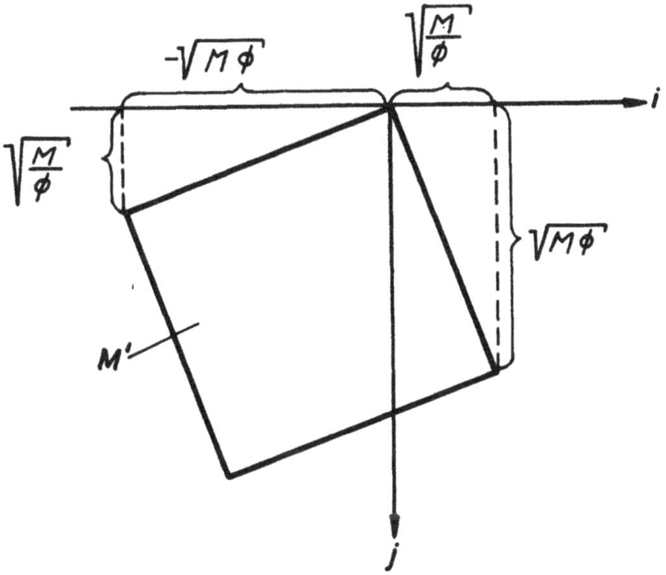

Abb.3.10

Eine Speicherfunktion, die konfliktfrei zu allen achsenparallelen Rechtecken aus maximal M Rasterpunkten ist, entsteht, indem man den Rasterpunkten des Grundgebietes des Integralgitters verschiedene Werte der Speicherfunktion zuweist und die übrigen Werte der Speicherfunktion aus den Bedingungen

$$S(r + (\sqrt{\frac{M}{\phi}}\,',\ \sqrt{M\,\phi}\,')) = S(r), \qquad (3.12)$$

$$S(r + (-\sqrt{M\,\phi}\,',\ \sqrt{\frac{M}{\phi}}\,')) = S(r) \qquad (3.13)$$

bestimmt. Dabei sind

$$\sqrt{\frac{M}{\phi}}' \quad \text{und} \quad \sqrt{M\,\phi}'$$

die ganzzahligen gerundeten Werte der Komponenten

$$\sqrt{\frac{M}{\phi}} \quad \text{und} \quad \sqrt{M\,\phi}$$

der orthogonalen Basis des Integralgitters. Wegen der aufgrund des Rasters erforderlichen Approximation der Seiten des rechteckigen Grundgebietes ist der Wert $N = M\sqrt{5}'$ nur ein Näherungswert.

Als Beispiel betrachten wir den konfliktfreien Zugriff zu allen achsenparallelen Rechtecken aus maximal $M = 9$ Rasterpunkten mit $N = (9\sqrt{5})' = 20$ Speichermodulen und den orthogonalen Basisvektoren

$$\left(\sqrt{\frac{M}{\phi}}', \sqrt{M\,\phi}'\right) = \left(\left(\frac{3}{1{,}27}\right)', (3 * 1{,}27)'\right) = (2,4),$$

$$\left(-\sqrt{M\,\phi}', \sqrt{\frac{M}{\phi}}'\right) = (4,-2).$$

Die Abb.3.11 zeigt eine mögliche Speicherfunktion. Alle Rasterpunkte des durch die Basisvektoren (2,4) und (-4,2) bestimmten Grundgebietes sind in den 20 unterschiedlichen Speichermodulen 0,1, ...,19 gespeichert und in Richtung der Basisvektoren (2,4) und (-4,2) periodisch fortgesetzt. Der konfliktfreie Zugriff zu den Formaten G_v^9, G_h^9, $R_{3,3}$, $R_{2,4}$, $R_{4,2}$ ist somit möglich.

Untersucht man die tatsächlich vorhandenen konfliktfreien Zugriffsmöglichkeiten der in Abb.3.11 beschriebenen (isotropen) Speicherfunktion genauer, so erhält man die konfliktfreien Zugriffsformate $R_{4,4}$, $R_{10,2}$, $R_{2,10}$, welche die Formate G_v^9, G_h^9, $R_{3,3}$, $R_{2,4}$, $R_{4,2}$ umfassen.

Um einen konfliktfreien Zugriff zu allen achsenparallelen Rechtecken aus höchstens M Rasterpunkten mit $N < \sqrt{5}\,M$ Speichermodulen zu realisieren, werden in [CLR86] noch spezielle Eigenschaften von Fibonacci-Zahlen ausgenutzt, wobei die möglichen Werte für N und M aber sehr eingeschränkt sind.

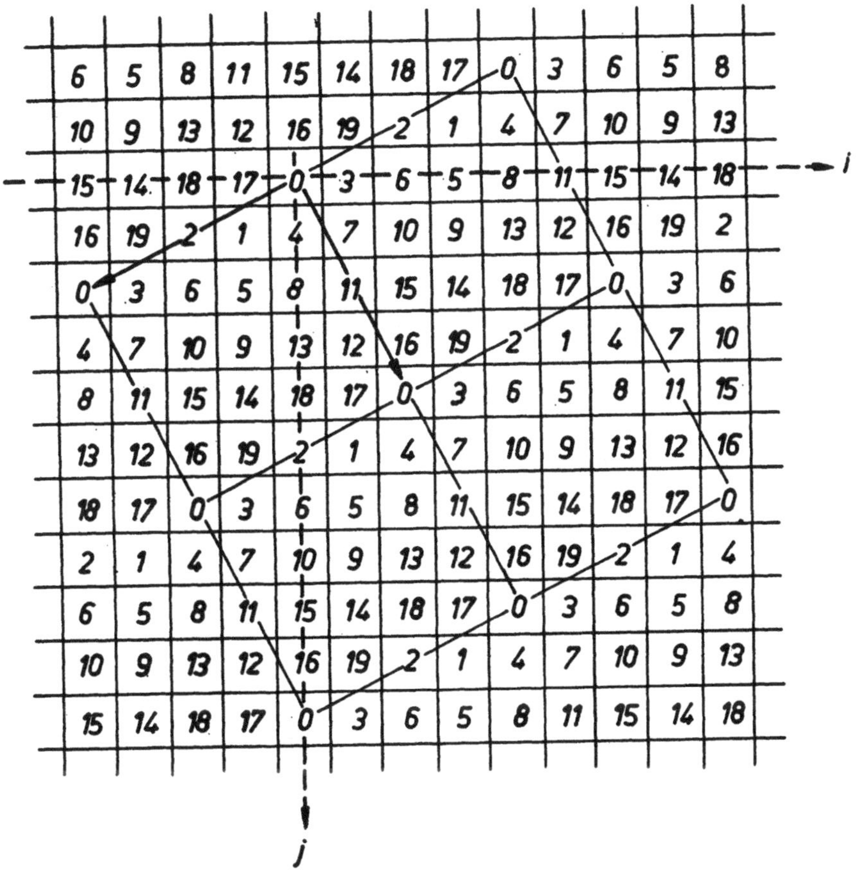

Abb.3.11

<u>Fibonacci-Zahlen</u> werden durch die rekursive Beziehung

$$\bar{F}_1 = \bar{F}_2 = 1,$$

$$\bar{F}_{m+2} = \bar{F}_m + \bar{F}_{m+1}, \quad m = 1,2,\ldots$$

definiert. Die ersten Fibonacci-Zahlen sind 1, 1, 2, 3, 5, 8, 13, 21, 34, 55, 89, ...

Die orthogonalen Basisvektoren des Integral-Gitters werden als

$$(\bar{F}_m, \bar{F}_{m+1}), (-\bar{F}_{m+1}, \bar{F}_m)$$

gewählt. Für den Flächeninhalt M des Grundgebietes gilt dann

$$M = \bar{F}_m^2 + \bar{F}_{m+1}^2 = \bar{F}_{2m+1}. \tag{3.14}$$

Wie in [CLR86] gezeigt ist, kann man zu allen achsenparallelen Rechtecken konfliktfrei zugreifen, die weniger als

$$M + 1 = (\bar{F}_m+1)(\bar{F}_{m+1}+1)$$

Rasterpunkte aufweisen. Da

$$(\bar{F}_m+1)\ (\bar{F}_{m+1}+1) = \bar{F}_m\ \bar{F}_{m+1} + \bar{F}_{m+2} + 1$$

ist und der Ausdruck

$$\frac{\bar{F}_m\ \bar{F}_{m+1} + \bar{F}_{m+2}}{\bar{F}_{2m+1}} = \frac{M}{N}$$

für $m \rightarrow \infty$ monoton fällt und gegen $\sqrt{\frac{1}{5}}$ konvergiert, erhält man

$$\frac{M}{N} > \sqrt{\frac{1}{5}}\text{, und somit } M\sqrt{5} > N.$$

Die entsprechenden Werte für M und N sind nachfolgend zusammengestellt:

$N = \bar{F}_{2m+1}$	5	13	34	89	233 ...
$M = \bar{F}_m\bar{F}_{m+1}+\bar{F}_{m+2}$	5	11	23	53	125 ... .

Als Speicherfunktion kann die lineare Funktion

$$S(i,j) = ((\bar{F}_m\ i + \bar{F}_{m+1}\ j)\ \bar{F}_{m+1}^{-1}) \bmod \bar{F}_{2m+1} \qquad (3.15)$$

mit $(\bar{F}_{m+1}\ \bar{F}_{m+1}^{-1}) \bmod \bar{F}_{2m+1} = 1$ gewählt werden.

Wegen der Gültigkeit von Lemma 3.14 ist die Speicherfunktion auch konfliktfrei bezüglich der achsenparallelen Geraden G_h^N und G_v^N mit $N = \bar{F}_{2m+1}$ (vgl. auch Kap. 4).

<u>Lemma 3.14.</u> Es gilt $ggT(\bar{F}_m, \bar{F}_{2m+1}) = 1$ und $ggT(\bar{F}_{m+1}, \bar{F}_{2m+1}) = 1$.

<u>Beweis.</u> Nach [Wor54] gelten für Fibonacci-Zahlen $\bar{F}_m$ die Beziehungen

$$\bar{F}_{m+1}\ \bar{F}_{m-1} - \bar{F}_m^{\,2} = (-1)^m, \qquad (3.16)$$

$$\bar{F}_m^{\,2} + \bar{F}_{m+1}^{\,2} = \bar{F}_{2m+1}, \qquad (3.17)$$

woraus

$$\bar{F}_{m+1}(\bar{F}_{m-1}+\bar{F}_{m+1}) = \bar{F}_{2m+1} + (-1)^m$$

und damit $ggT(\bar{F}_{m+1}, \bar{F}_{2m+1}) = 1$ folgt.

Für $m := m+1$ ergibt sich aus (3.16)

$$\bar{F}_{m+2}\ \bar{F}_m - \bar{F}_{m+1}^{\,2} = (-1)^{m+1}$$

und zusammen mit (3.17)

$$\bar{F}_m(\bar{F}_m + \bar{F}_{m+2}) = \bar{F}_{2m+1} - (-1)^{m+1}$$

Somit ist $ggT(\bar{F}_m, \bar{F}_{2m+1}) = 1$.

Diese theoretisch sehr interessanten Ergebnisse sind aber nur für ganz spezielle, praktisch kaum relevante Zahlen M und N gültig. Für $m = 3$ erhalten wir $\bar{F}_3 = 2$, $\bar{F}_4 = 3$, $\bar{F}_7 = 13$ und die in Abb.3.12 dargestellte Speicherfunktion

$$S(i,j) = 9(2i + 3j) \bmod 13 = 5i + j \bmod 13. \qquad (3.18)$$

Konfliktfreie Zugriffsformate sind in diesem Beispiel G_v^{13}, G_h^{13}, $R_{2,5}$, $R_{5,2}$ und $R_{3,3}$. Die orthogonalen Basisvektoren sind (2,3) und (-3,2).

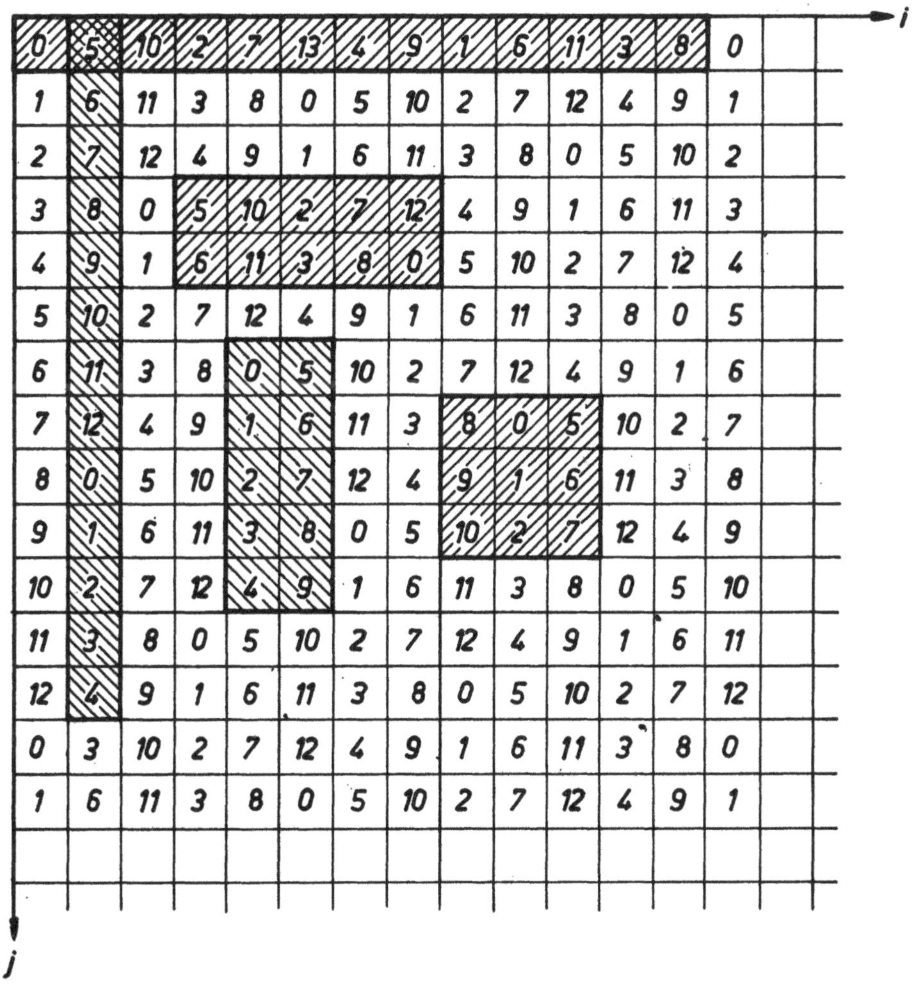

Abb.3.12

3.2. Rechteckspeicher mit $N = 2^n$ Speichermodulen

Theoretisch interessante und auch praktisch relevante Lösungen leiten wir nun für $N = 2^n$ Speichermodule ab.

Entsprechend Lemma 3.8 und Folgerung 3.9 existiert für $N = 2^n$ keine Speicherfunktion, die konfliktfrei bezüglich G_h^N, G_v^N und $R_{p,q}$ mit $p = 2^{n'}$, $q = 2^{n''}$ und $n' + n'' = n$ ist, wenn $R_{p,q}$ eine beliebige Lage im Raster einnehmen kann.

Für eine eingeschränkte Plazierungsmenge $P(S,R_{p,q})$ gibt es unterschiedliche konfliktfreie Speicherfunktionen.

Eine überraschend einfache Lösung wird für $N = 2^{2n}$ in [KM81] beschrieben. Die verwendete Speicherfunktion ist dyadisch. Mit

$$(I)_2 = (i \bmod N)_2 = (i_{2n-1}|\ldots|i_n|i_{n-1}|\ldots|i_0),$$
$$(J)_2 = (j \bmod N)_2 = (j_{2n-1}|\ldots|j_n|j_{n-1}|\ldots|j_0), \qquad (3.19)$$

$$SWAP(J)_2 = SWAP(j_{2n-1}|\ldots|j_n|j_{n-1}|\ldots|j_0) =$$
$$= (j_{n-1}|\ldots|j_0|j_{2n-1}|\ldots|j_n) \qquad (3.20)$$

ist die in [KM81] eingeführte dyadische Speicherfunktion durch

$$S(i,j) = (I)_2 \oplus SWAP(J)_2 \qquad (3.21)$$

definiert.

Für das Zugriffsformat $R_{m,m}$ mit $m = 2^n$ betrachten wir die Plazierungsmenge

$$P(S,R_{m,m}) = \{(i,j) \in R \text{ mit } i \bmod 2^n = 0 \text{ und } j \bmod 2^n = 0\}. \qquad (3.22)$$

Die durch (3.22) beschriebene Plazierungsmenge ist nichtüberlappend und überdeckend.

Zunächst zeigen wir

<u>Theorem 3.15.</u> Die durch (3.21) definierte Speicherfunktion ist konfliktfrei bezüglich G_h^N, G_v^N und $R_{m,m}(i,j)$ mit $(i,j) \in P(S,R_{m,m})$.

<u>Beweis.</u> Wir nehmen an, S sei nicht konfliktfrei bezüglich $G_h^N(r)$ mit $r = (i,j) \in R$. Dann gibt es zwei Rasterpunkte r_1, $r_2 \in G_h^N(r)$, $r_1 = r+(m_1,0)$, $r_2 = r+(m_2,0)$ mit $0 \leq m_1,m_2 < N$ und $m_1 \neq m_2$, für die

$S(r_1) = S(r_2)$ gilt. Nach (3.21) ist

$$((i+m_1) \bmod N)_2 \oplus SWAP(J)_2 = ((i+m_2) \bmod N)_2 \oplus SWAP(J)_2, \quad (3.23)$$

und damit gilt $m_1 = m_2$ (Widerspruch). Somit ist S bezüglich G_h^N konfliktfrei.

Unter Verwendung von $SWAP(SWAP(J')_2) = (J')_2$ überlegt man sich analog die Konfliktfreiheit von S bezüglich G_v^N.

Um nun die Konfliktfreiheit von S bezüglich $R_{m,m}(r)$ mit $r \in P(S,R_{m,m})$ zu zeigen, nehmen wir wieder an, S sei nicht konfliktfrei bezüglich $R_{m,m}(r)$.

Dann gibt es Rasterpunkte r_1, $r_2 \in R_{m,m}(r)$ mit $S(r_1) = S(r_2)$ und $r_1 \neq r_2$, wobei $r_1 = (i',j')$ und $r_2 = (i'',j'')$ ist.

Wegen $r = (i,j) \in P(S,R_{m,m})$, r_1, $r_2 \in R_{m,m}(r)$ gilt

$$\begin{aligned}
(i \bmod N)_2 &= (i_{2n-1}|\ldots|i_n|0|\ldots|0),\\
(j \bmod N)_2 &= (j_{2n-1}|\ldots|j_n|0|\ldots|0),\\
(i' \bmod N)_2 &= (i_{2n-1}|\ldots|i_n|i_{n-1}'|\ldots|i_0'),\\
(j' \bmod N)_2 &= (j_{2n-1}|\ldots|j_n|j_{n-1}'|\ldots|j_0'),\\
(i'' \bmod N)_2 &= (i_{2n-1}|\ldots|i_n|i_{n-1}''|\ldots|i_0''),\\
(j'' \bmod N)_2 &= (j_{2n-1}|\ldots|j_n|j_{n-1}''|\ldots|j_0'').
\end{aligned} \quad (3.24)$$

Wegen (3.21) gilt dann

$$\begin{aligned}
(S(r_1))_2 &= (i_{2n-1}|\ldots|i_n|i_{n-1}'|\ldots|i_0') \oplus (j_{n-1}'|\ldots|j_0'|j_{2n-1}|\ldots|j_n) \quad (3.25)\\
&= (i_{2n-1}|\ldots|i_n|i_{n-1}''|\ldots|i_0'') \oplus (j_{n-1}''|\ldots|j_0''|j_{2n-1}|\ldots|j_n),
\end{aligned}$$

woraus $r_1 = r_2$ folgt (Widerspruch).

Als Adressenfunktion wählen wir

$$a(i,j) = i/2^n + (j/2^n)(L_i/2^n). \quad (3.26)$$

L_i ist die Länge des Rasters in i-Richtung. Allen Rasterpunkten der Quadrate $R_{m,m}(r)$ mit $r \in P(S,R_{m,m})$ wird damit die gleiche Adresse zugeordnet. Wegen (3.26) erfordert der parallele Zugriff zu $R_{m,m}(r)$ mit $r = (i,j) \in P(S,R_{m,m})$ also keine Adressenmodifikation, und an alle 2^{2n} Speichermodule wird die Adresse $a(i,j)$ nach (3.26) angelegt.

Die Adressenberechnung wird besonders einfach, wenn wir auch die Plazierungsmengen für G_h^N und G_v^N in folgender Weise festlegen:

$$P(S,G_h^N) = \{(i,j) \in R \text{ mit } I = i \bmod N = 0\}, \quad (3.27)$$

$$P(S,G_v^N) = \{(i,j) \in R \text{ mit } J = j \bmod N = 0\}. \quad (3.28)$$

Die durch (3.27) und (3.28) definierten Plazierungsmengen sind nichtüberlappend und überdeckend.

Beim Zugriff zu $G_h^N(r)$ mit $r = (i,j) \in P(S,G_h^N)$ ist $I = 0$. Für den Rasterpunkt $r_P \in G_h^N(r)$, der im Speichermodul P gespeichert ist, gilt

$$r_P = (i,j) + (i_P,0),$$

$$(P)_2 = (S(r_P))_2 = (i_P)_2 \oplus \mathrm{SWAP}(J)_2,$$

$$(i_P)_2 = (P)_2 \oplus \mathrm{SWAP}(J)_2$$

und

$$a(r_P) = a(i,j) + ((P)_2 \oplus \mathrm{SWAP}(J)_2)/2^n. \quad (3.29)$$

Wegen $I = 0$ sind die n niederwertigen Adressenbits in (3.29) durch $((P)_2 \oplus \mathrm{SWAP}(J)_2)/2^n$ bestimmt, und es treten keine Überträge in (3.29) auf.

Beim Zugriff zu $G_v^N(r)$ mit $r = (i,j) \in P(S,G_v^N)$ ist $J = 0$. Für den Rasterpunkt $r_P \in G_v^N$, der im Speichermodul P gespeichert ist, gilt

$$r_P = (i,j) + (0,j_P),$$

$$(P)_2 = (S(r_P))_2 = (I)_2 \oplus \mathrm{SWAP}(j_P)_2,$$

$$(j_P)_2 = \mathrm{SWAP}(I)_2 \oplus (P)_2$$

und

$$a(r_P) = a(i,j) + ((\mathrm{SWAP}(I)_2 \oplus (P)_2)/2^n)(L_i/2^n). \quad (3.30)$$

Wegen $J = 0$ treten auch in (3.30) keine Überträge auf.

Die Adressenberechnung ist fast so einfach wie die des STARAN-Computers [Bat72] (vgl. auch Abschnitt 4).

In Abb. 3.13 ist für $n = 2$, d.h. für $N = 16$, die Speicherfunktion (3.21) dargestellt.

Für $N = 2^n$ ist die Speicherfunktion

$$S(i,j) = (I)_2 \oplus \mathrm{REVERSE}(J)_2 \quad (3.31)$$

besonders interessant. Dabei gilt

$$\mathrm{REVERSE}\ (j_{n-1}|\ldots|j_1|j_0) = (j_0|j_1|\ldots|j_{n-1}).$$

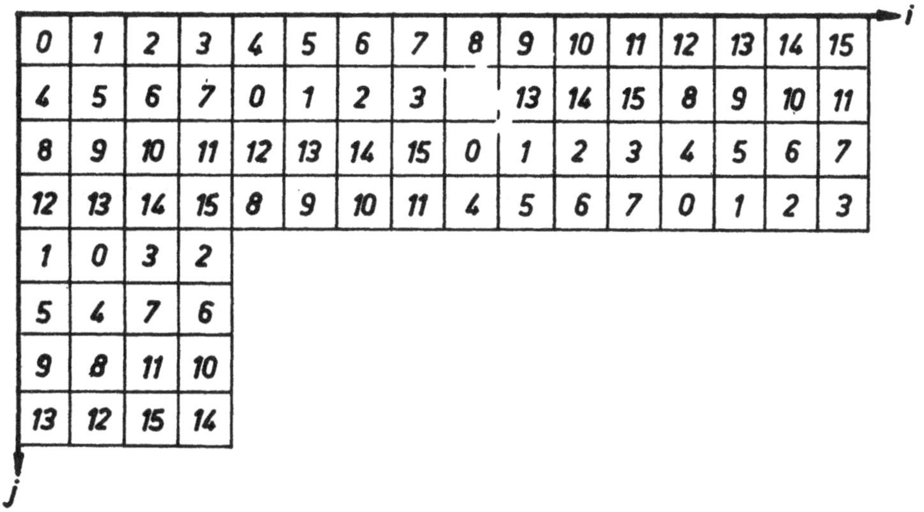

Abb.3.13.

Die dyadische Speicherfunktion (3.31) ist konfliktfrei bezüglich aller achsenparallelen Rechtecke aus N Rasterpunkten, wenn die Plazierungsmengen dieser Rechtecke entsprechend eingeschränkt sind [GR88]. Diese Aussage formulieren wir in

<u>Theorem 3.16.</u> Es sei $S : R \dashrightarrow \{0, \ldots, N-1\}$ mit $N = 2^n$ eine Speicherfunktion, für die (3.31) gilt. Dann existiert für jedes $R_{p,q}$ mit $p = 2^m$, $q = 2^{m'}$; $0 \leq m, m'$ und $m + m' = n$, d. h. $N = pq$, eine nichtüberlappend überdeckende Plazierungsmenge

$$P(S,R_{p,q}) = \{(i,j) \in R \text{ mit } i \bmod 2^m = 0 \text{ und } j \bmod 2^{m'} = 0\},$$

und S ist konfliktfrei bezüglich G_h^N und G_v^N.

<u>Beweis.</u> Für einen Rasterpunkt $i',j' \in R_{p,q}(i,j)$ mit $(i,j) \in P(S,R_{p,q})$ gilt

$$(i' \bmod N)_2 = (i_{n-1}|\ldots|i_m|i_{m-1}'|\ldots|i_0'),$$

$$(j' \bmod N)_2 = (j_{n-1}|\ldots|j_m|j_{m-1}'|\ldots|j_0').$$

Durchläuft (i',j') alle Rasterpunkte des Rechtecks $R_{p,q}(i,j)$, so ändern sich die Werte $i_{m-1}'\ldots i_0'$ im Bereich von 0 bis 2^m-1 und die

Werte $j_{m-1}'\dots j_0'$ im Bereich von 0 bis $2^{m'}-1$.
Addiert man nun komponentenweise modulo 2 alle möglichen Paare

$$(i_{n-1}|\dots|i_m|i_{m-1}'|\dots|i_0') + (j_0'|\dots|j_{m'-1}'|j_{m'}|\dots|j_{n-1}),$$

wie das durch die Speicherfunktion (3.31) vorgeschrieben ist, so werden alle $2^m 2^{m'} = 2^n$ Werte 0, 1, ..., 2^n-1 genau einmal angenommen, und alle Rasterpunkte des Rechteckes $R_{p,q}$ werden in unterschiedlichen Speichermodulen gespeichert.

Die Rasterpunkte (i,j), $(i+1,j)$, ..., $(i+N-1,j)$ der horizontalen Geraden $G_h^N(i,j)$ und die Rasterpunkte (i,j), $(i,j+1)$, ..., $(i,j+N)$ der vertikalen Geraden $G_v^N(i,j)$ werden offensichtlich in unterschiedlichen Speichermodulen gespeichert.

Für $N = 16$ ist die Speicherfunktion

$$S(i,j) = (i \bmod 16)_2 \oplus (\text{REVERSE } (j \bmod 16))_2$$
$$= (i_3|i_2|i_1|i_0) \oplus (j_0|j_1|j_2|j_3)$$

in Abb. 3.14 dargestellt.

j \ i	0	1	2	3	4	5	6	7	8	9	10	11	12	13	14	15
0	0	1	2	3	4	5	6	7	8	9	10	11	12	13	14	15
1	8	9	10	11	12	13	14	15	0	1	2	3	4	5	6	7
2	4	5	6	7	0	1	2	3	12	13	14	15	8	9	10	11
3	12	13	14	15	8	9	10	11	4	5	6	7	0	1	2	3
4	2	3	0	1	6	7	4	5	10	11	8	9	14	15	12	13
5	10	11	8	9	14	15	12	13	2	3	0	1	6	7	4	5
6	6	7	4	5	2	3	0	1	14	15	12	13	10	11	8	9
7	14	15	12	13	10	11	8	9	6	7	4	5	2	3	0	1
8	1	0	3	2	5	4	7	6	9	8	11	10	13	12	15	14
9	9	8	11	10	13	12	15	14	1	0	3	2	5	4	7	6

Abb.3.14

Die nichtüberlappenden und überdeckenden Plazierungsmengen von $R_{2,8}$, $R_{8,2}$ und $R_{4,4}$ sind

$$P(S,R_{2,8}) = \{(i,j) \in R \text{ mit } i \bmod 2 = 0 \text{ und } j \bmod 8 = 0\},$$

$$P(S,R_{8,2}) = \{(i,j) \in R \text{ mit } i \bmod 8 = 0 \text{ und } j \bmod 2 = 0\},$$

$$P(S,R_{4,4}) = \{(i,j) \in R \text{ mit } i \bmod 4 = 0 \text{ und } j \bmod 4 = 0\}.$$

Die dyadischen Speicherfunktionen (3.21) und (3.31) haben die Form

$$S(i,j) = (i \bmod N)_2 \oplus (p(j \bmod N)_2)_2, \tag{3.32}$$

wobei

$$(p(j \bmod N)_2)_2 = j_{p(n-1)} \cdots j_{p(0)}$$

eine Permutation der Indizes $0, 1, \ldots, n-1$ von $(j \bmod N)_2$ ist.

Speicherfunktionen dieses Typs sind bezüglich keines Rechteckes $R_{p',q'}$ mit $p' \geq 2$, $q' \geq 2$ und $p'q' \leq N$ konfliktfrei, wie das folgende Theorem zeigt.

<u>Theorem 3.17.</u> Es sei für $N = 2^n$ die Speicherfunktion S durch (3.32) bestimmt. Dann gilt

$$S(2^{n-1}, 2^{n-1}-1) = S(2^{n-1}-1, 2^{n-1}). \tag{3.33}$$

<u>Beweis.</u> Da

$$p(1|0|\ldots|0) = (0|\ldots|0|\underbrace{1|0|\ldots|0}_{p(n-1)}),$$

$$p(0|1|\ldots|1) = (1|\ldots|1|\underbrace{0|1|\ldots|1}_{p(n-1)})$$

gilt, zeigt man die Gültigkeit von (3.33) durch direktes Nachrechnen.

Für eine Speicherfunktion (3.32) ist die Plazierungsmenge $P(S,R_{p',q'})$ für jedes achsenparallele Rechteck mit beiden Seitenlängen p' und q' $(p', q' \geq 2)$ eine echte Teilmenge des Rasters R.

Es gibt jedoch für $N = 2^{2n}$ nicht-dyadische Speicherfunktionen, die konfliktfrei sind bezüglich der Zugriffsformate G_h^N, G_v^N und sogar bezüglich $R_{2^{n-1},2^{n-1}}$ bei beliebiger Lage dieser Zugriffsformate im Raster und bezüglich $R_{2^n,2^n}$ mit eingeschränkter, aber überdeckender Plazierungsmenge. Wir folgen hier [PGP88].

Zunächst betrachten wir die Speicherfunktion

$$S(i,j) = (2^n j + (2^n + 1) ((j \bmod N) / 2^n) + i) \bmod N. \qquad (3.34)$$

Diese scheinbar komplizierte Funktion ist aus relativ einfachen binären Operationen aufgebaut.

Wir bezeichnen entsprechend (3.19)

$$(I)_2 = (i \bmod N)_2 = (i_{2n-1}|\ldots|i_n|i_{n-1}|\ldots|i_0),$$

$$(J)_2 = (j \bmod N)_2 = (j_{2n-1}|\ldots|j_n|j_{n-1}|\ldots|j_0)$$

und

$$MSB(J) = J/2^n,$$

$$(MSB(J))_2 = (j_{2n-1}|\ldots|j_n), \quad \text{(most significant bits)},$$

$$LSB(J) = J \bmod 2^n,$$

$$(LSB(J))_2 = (j_{n-1}|\ldots|j_0), \quad \text{(least significant bits)}.$$

Dann gilt

$$SWAP(J)_2 = SWAP(j_{2n-1}|\ldots|j_n|j_{n-1}|\ldots|j_0),$$

$$= (j_{n-1}|\ldots|j_0|j_{2n-1}|\ldots|j_n),$$

$$SWAP(J) = 2^n\, LSB(J) + MSB(J) = (2^n J + J/2^n) \bmod N.$$

Mit $(1+2^n)2^n \bmod N = 2^n$ gilt für die Speicherfunktion (3.34)

$$S(i,j) = [(1+2^n)\, SWAP(J) + I] \bmod N.$$

Bezeichnen wir weiterhin mit

$$M(J) = 2^n(J/2^n)$$

diejenige Funktion, die in $(J)_2 = (j_{2n-1}|\ldots|j_n|j_{n-1}|\ldots|j_0)$ die letzten n Bits Null setzt,

$$M(j_{2n-1}|\ldots|j_n|j_{n-1}|\ldots|j_0) = (j_{2n-1}|\ldots|j_n|0|\ldots|0),$$

dann gilt

$$\begin{aligned} S(i,j) &= [SWAP(J) + M(J) + I] \bmod N \\ &= [SWAP(J) + 2^n\, MSB(J) + I] \bmod N. \end{aligned} \qquad (3.35)$$

Für $n = 2$, d.h. für $N = 16$ ist die Speicherfunktion (3.35) in Abb. 3.15 dargestellt. Ihre konkrete Form ist

$$S(i,j) = (4j + 5 ((j \bmod 16) / 4) + i\} \bmod 16.$$

Diese Speicherfunktion ist konfliktfrei bezüglich der Zugriffsformate G_h^{16}, G_v^{16}, $R_{3,3}$ bei beliebiger Plazierung im Raster R und bezüglich $R_{4,4}(r_a)$, wenn für $r_a = (i_a, j_a)$ die Bedingung $j_a \bmod 4 = 0$ erfüllt ist.

In Abb. 3.15 sind verschiedene Zugriffsformate eingezeichnet. In der horizontalen Geraden $G_h^{16}(1,1)$ sind die aufeinanderfolgenden Rasterpunkte in den 16 zyklisch geordneten Speichermodulen 5, 6, 4, ... 15, 0, 1, 2, 3, 4 gespeichert.
Analog sind die Rasterpunkte des Quadrates $R_{4,4}(2,4)$ in den zyklisch geordneten Speichermodulen 7, 8, 9,... , 15, 0, 1, ... 6 abgelegt. Für dieses Zugriffsformat gilt $j_a = 4$ und damit $j_a \bmod 4 = 0$.
Für die konfliktfreie vertikale Gerade $G_v^{16}(12,3)$ sind die aufeinanderfolgenden Rasterpunkte in den Speichermodulen 8, 1, 5, 9, 13, 6, 10, 14, 2, 11, 15, 3, 7, 12, 0, 4 gespeichert, die komplizierter angeordnet sind.
Das Zugriffsformat $R_{4,4}(6,10)$ ist nicht konfliktfrei. Die Bedingung $j_a \bmod 4 = 0$ ist für $j_a = 10$ nicht erfüllt. Die im jeweils gleichen Speichermodul gespeicherten Rasterpunkte dieses Zugriffsformates sind gleichartig schraffiert. Das Zugriffsformat $R_{3,3}(6,10)$ ist konfliktfrei.

Allgemein gilt das

<u>Theorem 3.18.</u> Die Speicherfunktion (3.34) ist konfliktfrei bezüglich der Zugriffsformate G_h^N, G_v^N, $R_{2^{n-1},2^{n-1}}$ bei beliebiger Lage im Raster und bezüglich des Zugriffsformates $R_{2^n,2^n}(r_a)$, wenn für $r_a = (i_a,j_a)$ die Bedingung $(j_a \bmod 2^n) = 0$ erfüllt ist.

Der <u>Beweis</u> ist in [PGP88] angegeben.

Sollen nun die Daten des Zugriffsformates $R_{2^n,2^n}(r)$, $r = (i,j)$, aus dem Speicher gelesen werden, so ist das mit einem Speicherzugriff möglich, wenn $j \bmod 2^n = 0$ gilt. In allen anderen Fällen sind 2 Speicherzugriffe erforderlich. Im Mittel benötigt man daher zum Zugriff auf die Daten des Fensters $R_{2^n,2^n}(r)$

$$Z_G = \frac{2(2^n-1)+1}{2^n} = 2 - 2^{-n}$$

Speicherzugriffe.

	0	1	2	3	4	5	6	7	8	9	10	11	12	13	14	15	→ i
0	0	1	2	3	4	5	6	7	8	9	10	11	12	13	14	15	0
1	4	5	6	7	8	9	10	11	12	13	14	15	0	1	2	3	4
2	8	9	10	11	12	13	14	15	0	1	2	3	4	5	6	7	8
3	12	13	14	15	0	1	2	3	4	5	6	7	8	9	10	11	12
4	5	6	7	8	9	10	11	12	13	14	15	0	1	2	3	4	5
5	9	10	11	12	13	14	15	0	1	2	3	4	5	6	7	8	9
6	13	14	15	0	1	2	3	4	5	6	7	8	9	10	11	12	13
7	1	2	3	4	5	6	7	8	9	10	11	12	13	14	15	0	1
8	10	11	12	13	14	15	0	1	2	3	4	5	6	7	8	9	10
9	14	15	0	1	2	3	4	5	6	7	8	9	10	11	12	13	14
10	2	3	4	5	6	7	8	9	10	11	12	13	14	15	0	1	2
11	6	7	8	9	10	11	12	13	14	15	0	1	2	3	4	5	6
12	15	0	1	2	3	4	5	6	7	8	9	10	11	12	13	14	15
13	3	4	5	6	7	8	9	10	11	12	13	14	15	0	1	2	3
14	7	8	9	10	11	12	13	14	15	0	1	2	3	4	5	6	7
15	11	12	13	14	15	0	1	2	3	4	5	6	7	8	9	10	11
16	0	1	2	3	4	5	6	7	8	9	10	11	12	13			
	4	5	6	7	8	9	10	11	12	13	14	15	0	1			
	8	9	10	11	12	13	14	15	0	1	2	3	4	5			

↓ j

$6_{v}^{16}(12,3)$

Abb.3.15.

Verwenden wir die Speicherfunktion (3.34), so sind N in einer Zeile aufeinanderfolgende Rasterpunkte, ebenso wie die des Zugriffsformates $R_{2^n,2^n}$, in zyklisch angeordneten Speichermodulen gespeichert, was für Refresh-Operationen von Bildspeichern besonders günstig ist.
Die Speicherfunktion (3.34) ist aber bezüglich der Zugriffsmöglichkeiten in i- und j-Richtung nicht symmetrisch. Darüber hinaus ist die mittlere Anzahl Z_G der Zugriffe auf die Daten des Zugriffsformates $R_{2^n,2^n}(r)$ relativ hoch.

Wir beschreiben nun eine bezüglich ihrer Zugriffsmöglichkeiten in i- und j-Richtung symmetrische Speicherfunktion, die ebenfalls für die Zugriffsformate G_h^N, G_v^N und $R_{2^{n-1},2^{n-1}}$ bei beliebiger Lage im Raster und für $R_{2^n,2^n}(r_a)$ mit eingeschränkter Plazierungsmenge konfliktfrei ist. Die Bedingungen an r_a sind dabei symmetrisch in i_a und j_a und schwächer als für die Speicherfunktion (3.34). N in einer Zeile aufeinanderfolgende Rasterpunkte sind aber nicht mehr in zyklisch angeordneten Speichermodulen gespeichert.

Die betrachtete Speicherfunktion $S(i,j)$ ist durch

$$S(i,j) = [2^n j+2^n((i \bmod N)/2^n) + (i-(j \bmod N)/2^n) \bmod 2^n] \bmod N \tag{3.37}$$

definiert und kann in der Form

$$S(i,j) = [2^n(LSB(J) + MSB(J)) + ((LSB(J) - MSB(J)) \bmod 2^n] \bmod N \tag{3.38}$$

geschrieben werden.
Für $MSB(S(i,j))$ und $LSB(S(i,j))$ gelten die einfachen Beziehungen

$$MSB(S(i,j)) = [LSB(J) + MSB(I)] \bmod 2^n,$$

$$LSB(S(i,j)) = [LSB(I) - MSB(J)] \bmod 2^n$$

mit $I = i \bmod N$, $J = j \bmod N$.
Für $n = 2$, d.h. für $N = 16$, ist die Speicherfunktion (3.37), die dann die konkrete Form

$$S(i,j) = [4j + 4 ((i \bmod 16)/4) + (i - (j \bmod 16)/4) \bmod 4] \bmod 16 \tag{3.39}$$

annimmt, in Abb. 3.16 dargestellt.
Diese Speicherfunktion ist konfliktfrei bezüglich der Zugriffsformate G_h^{16}, G_v^{16}, $R_{3,3}$ bei beliebiger Lage dieser Zugriffsformate im Raster

j \ i	0	1	2	3	4	5	6	7	8	9	10	11	12	13	14	15	16	17
0	0	1	2	3	4	5	6	7	8	9	10	11	12	13	14	15	0	1
1	4	5	6	7	8	9	10	11	12	13	14	15	0	1	2	3	4	5
2	8	9	10	11	12	13	14	15	0	1	2	3	4	5	6	7	8	9
3	12	13	14	15	0	1	2	3	4	5	6	7	8	9	10	11	12	13
4	3	0	1	2	7	4	5	6	11	8	9	10	15	12	13	14	3	0
5	7	4	5	6	11	8	9	10	15	12	13	14	3	0	1	2	7	6
6	11	8	9	10	15	12	13	14	3	0	1	2	7	4	5	6	11	8
7	15	12	13	14	3	0	1	2	7	4	5	6	11	8	9	10	15	12
8	2	3	0	1	6	7	4	5	10	11	8	9	14	15	12	13	2	3
9	6	7	4	5	10	11	8	9	10	15	12	13	2	3	0	1	6	7
10	10	11	8	9	14	15	12	13	2	3	0	1	6	7	4	5	10	11
11	14	15	12	13	2	3	0	1	6	7	4	5	10	11	8	9	14	15
12	1	2	3	0	5	6	7	4	9	10	11	8	13	14	15	12	1	2
13	5	6	7	4	9	10	11	8	13	14	15	12	1	2	3	0	5	6
14	9	10	11	8	13	14	15	12	1	2	3	0	5	6	7	4	9	10
15	13	14	15	12	1	2	3	0	5	6	7	4	9	10	11	8	13	14
16	0	1	2	3	4	5	6	7	8	9	10	11	12	13	14	15	0	1
17	4	5	6	7	8	9	10	11	12	13	14	15	0	1	2	3	4	5
18	8	9	10	11	12	13	14	15	0	1	2	3	4	5	6	7	8	9

Abb.3.16

und für $R_{4,4}(r_a)$, $r_a = (i_a, j_a)$, wenn für (i_a, j_a) die Bedingungen $(i_a \bmod 4 = 0)$ oder $(j_a \bmod 4 = 0)$ erfüllt sind.

In Abb. 3.16 sind die Zugriffsformate $G_h^{16}(1,1)$, $G_v^{16}(15,3)$, $R_{3,3}(3,9)$ und $R_{4,4}(4,3)$, $R_{4,4}(9,4)$ und $R_{4,4}(3,9)$ eingezeichnet.
Wegen $(i_a \bmod 4 = 0)$ oder $(j_a \bmod 4 = 0)$ für $i_a = 4$ bzw. $j_a = 4$ sind $R_{4,4}(4,3)$ und $R_{4,4}(9,4)$ konfliktfrei, während $R_{4,4}(3,9)$ nicht konfliktfrei ist. Die Rasterpunkte dieses Zugriffsformates, die im jeweils gleichen Speichermodul gespeichert sind, sind wieder gleich schraffiert.
Allgemein gilt

<u>Theorem 3.19.</u> Die Speicherfunktion (3.37) ist konfliktfrei bezüglich der Zugriffsformate G_h^N, G_v^N, $R_{2^{n-1},2^{n-1}}$ bei beliebiger Lage im Raster und bezüglich des Formates $R_{2^n,2^n}(r_a)$, wenn für $r_a = (i_a, j_a)$ die Bedingungen $(j_a \bmod 2^n) = 0$ oder $(i_a \bmod 2^n) = 0$ erfüllt sind.

Für den <u>Beweis</u> verweisen wir auf [PGP88]

Die Bedingungen

$$(j_a \bmod 2^n) = 0 \quad \text{oder} \quad (i_a \bmod 2^n) = 0$$

sind weniger einschränkend als die Bedingung $(j_a \bmod 2^n) = 0$ von Theorem 3.18.
Will man die Daten des Formates $R_{2^n,2^n}(r)$ aus dem parallelen Speicher lesen, so ist das für $(i \bmod 2^n) = 0$ oder $(j \bmod 2^n) = 0$ mit einem Speicherzugriff möglich.
Im Mittel benötigen wir daher

$$\widetilde{Z}_G = \frac{2(2^n-1)(2^n-1) + 2^n + (2^n-1)}{2^n 2^n} = 2 - 2*2^{-n} + 2^{-2n} \qquad (3.40)$$

Speicherzugriffe, um die Daten des Formates $R_{2^n,2^n}(r)$ zu lesen.
Offensichtlich ist $\widetilde{Z}_G < Z_G$.

3.3. Entwürfe für die Computergrafik

Wir stellen nun zwei konkrete Entwürfe von Rechteckspeichern vor, die in Displaysystemen für die Computergrafik effektiv eingesetzt werden können, und beginnen zunächst mit einigen technischen Details.

Fast alle modernen Personalcomputer, Arbeitsstationen und Terminals sind heute mit Grafik-Subsystemen zur Generierung, Speicherung und Visualisierung von Grafiken und Bildern ausgestattet. Das Kernstück und zugleich der "Flaschenhals" in solchen Displaysystemen ist der Bildspeicher, in dem die auf dem Monitor darzustellende Information gespeichert ist. Diese Bildspeicher müssen

- eine erhebliche Speicherkapazität besitzen, um, insbesondere bei hochauflösenden Systemen, die gesamte darzustellende Bildinformation speichern zu können,
- durch Grafik-Prozessoren mit hoher Pixelrate in beliebigen Adressierungsreihenfolgen gelesen und beschrieben werden können, damit eine schnelle Generierung von neuen Bildinhalten gewährleistet ist, und gleichzeitig
- durch Video-Controller mit hoher Pixelrate zeilenweise entsprechend den Zeitbedingungen des angeschlossenen Monitors wiederholt ausgelesen werden, damit eine flimmerfreie Bilddarstellung mit der Bildwiederholrate des Monitors erfolgt.

Schon die letzte der genannten Forderungen übersteigt die mit modernen dynamischen RAMs erreichbaren Arbeitsgeschwindigkeiten weit, wie die nachfolgende Übersicht notwendiger Zykluszeiten von Bildspeichern für international übliche Videonormen zeigt.

Zur Erläuterung des Problems wählen wir das 2. Beispiel,
ein Display mit 1024 * 768 Pixeln und 60 Hz Bildwiederholfrequenz.

Bildformat	Bildwiederholfrequenz bei der Bilddarstellung	Strahlrücklaufzeiten des Monitors vertikal	Strahlrücklaufzeiten des Monitors horizontal	Zeit pro Pixel bei der Bilddarstellung
640 * 485	30 Hz	1271 µs	10,9 µs	82,3 ns
1024 * 768	60 Hz	600 µs	4 µs	16,52 ns
512 * 512	60 Hz	1250 µs	7 µs	45,14 ns
1024 * 1024	60 Hz	600 µs	4 µs	11,42 ns
1280 * 1024	60 Hz	600 µs	4 µs	9,13 ns

Die Darstellung des Bildinhalts auf dem Monitor erfordert eine Zykluszeit des Bildspeichers von 16,52 ns. Dynamische RAMs mit hoher Speicherkapazität haben aber wesentlich längere Zykluszeiten. Ein Ausweg besteht z.B. in der Verwendung von 16 Speichermodulen, zu denen der Zugriff parallel und folglich mit einer Zykluszeit von 16 * 16,52 ns ≈ 265 ns erfolgt. Offensichtlich ist hierzu ein einfacher paralleler Speicher mit dem konfliktfreien Zugriffsformat $G_h^{16}(r_a)$, $r_a = (i_a, j_a)$, $j_a \bmod 16 = 0$ erforderlich. Mit jedem Parallelzugriff können 16 in einer Bildzeile benachbarte Pixel in ein externes Register geladen und aus diesem seriell mit der für die Monitordarstellung geforderten Pixelzeit ausgelesen werden.

Es verbleibt aber ein weiteres Problem. Wenn auf diese Weise die Pixelbereitstellung für den Monitor erfolgt, sind die Speicherbauelemente ununterbrochen für die Bilddarstellung besetzt, zum Beschreiben des Bildspeichers mit neuer Information verbleiben nur die Rücklaufzeiten des Monitors. Das sind (768 * 4 + 600)µs = 3612 µs pro Bilddurchlauf oder 217 ms pro Sekunde. Mit der angenommenen Zykluszeit der Speicherbauelemente von 265 ns können so durch den Grafik-Prozessor nur ca. 800 000 Pixel pro Sekunde als neue Information in den Bildspeicher geschrieben werden. Mehr als 10 Mio. Pixel pro Sekunde sollten aber in einem leistungsfähigen Display generiert werden können, damit komplizierte Darstellungen auf dem Monitor ausreichend schnell visualisiert und verändert werden können. Der Bildspeicher ist deshalb auch an seiner Schnittstelle zum Grafikprozessor in geeigneter Weise zu parallelisieren, um pro Speicherzyklus mehrere Pixel gleichzeitig adressieren und mit neuer Bildinformation beschreiben zu können. Dabei kann das Prinzip des parallelen Speichers kombiniert werden mit der Ausnutzung von technischen Besonderheiten, über die moderne dynamische RAM-Bauelemente entsprechender Speicherkapazität verfügen. Das sind für die hier diskutierte Anwendung vor allem

- die Verkürzung der Zykluszeiten, die mit heutigen Schaltkreistechnologien bis auf 60 - 150 ns möglich ist,
- der Page-Mode, bei dem nach Adressierung einer Spalte mit Hilfe der CAS-Adresse der internen Speichermatrix des RAMs nachfolgend die Speicherzellen dieser Spalte durch die RAS-Adresse in verkürzter Zykluszeit gelesen und beschrieben werden können,
- die Video-RAM-Struktur, bei der Speichersegmente parallel in ein internes Schieberegister geladen werden, aus dem sie seriell für die Bilddarstellung herausgeschoben werden können, ohne weitere Speicherzyklen in Anspruch zu nehmen, und
- der Nibble-Mode als eine Eigenschaft von dRAMs, die intern als 4-bit-Wort organisiert sind und den sehr schnellen Zugriff zu den Speicherplätzen ermöglichen, deren Adressen sich nur in den niederwertigen beiden Bit unterscheiden.

Das Displaysystem, für das wir im folgenden zwei Entwürfe von parallelen Bildspeichern vorstellen, soll durch folgende Parameter gekennzeichnet sein:

- Bildformat	1024 * 1024 Pixel,
- Bildwiederholfrequenz	60 Hz,
- vertikale Strahldurchlaufzeit	600 µs,
- horizontale Strahlrücklaufzeit	4,17 µs,
- aktive Zeilendarstellungszeit	11,52 µs,
- Bauelementebasis	64-Kbit-dRAM mit interner 16 K * 4 Bit-Organisation für Nibble-Mode,
- Zykluszeit der dRAMs	320 ns,
- effektive Pixelzeit im Nibble-Mode	100 ns.

Für eine Bitebene des Bildspeichers müssen folglich 16 RAM-Bauelemente eingesetzt werden, und die Pixelzeit bei der Bilddarstellung beträgt 11,25 ns. Der Nibble-Mode ermöglicht die sehr schnelle Adressierung der Speicherplätze, deren Adressen sich nur in den niederwertigen 2 Bits unterscheiden. Insgesamt kann eine solche 4-bit-Gruppe innerhalb von 400 ns aus dem Speicherbauelement ausgelesen werden. Durch den parallelen Betrieb von 16 Speicherbauelementen werden somit 64 bit in 400 ns für die Bilddarstellung bereitgestellt.
Pro Bilddurchlauf stehen damit

- 1024 * 16 Speicherzyklen während der Zeilendarstellung,
- 1024 * 13 Speicherzyklen während des horizontalen Strahlrücklaufes,
- 1875 Speicherzyklen während des Bildrücklaufes

für den Grafikprozessor zur Verfügung. Das entspricht einer Pixelrate von 1,83 Mio Pixel/s, die aus den bereits genannten Gründen nun mit paralleler Speicherorganisation weiter erhöht werden soll.

Zunächst wählen wir die zu realisierenden Zugriffsformate aus.

Bei der Bildgenerierung werden die Pixel im Bildspeicher in beliebigen Reihenfolgen adressiert. Für beliebige aus diesen Reihenfolgen resultierenden Zugriffsformate kann natürlich eine konfliktfreie Speicherfunktion nicht gefunden werden. Wir treffen deshalb eine Auswahl für die wichtigsten in der Computergrafik benötigten Pixelreihenfolgen.

a) Zeilensegmente

Das Zugriffsformat

$$F_1 = G_h^{16}(r_a) \quad \text{mit} \quad r_a = (i_a, j_a)$$

gewährleistet den Parallelzugriff zu Zeilensegmenten der Länge von 16 Pixeln an jeder Stelle (i, j) im Bild. Die Parallelität dieses Zugriffsformates kann effektiv genutzt werden für alle Raster-Scan-Algorithmen, bei denen Pixeloperationen zeilenweise ausgeführt werden. Die Generierung horizontaler Linien, das Füllen von Flächen und Grau- bzw. Farbwertinterpolationen sind typische Beispiele. F_1 ist gleichzeitig das Zugriffsformat für die Bilddarstellung. Dabei kann die Einschränkung

$(j_a \bmod 16) = 0$ gelten.

b) (4 x 4) Quadrat

Das Zugriffsformat

$$F_2 = R_{4,4}(r_a) \quad \text{mit} \quad r_a = (i_a, j_a)$$

kann alternativ zu F_1 für alle Bildoperationen verwendet werden, bei denen rechteckige Bildausschnitte, wie z. B. für die Darstellung von Flächen im Bild, in den Bildspeicher eingeschrieben werden müssen. Es ist auch das Zugriffsformat für die Beschleunigung der Generierung von Vektoren und Kreisbögen und damit der wichtigsten Grafikelemente, die in der Computergrafik verwendet werden. Mit F_2 wird bei der Generierung dieser Grafikelemente eine bis zu 4-fache Beschleunigung erreicht, wie nachfolgende Abbildung, in der mit 24 Speicherzugriffen ein Kreis mit 88 Pixeln generiert wird, zeigt.

Die Position des nächsten Fensters gegenüber dem aktuellen wird hier einfach durch die Lage des ersten Pixels des Kreises bestimmt, das nicht mehr innerhalb des aktuellen Fensters liegt. Es gilt die folgende Tabelle.

Lage des 1. Pixels am Rand des aktuellen Fensters	Lage des ausgezeichneten Rasterpunktes des nächsten Fensters
$i_a-1,\ j_a+2$	$i_a-4,\ j_a+2$
$i_a-1,\ j_a+3$	$i_a-4,\ j_a+3$
$i_a-1,\ j_a+4$	$i_a-4,\ j_a+4$
$i_a,\ j_a+4$	$i_a-3,\ j_a+4$
$i_a+1,\ j_a+4$	$i_a-2,\ j_a+4$
$i_a+2,\ j_a+4$	$i_a+2,\ j_a+4$
$i_a+3,\ j_a+4$	$i_a+3,\ j_a+4$
$i_a+4,\ j_a+4$	$i_a+4,\ j_a+4$
$i_a+4,\ j_a+3$	$i_a+4,\ j_a+3$
$i_a+4,\ j_a+2$	$i_a+4,\ j_a+2$
$i_a+4,\ j_a+1$	$i_a+4,\ j_a-2$
$i_a+4,\ j_a$	$i_a+4,\ j_a-3$
$i_a+4,\ j_a-1$	$i_a+4,\ j_a-4$
$i_a+3,\ j_a-1$	$i_a+3,\ j_a-4$
$i_a+2,\ j_a-1$	$i_a+2,\ j_a-4$
$i_a+1,\ j_a-1$	$i_a-2,\ j_a-4$
$i_a,\ j_a-1$	$i_a-3,\ j_a-4$
$i_a-1,\ j_a-1$	$i_a-4,\ j_a-4$

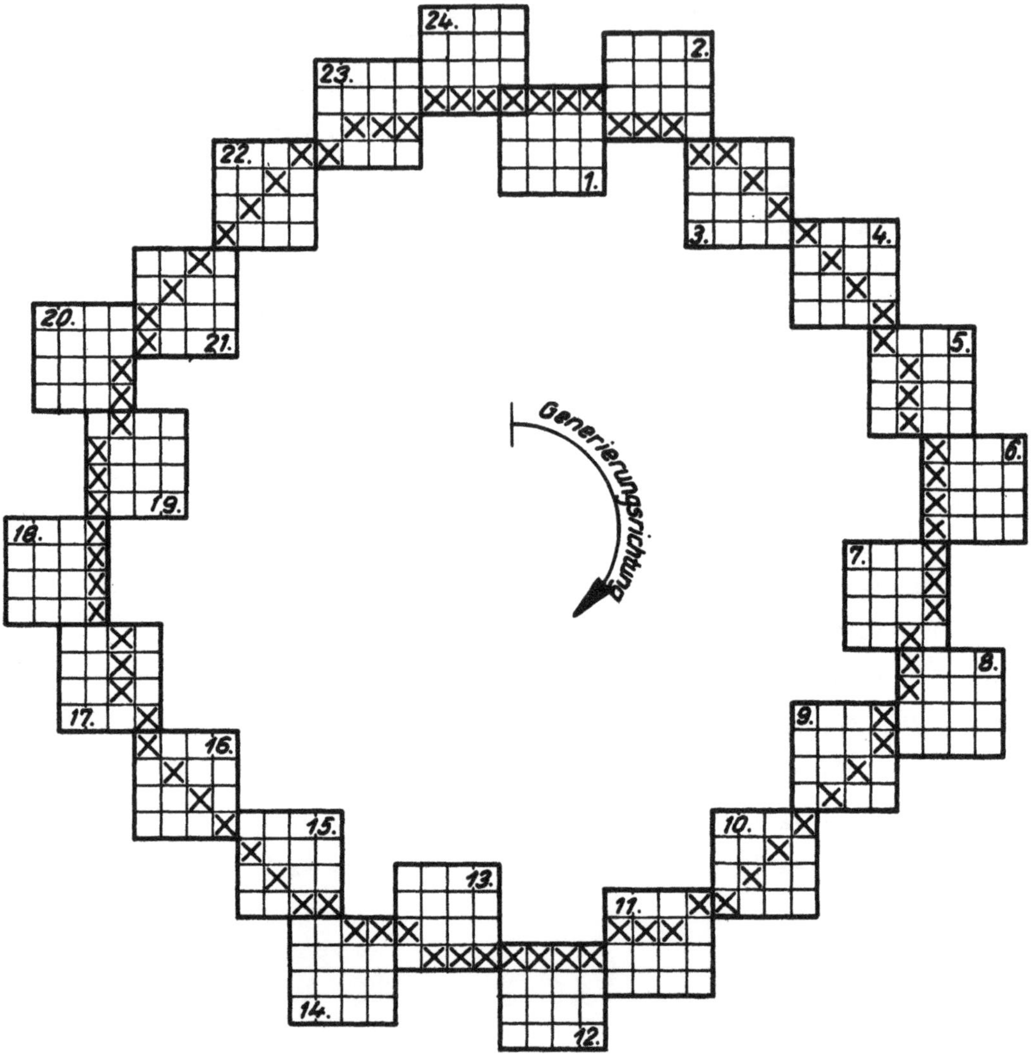
24.
2.
23.
1.
22.
3.
4.
20.
21.
5.
Generierungsrichtung
6.
19.
18.
7.
8.
17.
9.
16.
15.
10.
13.
11.
14.
12.

Abb.3.17

c) Spaltensegmente

Analog zu F_1 wird mit dem Zugriffsformat

$F_3 = G_v^{16}(r_a)$ mit $r_a = (i_a, j_a)$,

der Parallelzugriff zu Spaltensegmenten der Länge von 16 Pixeln an jeder Stelle (i,j) im Bild realisiert. Die Generierung vertikaler Liniendarstellungen wird damit ebenso beschleunigt wie die horizontaler mit Hilfe von F_1. Die Kombination beider Fenster führt zu Systemen, die für solche Anwendungen besonders leistungsfähig sind, bei denen die Darstellung achsenparalleler Linienstrukturen dominiert. Das ist z. B. in CAD-Systemen für den Schaltkreis-Entwurf der Fall.

Wie bereits gezeigt wurde, ist mit 16 Speichermodulen die Realisierung eines Speichers für die Zugriffsformate F_1, F_2 und F_3 nicht gleichzeitig möglich. Wir beschreiben deshalb nachfolgend die Entwürfe für zwei parallele Bildspeicher.

Der erste Bildspeicher wird für die Zugriffsformate $F_1 = G_h^{16}$ und $F_2 = R_{4,4}$ entworfen und führt somit bei breit verwendbaren Grafik-Systemen zu einer 4- bis 16-fachen Beschleunigung der Generierung wichtiger Grafikelemente. Der zweite Bildspeicher realisiert $F_1 = G_h^{16}$ und $F_3 = G_v^{16}$. Zusätzlich werden zur Unterstützung der Erzeugung von Vektoren, Zeichen, Kreisen usw. das Zugriffsformat F_2 mit eingeschränkte Plazierungsmenge, das wir der Kürze halber mit F_4 bezeichnen,

$F_4 = R_{4,4}(r_a)$ mit $r_a = (i_a, j_a)$ und $j_a \bmod 4 = 0$

und das Format

$F_5 = R_{3,3}(r_a)$ mit beliebigem $r_a = (i_a, j_a)$

realisiert.

Eine konfliktfreie Speicherfunktion für die Zugriffsformate F_1 und F_2 ist

$$S(i,j) = 4i + j \bmod 16. \qquad (3.41)$$

Die Adressenfunktion des Bildspeichers soll für diese Speicherfunktion zulässig sein und zugleich die einfache Nutzung des Nibble-Modes von RAM-Bauelementen für die Speicherzugriffe mit F_1 bei der Bilddarstellung gewährleisten.

Wir wählen deshalb als Adressenfunktion

$$a(i,j) = j/16 + 64i. \qquad (3.42)$$

Dabei sind in jeder Zeile jeweils 16 aufeinanderfolgende Pixel unter der gleichen Adresse gespeichert, und die Adressen innerhalb der 64 Pixel langen Zeilensegmente, zu denen in einem Nibble-Mode-Zyklus zugegriffen wird, unterscheiden sich nur in den niederwertigen 2 Bit.

Zur Festlegung der Adressenberechnungsschaltung benötigen wir noch die Increment-Vektoren $d(F,P)$. Diese sind für F_1:

$$\begin{aligned} d_j(F_1,P) &= P - S \bmod 16, \\ d_i(F_1,P) &= 0 \end{aligned} \qquad (3.43)$$

und für F_2:

$$\begin{aligned} d_j(F_2,P) &= P - S \bmod 4, \\ d_i(F_2,P) &= (P - S \bmod 16)/\,4. \end{aligned} \qquad (3.44)$$

Mit diesen Funktionen kann nun die Adressenberechnungsschaltung konkret angegeben werden. Das allgemeine Blockschaltbild solcher Schaltungen und der darin zu realisierende Algorithmus wurden in den Abbildungen 2.21 und 2.22 bereits erläutert.

Für unser Beispiel erfolgt die Adressenberechnung wie folgt:

1. Schritt:

   Durch stellenrichtige 4-bit-Addition wird $S(i_a, j_a)$ berechnet.

2. Schritt:

   Jeder Adressenmodifikator berechnet $P - S \bmod 16$

3. Schritt:

   Jeder Adressenmodifikator berechnet

$$\begin{aligned} a_p &= (j + P - S) \bmod 16)/16 + 64\, i \quad \text{für } F_1, \\ a_p &= (j + P - S) \bmod 4)/16 + 64\, (i + P - S) \bmod 16)/4 \quad \text{für } F_2. \end{aligned} \qquad (3.45)$$

Die Abb. 3.18 zeigt das zugehörige Blockschaltbild der Adressenberechnungsschaltung mit der Berechnung von S in einem 4-bit-Addierer und einem Adressenmodifikator. In diesem wird die Bildung von P-S mod 16 mit einem 4-bit-Addierer vorgenommen. Das Ergebnis wird in einem weiteren Addierer im Falle von F_1 mit der Adresse j_a addiert. Im Fall F_2 erfolgt zu j_a nur die Addition der niederwertigen 2 Bit von P-S mod 16, und die höherwertigen 2 Bit von P-S mod 16 werden in einem dritten Addierer stellenrichtig zu r_a addiert. Die Fallunterscheidung wird durch die dargestellten Gatter vorgenommen. Die 6 höherwertigen Bit der j_a-Addition und die 10 Bit der i_a-Addition bilden die 16-bit-Adresse des Speichermoduls S_p. Damit man die Schaltung ohne Mühe nachbauen kann, sind in der Abbildung zu den Leitungen mit [m:m'] deren Wertigkeiten 2^m, 2^{m+1}, ..., $2^{m'}$ angegeben

Beim Aufbau eines derartigen parallelen Speichers ist noch das Problem der Datenpermutation zu lösen. Wegen der gewählten Speicherfunktion (3.41) sind die Daten in Abhängigkeit von S zyklisch vertauscht. Deshalb können hierfür einfache technische Lösungen, wie z. B. zyklische Schieberegister für das kontinuierliche Auslesen der Bilddaten oder die Verwendung des aktuellen S-Wertes als Adressenoffset bei der Adressierung der 16 Pixel innerhalb des Fensters, genutzt werden.

Im folgenden wird der parallele Speicher für die Fenster F_1, F_3, F_4, F_5 entworfen.

Zunächst bestimmen wir eine Adressenberechnungsschaltung für die Speicherfunktion

$$S(i,j) = (4j + 5((j \bmod 16)/4 + i) \bmod 16 \qquad (3.46)$$

mit den konfliktfreien Zugriffsformaten G_h^{16}; G_v^{16}; $R_{3,3}$ und $R_{4,4}(r_a)$ mit $r_a = (i_a, j_a)$ und $j_a \bmod 4 = 0$.

Jeder Speichermodul S_p, P = 0, ..., 15, erhält wieder seinen eigenen Adressenmodifikator A_p, der die Adresse $a(i_a, j_a)$ des ausgezeichneten Rasterpunktes des Zugriffsformates F in die Adresse des Rasterpunktes modifiziert, der bei $F(r_a)$ im Speichermodul S_p gespeichert ist.

In Abhängigkeit vom ausgezeichneten Rasterpunkt i_a, j_a und vom gewählten Zugriffsformat F ermittelt der Adressenmodifikator A_p zunächst einen Increment-Vektor $(d_i(F,P), d_j(F,P))$, für den

$$(i_a+d_i(F,P),\ j_a+d_j(F,P) \in F(i_a, j_a) \qquad (3.47)$$

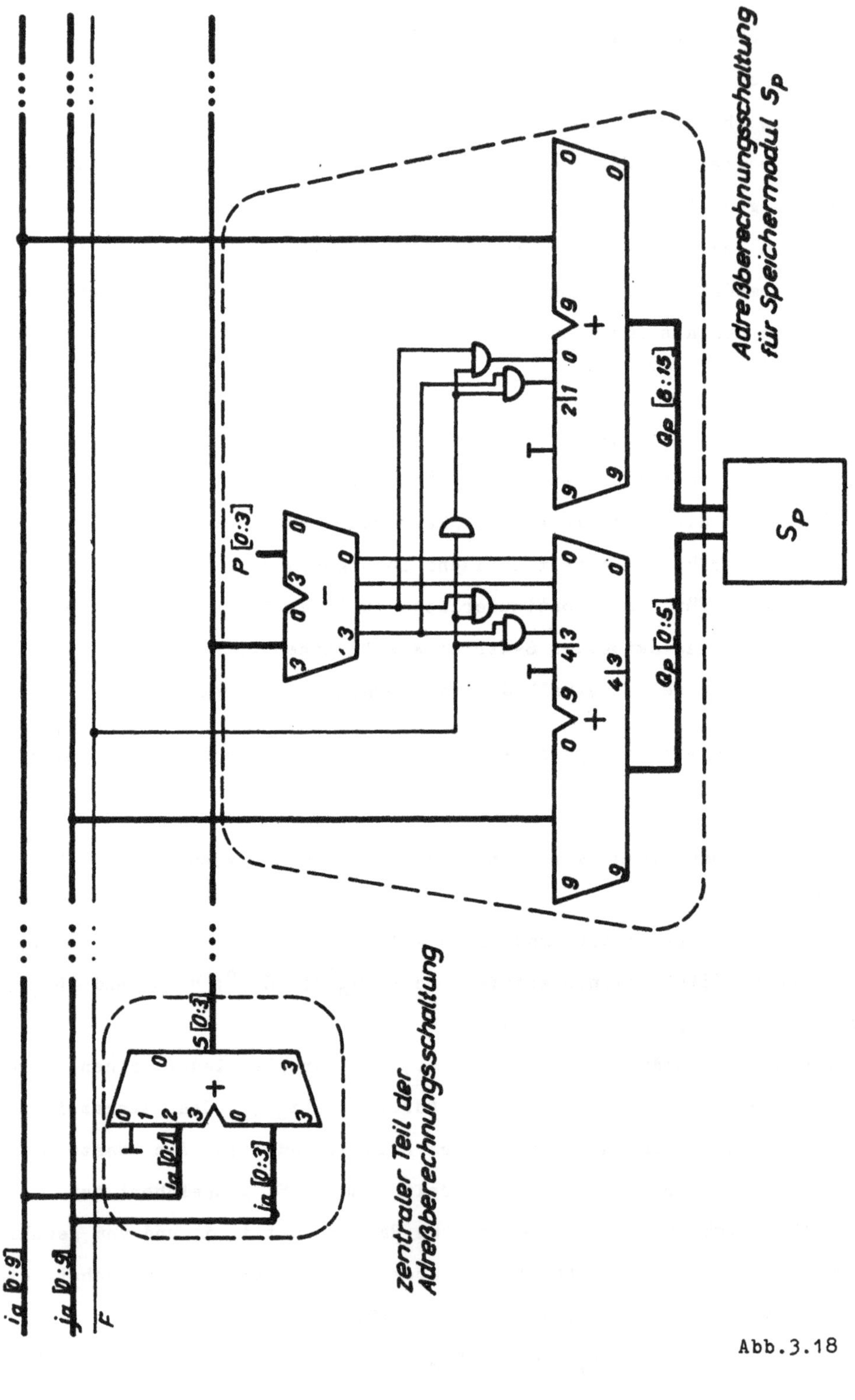
Adreßberechnungsschaltung
für Speichermodul S_P
zentraler Teil der
Adreßberechnungsschaltung
S_P
i_a [0:9]
j_a [0:9]
F
P [0:3]
S [0:3]
a_P [6:15]
a_P [0:5]
i_a [0:1]
j_a [0:3]

Abb.3.18

und

$$S(i_a+d_i(F,P),\ j_a+d_j(F,P)) = P \qquad (3.48)$$

gilt.

Der Rasterpunkt $(i_a+d_i(F,P),\ j_a+d_j(F,P))$ gehört zum Zugriffsformat $F(i_a,j_a)$ und ist im Speichermodul S_p gespeichert.

Da die Speicherfunktion S konfliktfrei bezüglich F ist, gibt es höchstens einen Rasterpunkt $rp \in F(i_a,j_a)$, der im Speichermodul S_P gespeichert ist, $rp = (ip,jp)$. Wenn es einen solchen Rasterpunkt rp gibt, dann ist der Incrementvektor eindeutig zu

$$(ip,jp) - (i_a,j_a) = (d_i(F,P),\ d_j(F,P))$$

bestimmt.

Für eine beliebige Adressenfunktion $a\colon\ R \text{---}> \{0,\ 1,\ \ldots,\ a_{max}\}$ ist dann die Adresse des Rasterpunktes $rp = (ip,jp)$

$$a(i_a+d_i(F,P),\ j_a+d_j(F,P)).$$

Die gewählte Adressenfunktion ist hier

$$a(i,j) = 2^6 j + i/16 \qquad (3.49)$$

und ergibt sich durch stellenrichtiges Verdrahten aus i_a und j_a. Jeweils 16 aufeinanderfolgende Pixel einer Zeile werden unter der gleichen Adresse in verschiedenen Speichermodulen gespeichert. Ein Increment-Vektor $d_i(F,P)$ bedingt eine Adressenmodifikation um

$$(i_a \bmod 16 + d_i(F,P))/16,$$

die 0 oder 1 ist.

Ein Increment-Vektor $d_j(F,P)$ hat eine Adressenmodifikation um $2^6 d_j(F,P)$ zur Folge.

Die Abb. 3.19 ist ein detailliertes Blockschaltbild der Adressenberechnungsschaltung. Die Adressenmodifikation wird durch ein ROM und zwei Addierer für jeden Speichermodul realisiert.

Das ROM P, P = 0 ,..., 15, bestimmt in Abhängigkeit von den niederwertigen 4 Bit der Koordinaten i_a und j_a, vom Zugriffsformat F und von seiner eigenen Nummer P die Werte der Adressenmodifikation in i-Richtung

$$(d_i(F,P) + i_a \bmod 16)/16$$

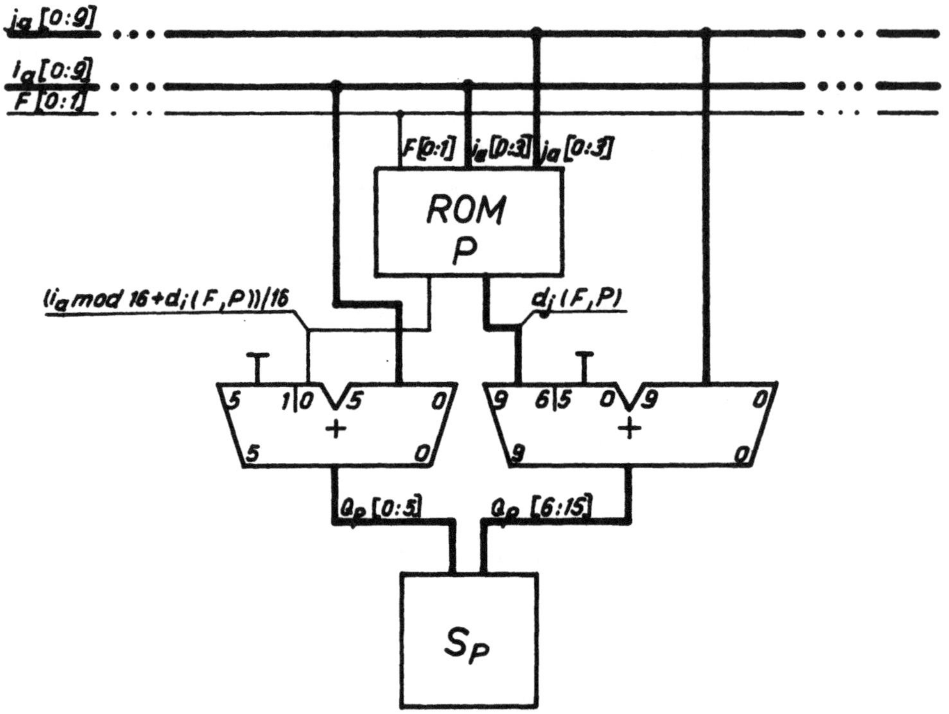

Abb. 3.19

und bis auf den Faktor 2^6 in j-Richtung die Werte $d_j(W,P)$, die zur Adresse $a(i_a,j_a) = 2^6 j_a + i_a/16$ des ausgezeichneten Rasterpunktes addiert werden und die Adresse des Speichermoduls S_p bilden. Da kein Übertrag zwischen i- und j-Adresse entsteht, können 2 Addierer der Wortbreite von 6 bzw.10 Bit anstelle eines 16 Bit breiten Addierers verwendet werden.

Wir erläutern nun die Belegung der ROMs P, P = 0, ... ,15, für ein Zugriffsformat F.

Für die 256 Werte (i_a,j_a) des ausgezeichneten Rasterpunktes mit $0 \leqq i_a,j_a \leqq 15$ lesen wir für $F(i_a,j_a)$ den in das ROM P zu ladenden Vektor $d_i(F,P)$, $d_j(F,P)$ als den Vektor ab, der vom ausgezeichneten Rasterpunkt i_a,j_a auf den Rasterpunkt des Zugriffsformates zeigt, der im Speicherbauelement P gespeichert ist.

In Abb.3.15 ist die Speicherfunktion (3.46) veranschaulicht. Daraus liest man beispielsweise für $i_a = 1$, $j_a = 1$ die in der nachfolgenden Tabelle dargestellten Werte für $d_i(G_h{}^{16},P)$ ab.

Für $i_a = j_a = 1$ gilt

P	0	1	2	3	4	5	6	7	8	9	10	11	12	13	14	15
$d_i(G_h{}^{16},P)$	11	12	13	14	15	0	1	2	3	4	5	6	7	8	9	10.

Die nachfolgenden Tabellen zeigen die Werte für $d_i(F,P)$, $d_j(F,P)$ an den Stellen $(i_a,j_a) = (2,4)$, $(12,3)$, $(6,10)$ für die Fenster $F = R_{4,4}$; $G_v{}^{16}$ und $R_{3,3}$.

$(i_a,j_a) = (2,4)$:

P	0	1	2	3	4	5	6	7	8	9	10	11	12	13	14	15
$d_i(R_{4,4},P)$	1	2	3	0	1	2	3	0	1	2	3	0	1	2	3	0
$d_j(R_{4,4},P)$	2	2	2	3	3	3	3	0	0	0	0	1	1	1	1	2

$(i_a,j_a) = (12,3)$:

P	0	1	2	3	4	5	6	7	8	9	10	11	12	13	14	15
$d_j(G_v{}^{16},P)$	14	1	8	11	15	2	5	12	0	3	6	9	13	4	7	10

$(i_a,j_a) = (6,10)$:

P	0	1	2	3	4	5	6	7	8	9	10	11	12	13	14	15
$d_i(R_{3,3},P)$	-	-	-	-	-	0	1	2	0	1	2	-	0	1	2	
$d_j(R_{3,3},P)$	-	-	-	-	-	2	2	2	0	0	0	-	1	1	1	

Da das Format $R_{3,3}$ aus nur 9 Rasterpunkten besteht, sind 16-9 = 7 Werte für P unbestimmt und in der Tabelle mit "-" markiert.

Die Increment-Vektoren lassen sich für die Speicherfunktion (3.46) mit $N = 2^n$ auch analytisch beschreiben.

Es gilt das

<u>Theorem 3.20.</u> Für die Speicherfunktion (3.46) sind die Increment-Vektoren

a) $d_i(G_h^N,P) = P-S(i_a,j_a) \bmod N,$

$d_j(G_h^N,P) = 0,$

b) $d_i(G_v^N,P) = 0,$

$d_j(G_v^N,P) = (SWAP((1-2^n)(P-i_a) \bmod N) - j_a) \bmod N,$

c) Für $j_a \bmod 2^n = 0$ ist

$d_i(R_{2^n,2^n},P) = (P-S(i_a,j_a)) \bmod 2^n = LSB((P-S(i_a,j_a)) \bmod N),$

$d_j(R_{2^n,2^n},P) = ((P-S(i_a,j_a)) \bmod N)/2^n = MSB((P-S(i_a,j_a)) \bmod N,$

d) $d_i(R_{2^n-1,2^n-1},P) = (P-S(i_a,j_a) - c_0(j_a)) \bmod 2^n,$

$d_j(R_{2^n-1,2^n-1}) = (((P-S(i_a,j_a) \bmod N)/2^n - c_1(j_a)) \bmod 2^n,$

falls $P \notin R_{2^n-1,2^n-1}(r_a)$

mit

$$c_0(j_a) = \begin{cases} 0, \text{ falls } P-S(i_a,j_a) \bmod N < -2^n j_a \bmod N, \\ 1, \text{ falls } P-S(i_a,j_a) \bmod N \geq -2^n j_a \bmod N \end{cases}$$

und

$$c_1(j_a) = \begin{cases} 0, \text{ falls } P-S(i_a,j_a)) \bmod N \leq -2^n j_a \bmod N \\ \quad \text{oder } j_a \bmod N \geq N - 2^n + 2, \\ 1 \text{ sonst.} \end{cases}$$

Der <u>Beweis</u> ist in [PGP88] gegeben.

Die durch Theorem 3.20 beschriebene analytische Darstellung der Increment-Vektoren erlaubt auch für N = 64 eine direkte Implementierung der durch dieses Theorem gegebenen Formeln. Ebenso einfach zu realisierende analytische Ausdrücke für die entsprechenden Increment-Vektoren sind zu der Speicherfunktion (3.39) in [PGP88] enthalten.

4. Parallele Geradenspeicher

In diesem Kapitel untersuchen wir die prinzipiellen Möglichkeiten des konfliktfreien Zugriffs zu einer Menge von verallgemeinerten Geraden, beschreiben die Besonderheiten der Adressenberechnungsschaltungen und Permutationsnetzwerke für Geradenspeicher und stellen verschiedene Beispiele dieser Speicher im Rahmen des entwickelten allgemeinen theoeretischen Konzepts vor.

Parallele Geradenspeicher sind z. B. für assoziative Prozessoren, für Vektorrechner, für Probleme der Echtzeit-Bildverarbeitung und für die Computergrafik von Wichtigkeit.

In den ersten bekannten Arbeiten zu parallelen Geradenspeichern wird der parallele konfliktfreie Zugriff zu horizontalen, vertikalen und diagonalen Geraden für lineare Speicherfunktionen untersucht [BK71]. Wesentliche theoretische Resultate über die Existenz konfliktfreier Speicherfunktionen sind schon in [Sha75a] enthalten. Von den Realisierungen wurde besonders der (assoziative) STARAN-Rechner bekannt, dessen wesentlicher Teil ein paralleler Geradenspeicher mit einer dyadischen Speicherfunktion ist, der den wort- und bitparallelen Zugriff mit extrem geringem Hardwareaufwand erlaubt. Dieser Speicher wird ebenso wie der parallele Speicher eines Vektorprozessors, des BURROUGHS Sientific Prozessors, ausführlich im Rahmen der dargestellten Theorie beschrieben. Relativ konkrete Implementierungen von Speichern unterschiedlicher Kompliziertheit für Probleme der Bildverarbeitung werden vorgestellt.

International ist zur Zeit ein starkes Bemühen zu erkennen, durch kleine ausgefeilte Modifikationen der bekannten Prinzipien eigene Anwendungslösungen zu patentieren. Anhand ausgewählter, uns wesentlich erscheinender Patente gehen wir auf diese Entwicklung ein.

4.1. Konfliktfreier Zugriff und lineare Speicherfunktionen

Zunächst führen wir den Begriff der verallgemeinerten Geraden ein, wie wir ihn in diesem Buch benutzen.

Definition 4.1. Es sei $G = (e^1, e^2, \ldots, e^M)$ ein Zugriffsformat. Dann nennt man G eine verallgemeinerte Gerade, wenn für $k = 1, \ldots, M$ die Beziehung $e^k = (k-1)e$ gilt, wobei der Vektor e als erzeugender Vektor der Geraden bezeichnet wird. Für eine verallgemeinerte Gerade G aus M Rasterpunkten schreiben wir

$$G = G(e)^M = \{(k-1)e \mid k = 1, \ldots, M\}. \tag{4.1}$$

Eine verallgemeinerte Gerade wird also allgemein durch den n-dimensionalen Vektor e und die 0-, 1-, ..., (M-1)-fachen dieses Vektors definiert.

Die M Rasterpunkte $r, r + e, r + 2e, \ldots, r + (M-1)e$ der verallgemeinerten Geraden $G(e)^M(r)$ mit dem ausgezeichneten Rasterpunkt r folgen in gleicher Richtung und in gleichen Abständen aufeinander.

Für horizontale, vertikale und diagonale Geraden verwenden wir spezielle Bezeichnungen. Für 2dimensionale Raster bezeichnen wir die horizontale Gerade aus N unmittelbar aufeinanderfolgenden Rasterpunkten mit

$$G_h^N = \{(k-1)(1,0) \mid k = 1, \ldots, N\}, \tag{4.2}$$

die vertikale Gerade aus N unmittelbar aufeinanderfolgenden Rasterpunkten mit

$$G_v^N = \{(k-1)(0,1) \mid k = 1, \ldots, N\}. \tag{4.3}$$

Die Hauptdiagonale G_d^N und die Nebendiagonale G_{nd}^N sind durch

$$G_d^N = \{(k-1)(1,1) \mid k = 1, \ldots, N\} \tag{4.4}$$

und

$$G_{nd}^N = \{(k-1)(-1,1) \mid k = 1, \ldots, N\} \tag{4.5}$$

definiert. Der ausgezeichnete Rasterpunkt ist dabei stets der am weitesten links und am weitesten oben liegende Rasterpunkt des Zugriffsformates.

In Abb.4.1 sind verschiedene verallgemeinerte Geraden im 2dimensionalen Raster dargestellt.

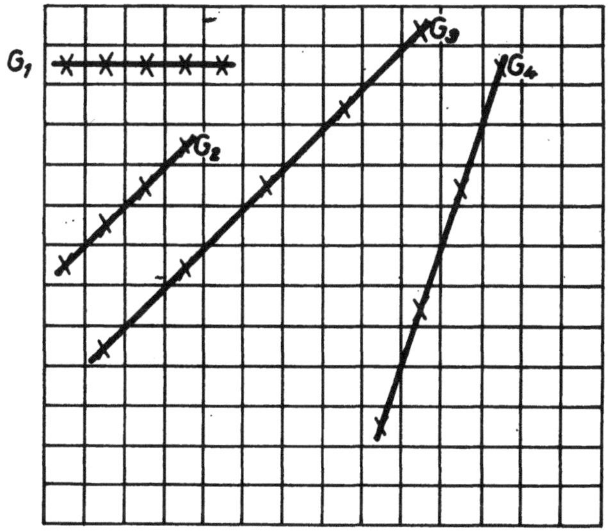

Abb.4.1

Dem in diesem Buch verwendeten Begriff der verallgemeinerten Geraden $G(e)^M$ mit $e = (e_1, e_2)$ entspricht in [Sha75a,Sha78] der Begriff der (e_1,e_2)-Linie.

Werden die Rasterpunkte $r, r + e, r + 2e, \ldots, r + (M-1)e$ der verallgemeinerten Geraden $G(e)^M(r)$ in den Speichermodulen

$$S(r), S(r) + d \bmod N, S(r) + 2d \bmod N, \ldots, S(r) + (M-1)d \bmod N$$

gespeichert, so spricht man in der Literatur auch von einem d-geordneten Vektor.

Zunächst untersuchen wir das Problem, wann zu einer vorgegebenen Menge von verallgemeinerten Geraden bei nicht eingeschränkter Plazierungsmenge der Zugriffsformate eine konfliktfreie Speicherfunktion existiert.

Wir zeigen das

<u>Theorem 4.2.</u> Es sei $S: R \longrightarrow \{0, \dots, N-1\}$ eine Speicherfunktion, die bezüglich G_h^N konfliktfrei ist. Dann gilt für alle $(i,j) \in R$ $S(i + N,j) = S(i,j)$.

<u>Beweis.</u> Da S bezüglich $G_h^N(i,j)$ konfliktfrei ist, sind alle N Werte $S(i,j)$, $S(i+1,j)$, ..., $S(i+N-1,j)$ paarweise verschieden. Wegen der Konfliktfreiheit von S bezüglich $G_h^N(i+1,j)$ sind auch die N Werte $S(i+1,j)$, $S(i+2,j)$, ..., $S(i+N,j)$ paarweise verschieden. Damit ergibt sich $S(i,j) = S(i+N,j)$.

Völlig analog zu Theorem 4.2 gilt das

<u>Theorem 4.3.</u> Es sei $S: R \longrightarrow \{0, \dots, N-1\}$ eine Speicherfunktion, die bezüglich G_v^N konfliktfrei ist. Dann gilt für alle $(i,j) \in R$ $S(i,j+N) = S(i,j)$.

Die Frage nach der Existenz einer periodischen Speicherfunktion, die konfliktfrei bezüglich einer Menge von verallgemeinerten Geraden ist, wird durch das folgende Theorem 4.4 auf die wesentlich einfachere Frage nach der Existenz einer konfliktfreien linearen Speicherfunktion zurückgeführt.

<u>Theorem 4.4.</u> Es sei $\underline{G} = \{G_1, G_2, \dots, G_M\}$ mit $G_m = \{(k-1)e^m \mid k = 1, \dots, N\}$ eine Menge zweidimensionaler Geraden. Es existiert genau dann eine lineare Speicherfunktion $S(i,j) = ai + bj \bmod N$, die konfliktfrei bezüglich $\underline{G}$ ist, wenn eine Speicherfunktion $S: R \longrightarrow \{0, 1, \dots, N-1\}$ mit $S(i+N,j) = S(i,j+N) = S(i,j)$ für $(i,j) \in R$ existiert, die konfliktfrei bezüglich $\underline{G}$ ist.

Der recht umfangreiche Beweis dieses Satzes ist für die Dimension $n = 2$ des Rasters in [Sha75a] enthalten.
Ob für $n > 2$ ein entsprechendes Theorem gilt, ist ein noch offenes Problem.

Aus den Theoremen 4.2 und 4.3 ergibt sich unmittelbar die

<u>Folgerung 4.5.</u> Es sei $\underline{G} = \{G_1, G_2, \ldots, G_M\}$ eine Menge 2dimensionaler verallgemeinerter Geraden aus N Rasterpunkten mit G_v^N, $G_h^N \in \underline{G}$. Es existiert genau dann eine Speicherfunktion S: R ---> {0,1, ..., N-1}, die bezüglich $\underline{G}$ konfliktfrei ist, wenn eine lineare Speicherfunktion $\tilde{S}(i,j) = ai + bj \bmod N$ existiert, die bezüglich $\underline{G}$ konfliktfrei ist.

Damit ist die Existenz einer beliebigen Speicherfunktion, die konfliktfrei bezüglich einer Menge 2dimensionaler verallgemeinerter Geraden ist, welche die horizontale und vertikale Gerade aus N Rasterpunkten enthält, auf die Existenz einer entsprechenden linearen Speicherfunktion zurückgeführt.

Lineare Speicherfunktionen sind für ein n-dimensionales Raster durch n Koeffizienten bestimmt, die die Werte 0, 1, ..., N-1 annehmen können. Für eine vorgegebene Menge von verallgemeinerten Geraden kann man daher stets mit relativ geringem Rechenaufwand entscheiden, ob eine konfliktfreie lineare Speicherfunktion existiert oder nicht.

Die Konfliktfreiheit linearer Speicherfunktionen bezüglich verallgemeinerter Geraden ist durch einfache zahlentheoretische Aussagen bestimmt. Beispiele für derartige Aussagen sind die folgenden Theoreme und Folgerungen.

<u>Theorem 4.6.</u> Es seien $S(i,j) = ai + bj \bmod N$ eine lineare Speicherfunktion und $G = \{(k-1)e \mid k = 1, \ldots, N\}$ eine verallgemeinerte Gerade. Die Speicherfunktion S ist genau dann konfliktfrei bezüglich G, wenn $S(e) = ae_1 + be_2 \bmod N$ und N teilerfremd sind.

<u>Beweis.</u> Die Werte der Speichermodule
$S(r)$, $S(r+e) = S(r)+S(e) \bmod N$, ..., $S(r+(N-1)e) = S(r)+(N-1)S(e) \bmod N$, in denen die Rasterpunkte der verallgemeinerten Geraden G(r) gespeichert werden, sind genau dann alle paarweise verschieden, wenn S(e) und N teilerfremd sind, wenn also

$$\{0, S(e), 2S(e) \bmod N, \ldots, (N-1)S(e) \bmod N\} = \{0, 1, \ldots, N-1\}$$

gilt.

Vom theoretischen Standpunkt aus ist es daher besonders günstig, die Anzahl N der Speichermodule als eine Primzahl zu wählen, da eine Speicherfunktion, die linear modulo einer Primzahl ist, bezüglich einer Vielzahl von verallgemeinerten Geraden konfliktfrei ist.

Aus Theorem 4.6 erhalten wir für eine Primzahl N die

Folgerung 4.7. Es sei N eine Primzahl. Die lineare Speicherfunktion $S(i,j) = ai + bj \bmod N$ ist bezüglich der Geraden $G = \{(k-1)e \mid k = 1, \ldots, N\}$ genau dann konfliktfrei, wenn $S(e) = ae_1 + be_2 \bmod N \neq 0$ gilt.

Weiterhin zeigt man leicht

Folgerung 4.8. Ist N eine Primzahl und ist die lineare Speicherfunktion $S(i,j) = ai + bj \bmod N$ konfliktfrei bezüglich der verallgemeinerten Geraden $G = \{(k-1)e \mid k = 1, \ldots, N\}$, dann ist S für $m \bmod N \neq 0$ auch konfliktfrei bezüglich der Geraden

$$G_m = \{(k-1)me \mid k = 1, \ldots, N\}.$$

Beweis. Wegen Folgerung 4.7 ist $S(e) \bmod N \neq 0$, und wegen $m \bmod N \neq 0$ und N Primzahl ist $S(e)m \bmod N \neq 0$, woraus sich wieder nach Folgerung 4.7 die Behauptung ergibt.

Die Kenntnis von Folgerung 4.5 erlaubt es uns, in relativ einfacher Weise die praktisch wichtige Folgerung 4.9 abzuleiten.

Folgerung 4.9. Es sei $N = 2^m$, $m > 0$, und $\{G_h^N, G_v^N, G_d^N\} \subseteq \underline{G}$ oder $\{G_h^N, G_v^N, G_{nd}\} \subseteq \underline{G}$. Dann existiert keine Speicherfunktion $S: R \longrightarrow \{0, 1, \ldots, N-1\}$, die bezüglich $\underline{G}$ konfliktfrei ist.

Anstelle der praktisch relevanten Folgerung 4.9 beweisen wir zunächst das

Theorem 4.10. Es sei $S(i,j) = ai + bj \bmod N'$ mit $N = 2N'$ eine lineare Speicherfunktion, die bezüglich $G' = \{(k-1)e' \mid k = 1, \ldots, N\}$ und $G'' = \{(k-1)e'' \mid k = 1, \ldots, N\}$ konfliktfrei ist. Die Speicherfunktion

S ist genau dann konfliktfrei bezüglich

$G^{','} = \{(k-1)(ae' + be'') \mid k = 1, \ldots, N\}$,

wenn

1) a gerade und b ungerade

oder

2) a ungerade und b gerade

gilt.

Beweis. Da S konfliktfrei bezüglich G' und G" ist, müssen S(e') und N sowie S(e") und N nach Theorem 4.6 teilerfremd sein. Wegen N = 2N' sind dann S(e') und S(e") ungerade. Da S genau dann konfliktfrei bezüglich $G^{','}$ ist, wenn S(ae' + be") = aS(e') + bS(e") teilerfremd zu N ist, S(e') und S(e") jeweils ungerade sind, folgt die Behauptung.

Der Beweis von Folgerung 4.9 ergibt sich nun unmittelbar aus Folgerung 4.5 und Theorem 4.10.

Zur Veranschaulichung der bisherigen Resultate betrachten wir nun einfache Beispiele für N = 4 und N = 5.
Von besonderem Interesse sind die Zugriffsformate G_h^N, G_v^N, G_d^N und G_{nd}^N.

In Abb. 4.2 ist für den Fall der Primzahl N = 5 die Speicherfunktion S(i,j) = i + 3j mod 5 veranschaulicht, die bezüglich der genannten Zugriffsformate konfliktfrei ist.
Entsprechend Folgerung 4.10 ist S auch bezüglich $G(2,0)^5$ konfliktfrei, da S bezüglich $G_h^5 = G(1,0)^5$ konfliktfrei ist. Für $\bar{e} = (2,1)$ gilt $S(\bar{e})$ = 2 + 3 mod 5 = 0, und die Speicherfunktion S ist bezüglich $G(2,1)^5 = \{(k-1)(2,1) \mid k = 1, \ldots, 5\}$ nicht konfliktfrei. Die verallgemeinerte Gerade $G(2,1)^5(0,1)$ ist in der Abb. 4.2 durch das Zeichen "•" markiert.

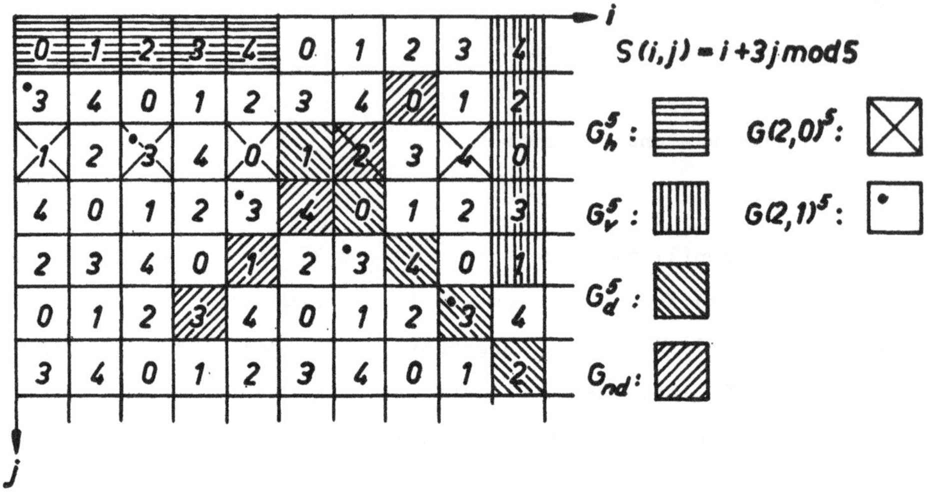

Abb. 4.2

Für $N = 2^2 = 4$ setzen wir die lineare Speicherfunktion in der Form $S(i,j) = ai + bj \bmod 4$ mit zunächst beliebigem a und b an, wobei $a, b \in \{0,1,2,3\}$ gilt. Soll S bezüglich $G_h^4 = \{(k-1)(1,0) \mid k = 1, \ldots, 4\}$ konfliktfrei sein, so ist $S(1,0) = a$ notwendig teilerfremd zu 4, d.h. $a \in \{1,3\}$ Die Forderung der Konfliktfreiheit von S bezüglich G_v^N, G_d^N und G_{nd}^N führt auf die Bedingungen $S(0,1) = b$, $S(1,-1) = a - b \bmod 4$, $S(1,1) = a + b \bmod 4$ teilerfremd zu 4, d.h.

$$b,\ (a-b) \bmod 4,\ (a+b) \bmod 4 \in \{1, 3\}.$$

Abb. 4.3 zeigt die Speicherfunktion $S(i,j) = i \bmod 4$. Sie ist konfliktfrei bezüglich G_h^4, G_d^4, G_{nd}^4, da dann $a = a + b = a - b \in \{1,3\}$ für $a = 1$ und $b = 0$ gilt. Die mit dem Zeichen "•" in Abb. 4.3 markierte Gerade $G(3,0)^4 = \{(k-1)(3,0) \mid k = 1, \ldots, 4\}$ ist ebenfalls konfliktfrei, da $S(3,0) = 3$ und $N = 4$ ebenfalls teilerfremd sind. Die Speicherfunktion $S(i,j) = i \bmod 4$ ist nicht konfliktfrei bezüglich G_v^4.

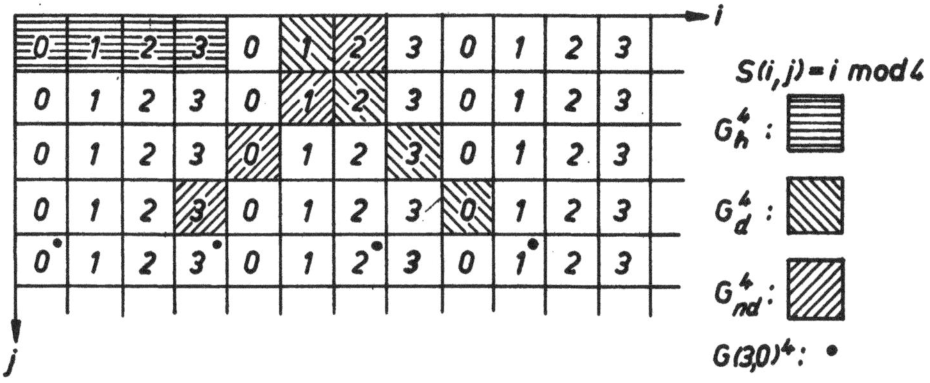

Abb.4.3

In Abb. 4.4 ist die Speicherfunktion S(i,j) = i + 3j mod 4 mit den konfliktfreien Zugriffsformaten $G_h{}^4$ und $G_v{}^4$ dargestellt. S ist jedoch weder bezüglich $G_d{}^4$ noch $G_{nd}{}^4$ konfliktfrei.

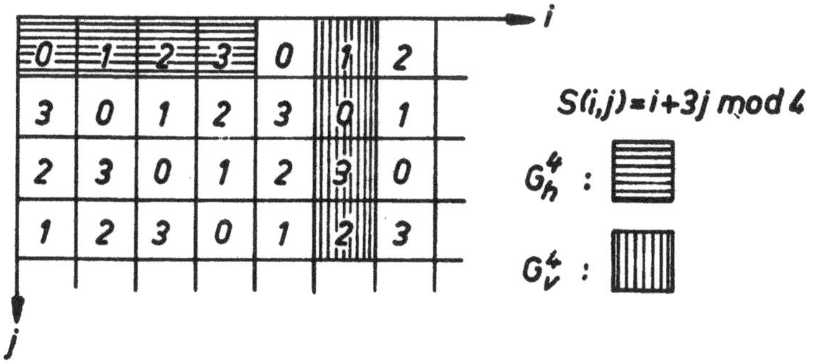

Abb.4.4

Nach Folgerung 4.5 existiert genau dann eine lineare Speicherfunktion, die konfliktfrei bezüglich einer Menge von verallgemeinerten Geraden ist, welche $G_h{}^N$ und $G_v{}^N$ enthält, wenn es überhaupt eine konfliktfreie Speicherfunktion gibt.

Eine entsprechende Aussage gilt nicht, wenn die Plazierungsmengen der Geraden teilweise eingeschränkt sind. Auf diesen Sachverhalt wird in [Deb80] hingewiesen.

Abb. 4.5 zeigt eine periodische nichtlineare Speicherfunktion, die konfliktfrei bezüglich G_h^4 und G_v^4 ist.

0	1	2	3	0	1	2	3
2	3	0	1	2	3	0	1
3	2	1	0	3	2	1	0
1	0	3	2	1	0	3	2
0	1	2	3	0	1	2	3
2	3	0	1	2	3	0	1
3	2	1	0	3	2	1	0
1	0	3	2	1	0	3	2

(horizontal axis: i; vertical axis: j)

Abb. 4.5

Die maximalen Plazierungsmengen für $G(1,1)^4$ und $G(-1,1)^4$ sind

$$P(S,G(1,1)^4)_{max} = \{(i,j) \in R \text{ mit } (i+j) \bmod 2 = 0\} \tag{4.6}$$

und

$$P(S,G(-1,1)^4)_{max} = \{(i,j) \in R \text{ mit } (i+j) \bmod 2 = 1\} \tag{4.7}$$

Es gibt aber keine lineare Speicherfunktion

$$S(i,j) = ai + bj \bmod 4,$$

die konfliktfrei bezüglich G_h^4 und G_v^4 ist und die Plazierungsmengen (4.6) und (4.7) für $G(1,1)^4$ und $G(-1,1)^4$ hat.
Am einfachsten zeigt man das, indem für a und b, $a,b \in \{0, 1, 2, 3\}$ alle 16 möglichen Kombinationen eingesetzt werden.

Die in [Deb80] für $N = 4$ dargestellten Ideen werden in [Deb80a] ausführlicher für beliebiges N behandelt. Für $N > 0$ wird in [Deb80a] die

Speicherfunktion

$$S(i,j) = \begin{cases} i - 2j \bmod N+1 & \text{für } 1 \leq j \leq \frac{N}{2}, \\ (-1 + 2j - \frac{N}{2} + 1) \bmod N+1 & \text{für } \frac{N}{2} < j \leq N \end{cases}$$

zur Speicherung von (N x N)-Matrizen untersucht. Dabei sind die Speichermodule von 1 bis N, und nicht wie sonst in diesem Buch von 0 bis N-1, numeriert. Diese Speicherfunktion ist bezüglich $G_h{}^N$ und $G_v{}^N$, $G(1,1)^N(0,0)$ und $G(-1,1)^N(N,0)$ konfliktfrei.

Der konfliktfreie parallele Zugriff zu Formaten, die aus zwei kürzeren, gegenseitig verschobenen diagonalen Geraden bestehen, erlaubt es, m-diagonale Bandmatrizen mit m Zugriffen aus dem Speicher auszulesen oder in den Speicher zu schreiben.

Die Möglichkeiten des parallelen konfliktfreien Zugriffs zu verschiedenen Schnitten mit eingeschränkter Plazierungsmenge in n-dimensionalen Matrizen werden auch in [Pan86] behandelt.

4.2. Funktionelle Realisierung

Wir untersuchen nun den funktionellen Aufbau der Adressenberechnungsschaltung für parallele Geradenspeicher mit zunächst linearer Speicherfunktion.

Für parallele Geradenspeicher mit linearer Speicherfunktion gilt das

Theorem 4.11. Es sei $S\colon R \dashrightarrow \{0, \ldots, N-1\}$ eine lineare Speicherfunktion modulo N, die konfliktfrei bezüglich der verallgemeinerten Geraden $G = \{(k-1)e \mid k = 1, \ldots, N\}$ ist.

Dann gilt für $r_P \in G(r)$ mit $S(r_P) = P$

$$r_P = m_P e + r, \qquad (4.8)$$

$$m_P = (P - S)\, S(e)^{-1} \bmod N \qquad (4.9)$$

mit

$$S(e)S(e)^{-1} \bmod N = 1. \qquad (4.10)$$

Beweis. Da S bezüglich G konfliktfrei ist, sind $S(e)$ und N nach Theorem 4 6 teilerfremd und es existiert ein $S(e)^{-1}$ mit

$$S(e)S(e)^{-1} \bmod N = 1.$$

Aufgrund von (4.8) und der Linearität von S gilt

$$S(r_P) = m_P S(e) + S(r) \bmod N = P.$$

Im folgenden setzen wir $S(e) = d$.

Da die Speicherfunktion linear ist, kann man, wie in Kapitel 2 beschrieben, die Adressenberechnung für die Speichermodule $S_0, \ldots, S_{N-1}$ dezentral durch die Adressenberechnungsschaltungen $A_0, \ldots, A_{N-1}$ durchführen.

Aufgrund von Theorem 4.11 berechnet die Adressenberechnungsschaltung A_P, $0 \leq P < N$, für den Speichermodul S_P die Adresse

$$a(r_P) = a(((([(P - S(r))\, d^{-1}] \bmod N)\, e) + r) \qquad (4.11)$$

des Rasterpunktes r_P, der im Speicher S_P gespeichert ist und zum Zugriffsformat $G(r)$ gehört.

Um die erforderlichen Permutationen zu beschreiben, betrachten wir die Rasterpunkte r, $r + e$, $r + 2e$, $r + (N-1)e$, die in den sämtlich paarweise voneinander verschiedenen Speichermodulen

$$S(r),\ S(r)+d \bmod N,\ S(r)+2d \bmod N,\ \ldots,\ S(r)+(N-1)d \bmod N$$

gespeichert sind. Beim Zugriff zur verallgemeinerten Geraden $G(r)$ ist also die Permutation

$$\pi(r,G) = \begin{pmatrix} S(r) & S(r)+d & S(r)+2d & \ldots & S(r)+(N-1)d \\ 0 & 1 & 2 & \ldots & N-1 \end{pmatrix} \tag{4.12}$$

zu realisieren. Die Additionen und Multiplikationen sind in (4.10) - (4.12) als Operationen modulo N zu verstehen. Wie in Kapitel 2 für lineare Speicherfunktionen allgemein gezeigt wurde, kann die Permutation $\pi(r,G)$ in das Produkt $\tau_d\, \sigma_S$ mit

$$\tau_d = \begin{pmatrix} 0 & d & 2d & \ldots & (N-1)d \\ 0 & 1 & 2 & \ldots & N-1 \end{pmatrix}, \tag{4.13}$$

$$\sigma_S = \begin{pmatrix} S & S+1 & S+2 & \ldots & S+N-1 \\ 0 & 1 & 2 & \ldots & N-1 \end{pmatrix} \tag{4.14}$$

zerlegt werden, wobei zunächst σ_S und dann τ_d auszuführen sind. σ_S ist wegen der Linearität der Speicherfunktion eine zyklische Verschiebung mit der analytischen Darstellung

$$\sigma_S(u) = u - S \bmod N\,, \qquad u = 0, 1, \ldots, N-1. \tag{4.15}$$

Für τ_d gilt

$$\tau_d(v) = vd^{-1} \bmod N, \qquad v = 0, 1, \ldots, N-1. \tag{4.16}$$

Der Wert v, $v = 0, \ldots, N-1$, wird nach (4.16) mit d^{-1} modulo N multipliziert, wobei $v = 0$ in $0d^{-1} = 0$ abgebildet wird. Interessanterweise sind die erforderlichen Permutationen (4.15) und (4.16) für eine beliebige verallgemeinerte Gerade durch die Parameter $S(r)$ und $S(e)^{-1} = d^{-1}$ bestimmt.

Im Falle einer Primzahl N kann die Permutation τ_d ebenfalls im wesentlichen auf eine zyklische Verschiebung zurückgeführt werden [Bar77]. Ist N eine Primzahl, dann ist nämlich die Multiplikation der Zahlen 1, 2, ... N - 1 modulo N isomorph zur Addition der Zahlen 0, 1, ..., N - 2 modulo N - 1. Dieser Isomorphismus wird durch eine sogenannte primitive Wurzel w vermittelt. Dieser in der elementaren Zahlentheorie gut bekannte Sachverhalt ist beispielsweise in [LW57] beschrieben. So ist z. B. für die Primzahl N = 5 die Multiplikation der Zahlen 1, 2, 3, 4 modulo 5 isomorph der Addition der Zahlen 0, 1, 2, 3 modulo 4. Die Zahlen 1, 2, 3, 4 kodieren wir mit der primitiven Wurzel 3 als 0, 3, 1, 2, da $3^0 \bmod 5 = 1$, $3^3 \bmod 5 = 2$, $3^1 \bmod 5 = 3$ und $3^2 \bmod 5 = 4$ gilt. In Analogie zum Logarithmus der reellen Zahlen schreiben wir

Log (1) = 0, Log (2) = 3, Log (3) = 1, Log (4) = 2. Dann ist analog zum reellwertigen Logarithmus der zahlentheoretische Logarithmus Log(x) die Zahl, mit der die gewählte primitive Wurzel w zu potenzieren ist, um x zu erhalten,

$$w^{\mathrm{Log}(x)} \bmod N = x.$$

Anstatt $2 * 3 \bmod 5 = 1$ direkt zu berechnen, kann man also zunächst $\mathrm{Log}((2*3) \bmod 5) = (\mathrm{Log}\ 2 + \mathrm{Log}\ 3) \bmod 4 = 0$ und dann $3^0 = 1$ berechnen.

Für v = 1, ..., N-1 können wir in (4.16) den Wert $vd^{-1} \bmod N$ in der Form

$$w^{\mathrm{Log}(v)+\mathrm{Log}(d)^{-1} \bmod (N-1)} \bmod N = vd^{-1} \bmod N \qquad (4.17)$$

berechnen. Der Ausdruck

$$\tilde{\sigma}_{\tilde{d}}(v) = \mathrm{Log}(v) + \mathrm{Log}(d^{-1}) \bmod N-1 \qquad (4.18)$$

ist die gewünschte zyklische Verschiebung der als Log(v) kodierten Werte von v = 1, 2, ..., N − 1, $\tilde{d} = \mathrm{Log}\ (d^{-1})$, aus denen sich durch Dekodierung für v = 1, ..., N − 1

$$w^{\tilde{\tau}_{\tilde{d}}(v)} \bmod N = vd^{-1} = \tau_d(v)$$

ergibt. Die Zahl 0 wird in (4.16) stets in 0 überführt.

Für N = 5 ist die Struktur des Permutationsnetzwerkes für die primitive Wurzel w = 3 in Abb.4.6 dargestellt.

Dieser Gedankengang ist der theoretische Hintergrund für die in [Bar77] beschriebene Zerlegung eines Permutationsnetzwerkes.

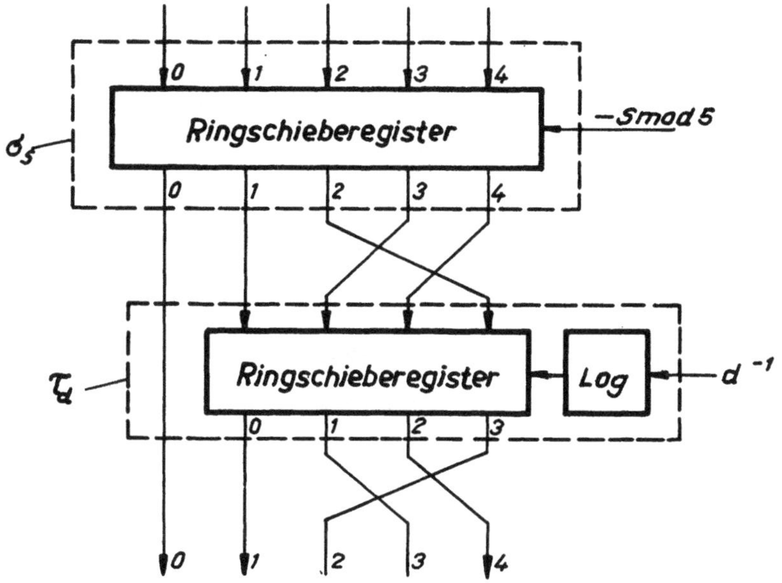

Abb.4.6

Die eigentliche Problematik des Entwurfes eines parallelen Geradenspeichers ergibt sich nun aus der Beziehung (4.11)

$$a(r_P) = a((([(P - S(r))\ d^{-1}] \bmod N)\ e) + r),$$

den auszuführenden Permutationen (4.15) und (4.16)

$$\sigma_S(u) = u - S \bmod N,$$

$$\tau_d(v) = vd^{-1} \bmod N,$$

in Zusammenhang mit Theorem (4.6) und den Folgerungen (4.9), (4.7) und (4.8), die die Möglichkeiten des konfliktfreien Zugriffs zu verallgemeinerten Geraden beschreiben.

Ist N eine Primzahl, dann hat der parallele Geradenspeicher eine Vielzahl von konfliktfreien Zugriffsmöglichkeiten, und die Permutation (4.16) kann auf ein zyklisches Schieben modulo N-1 zurückgeführt werden. Die Realisierung der arithmetischen Operationen modulo einer Primzahl in der Beziehung (4.11) erfordert aber einen hohen Hardware- und insbesondere einen hohen Zeitaufwand zur Adressenberechnung, da die arithmetischen Operationen die volle Wortbreite der Operanden berücksichtigen müssen.

Wählt man N andererseits als Zweierpotenz, dann ist der Aufwand zur Adressenberechnung relativ gering. Entsprechend gering sind dann aber auch die Zugriffsmöglichkeiten. Für $d = 1$ ist die Permutation (4.16) nicht explizit auszuführen. Schränkt man sich aber nicht auf $d = 1$ ein, so ist der Aufwand zur Realisierung der Permutation (4.16) vergleichsweise zur Adressenberechnung sehr hoch.

Wir beschreiben nun verschiedene Möglichkeiten für parallele Geradenspeicher, wenn N, die Anzahl der Speichermodule, eine Primzahl $N = p$ ist.

Die Modulo-p-Bildung kann für binär kodierte Zahlen im Fall $p = 2^n \pm 1$ relativ leicht in kaskadierter Form ausgeführt werden. Deshalb fordert man eine Primzahl von der Form $N = 2^n \pm 1$. Diese Bedingungen sind z.B. für $3 = 2^2 - 1$, $5 = 2^2 + 1$, $7 = 2^3 - 1$, $17 = 2^4 + 1$, $31 = 2^5 - 1$, und andere Werte für N erfüllt.

Eine Binärzahl $(b)_2 = (|\ldots|b_3|b_2|b_1|b_0) = b_0 + 2b_1 + 2^2 b_2 + 2^3 b_3 + \ldots$ mit $b_0, b_1, b_2, \ldots \in \{0,1\}$ wird als

$$b = B_0 + 2^n B_1 + 2^{2n} B_2 + \ldots \tag{4.19}$$

dargestellt, wobei B_0, B_1, B_2, ... jeweils n-stellige Binärzahlen sind. Für $N = 2^n - 1$ erhält man wegen $2^n \bmod N = 1$ aus (4.19)

$$b \bmod N = (B_0 \bmod N + B_1 \bmod N + B_2 \bmod N + \ldots) \bmod N \tag{4.20}$$

und für $N = 2^n + 1$ wegen $2^n \bmod N = -1$

$$b \bmod N = (B_0 \bmod N - B_1 \bmod N + B_2 \bmod N - \ldots) \bmod N. \tag{4.21}$$

So ergibt sich für eine 8-stellige Binärzahl

$$(b)_2 = (b_7|b_6|b_5|b_4|b_3|b_2|b_1|b_0)$$

und $N = 3 = 2^2-1$

$$b \bmod 3 = [(b_0+2b_1) \bmod 3 + (b_2+2b_3) \bmod 3 + (b_4+2b_5) \bmod 3 + (b_6+2b_7) \bmod 3] \bmod 3. \tag{4.22}$$

Diese Berechnung ist beispielsweise durch 3 ROMs mit 4 Eingängen und 2 Ausgängen, wie in Abb.4.7 gezeigt, einfach realisierbar.

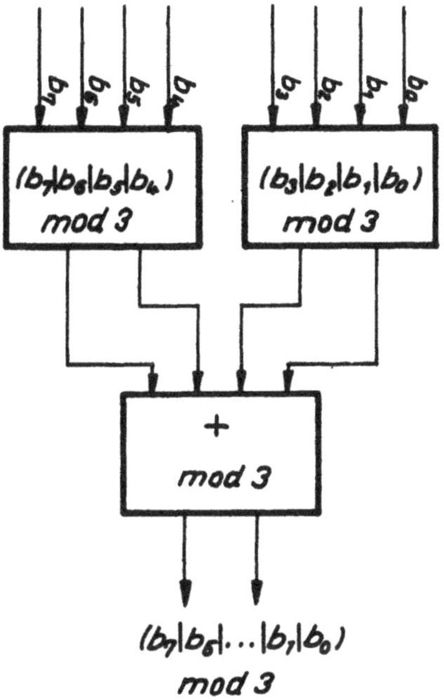

Abb.4.7

Als konkrete Adressenfunktion bieten sich verschiedene Varianten an. So ist es zunächst naheliegend, für eine Speicherfunktion, die $G_h{}^N$-konfliktfrei ist, die $G_h{}^M$-reguläre Adressenfunktion

$$a(i,j) = i/M + ((L_i-1)/M + 1)j \qquad (4.23)$$

mit $M \leq N$ zu wählen. L_i ist die Länge des Rasters in i-Richtung. Ist L_i ohne Rest durch M teilbar, so ist (4.23) der Beziehung

$$a(i,j) = (i + L_i j)/M = i/M + (L_i/M)j$$

gleichwertig.

Da N eine Primzahl ist, ist jede Funktion $S(i,j) = ai + bj \bmod N$ mit $a \bmod N \neq 0$ konfliktfrei bezüglich $G_h{}^N$. In i-Richtung folgen dann stets M gleiche Adressen aufeinander, und Rasterpunkte mit gleicher Adresse sind stets in unterschiedlichen Speichermodulen gespeichert.

Für ein 3dimensionales Raster gilt anstelle von (4.23)

$$a(i,j,k) = i/M + ((L_i-1)/M + 1))j + L_j((L_i-1)/M + 1))k, \qquad (4.24)$$

wenn L_j die Länge des Rasters in j-Richtung ist.

Für ein 2dimensionales Raster wird mit N = M = 17 eine Adressenfunktion (4.23) in [Law75] betrachtet. Für den BURROUGHS Scientific Processor (BSP) [LV82] ist N = 17 und M = 16 mit der Adressenfunktion

$$a(i,j) = \alpha(i,j)/16 = i/16 + (L_i/16)j, \tag{4.25}$$

$$\alpha(i,j) = i + L_i j, \tag{4.26}$$

wobei L_i eine Zweierpotenz ist. Durch die Hilfsfunktion $\alpha(i,j)$ werden die Rasterpunkte zeilenweise fortlaufend numeriert. Trivialerweise ist α eine isotrope Funktion.

Die Adressenberechnungsschaltung A_P des P-ten Speichermoduls berechnet dann beim Zugriff zur Geraden $G(e)^M(r)$, $e = (e_1,e_2)$,

$$\begin{aligned} a(r+dr_P) &= \alpha(r+dr_P)/16 \\ &= \alpha([(P - S(r))\, d^{-1} \bmod N]\, e) + r) \\ &= (((P - S(r))d^{-1} \bmod N)(e_1 + L_i e_2) + i + L_i j)/16. \end{aligned} \tag{4.27}$$

Dabei ist die Speicherfunktion S des BSP

$$S(i,j) = (i + L_i j) \bmod 17, \tag{4.28}$$

und der l-te Prozessor, $l = 0, \ldots, 15$, fordert über ein Routingnetzwerk (cross-bar network) Daten aus dem Speichermodul

$$S(r+le) = (i + L_i j + l(e_1 + L_i e_2)) \bmod 17 \tag{4.29}$$

an.

Für die Adressenberechnungsschaltung A_{P+k} des (P+k)-ten Speichermoduls gilt

$$\alpha(r+d_{P+k}) = \{\alpha(r+d_P) + (e_1+L_i e_2)(kd^{-1}) \bmod N\}. \tag{4.30}$$

Damit kann $\alpha(r+d_{P+k})$ aus $\alpha(r+d_P)$ durch Addition einer Konstanten relativ einfach berechnet werden.

Im BSP wird $a(r + dr_P)$ für $P = 2, 6, 11, 15$ direkt nach (4.27) bestimmt, während die übrigen Werte in einem zweiten Schritt unter Verwendung von (4.30) abgeleitet werden.

Der BSP ist als Vektorrechner konzipiert, der einen Zugriff zu einem langen Vektor als Zugriff zu aneinanderliegenden Vektoren aus maximal 16 Elementen realisiert. Für die Einzelheiten verweisen wir auf [LV82].

Auch in [Ran85] wird $N = 17$ und $M = 16$ gewählt.

Für die lineare Speicherfunktion $S(i,j) = ai + bj \bmod N$ ist es auch möglich, die Adressenfunktion $a(i,j)$ linear in der Form

$$a(i,j) = i + Lj \bmod lL \tag{4.31}$$

mit

1) $L \geqq L_i$ (4.32)

2) $\text{kgV}(l,N) \geqq L_j$ (4.33)

anzusetzen. Die Adressenfunktion (4.31) ist linear und damit isotrop und $G(0,lL)^N$-regulär.

Zunächst zeigen wir

<u>Theorem 4.12.</u> Es seien $S(i,j) = ai + bj \bmod N$ eine lineare Speicherfunktion, N eine Primzahl und $a, b \neq 0$ sowie $a(i,j)$ eine durch (4.31) - (4.33) definierte Adressenfunktion für ein Raster R. Dann sind S und a zulässig.

<u>Beweis.</u> Wir zeigen: *Aus* $a(i,j) = a(i',j')$ folgt $S(i,j) \neq S(i',j')$. Es sei

$$a(i,j) = i + Lj \bmod lL = i' + Lj' \bmod lL \tag{4.34}$$

und $i \neq i'$. Wir nehmen $i > i'$ an. Dann gilt

$$i - i' \bmod lL = i - i' = (j' - j)L \bmod lL. \tag{4.35}$$

Die rechte Seite von (4.35) kann nur ganzzahlige Werte von L annehmen, während die linke Seite nur Werte von 0 bis L-1 annehmen kann, weshalb $i > i'$ und analog $i' > i$ nicht möglich ist und daher $i = i'$ gilt. Aus (4.34) folgt mit $i = i'$

$$(j - j')L \bmod lL = 0 \tag{4.36}$$

und damit

$$j - j' \bmod l = 0. \tag{4.37}$$

Es gelte nun $a(i,j) = a(i',j')$ und $S(i,j) = S(i',j')$, sowie $j' > j$. Wegen $a(i,j) = a(i',j')$ folgt

$$i = i'; \quad j' = j + rl; \quad r \in \{1, 2, 3, \dots\}. \tag{4.38}$$

Da b und N teilerfremd sind, ist

$$S(i,j) = ai + bj \bmod N = S(i,j') = ai + bj' \bmod N,$$

wenn

$$j' = j + sN \tag{4.39}$$

erfüllt ist. Mit $s \in \{1, 2, \dots\}$ folgt aus (4.38) und (4.39)

$$sN = rl \tag{4.40}$$

und damit für die kleinste ganze Zahl s, die (4.40) erfüllt.

$$s = \frac{1}{N} \text{ kgV } (l,N),$$

Daraus ergibt sich $j' = j + \text{kgV } (l,N) \geq j + L_j$. Wegen (4.33) liegt j' dann nicht in R. Folglich sind S und a zulässig.

Aufgrund der Linearität der Adressenfunktion a(i,j) nach (4.31) gilt die wichtige und einfache Funktionalgleichung

$$a(i+i',j+j') = a(i,j) + a(i',j') \bmod lL, \tag{4.41}$$

die zusammen mit der Funktionalgleichung

$$S(i+i',j+j') = S(i,j) + S(i',j') \bmod N \tag{4.42}$$

die Grundlage für eine mögliche rekursive Adressenberechnung für parallele Geradenspeicher bildet. Anstelle der Koordinaten des ausgezeichneten Rasterpunktes r_a des Zugriffsformates geben wir nur die Änderungen der Koordinaten dr des ausgezeichneten Rasterpunktes des Zugriffsformates von Zugriff zu Zugriff in die Adressenberechnungsschaltung A_P des Speichermoduls ein. Wenn $|dr|$ wesentlich kleiner als $\max(r_a)$ ist, werden dabei wesentlich weniger Leitungen und damit weniger Anschlüsse am Schaltkreis A_P benötigt. Allgemein ist dabei durchaus bei jedem Zugriff eine Änderung des Zugriffsformates zugelassen.

Jede Adressenberechnungsschaltung A_P ermittelt zunächst den Speichermodul $S(r_a')$, in dem der ausgezeichnete Rasterpunkt $r_a' = r_a + dr$ des Zugriffsformates $G'(r_a')$ gespeichert ist, aus dem Speichermodul $S(r_a)$, in dem der ausgezeichnete Rasterpunkt r_a des vorherigen Zugriffsformates $G(r_a)$ gespeichert war, und der Änderung dr nach der Beziehung

$$S(r_a') = S(r_a + dr) = S(r_a) + S(dr) \bmod N. \tag{4.43}$$

Für die Adressen dieser Rasterpunkte berechnet A_P

$$a(r_a') = a(r_a+dr) = a(r_a) + a(dr) \bmod lL \tag{4.44}$$

und für das Zugriffsformat $G = \{(k-1)e \mid k = 1, \ldots, N\}$ sodann

$$m_P = (P - S(r_a'))\, d^{-1} \bmod N,$$

$$dr_P = m_P e$$

und

$$a(rp) = a(r_a' + drp) = a(r_a') + mpa(e) \bmod lL. \quad (4.45)$$

Die Abb. 4.8 zeigt das Prinzip der rekursiven Adressenberechnungsschaltung für den Speichermodul mit der Nummer P.

Wegen der Unabhängigkeit der $S(r_a')$- und $a(r_a')$-Berechnung von der Nummer P des Speichermoduls können diese Schaltungsteile auch zentral angeordnet werden, um die Bildung von $S(r_a')$ und $a(r_a')$ nur an einer Stelle vornehmen zu müssen.

Der 3dimensionale Fall der rekursiven Adressierung ist in [GR82, RG82, GR83] beschrieben. Mit den Rasterkoordinaten (i,j,k) wird die Adressenfunktion (4.31) durch

$$a(i,j,k) = ((i + Lj) \bmod lL) + Mk \quad (4.46)$$

mit den Bedingungen

$$L \geq L_i, \quad (4.47)$$

$$kgV(l,N) \geq L_j, \quad (4.48)$$

$$M \geq lL \quad (4.49)$$

ersetzt.

Die Adressenfunktion (4.46) ist isotrop. Sie ist aber nicht linear, da in (4.46) eine der Additionen modulo lL und die andere Addition als "gewöhnliche" Addition zu interpretieren sind.

Einfache Realisierungen für parallele Geradenspeicher erhält man dann, wenn N eine Zweierpotenz $N = 2^n$ ist. Fordert man zusätzlich $S(e) = d = 1$, so kann man zur einfachen Adressenberechnung auch noch die multiplikative Permutation (4.13) bzw. (4.16) einsparen. Das ist für $N = 2^n$ besonders sinnvoll, da die Möglichkeiten des parallelen Zugriffs prinzipiell schon durch die Wahl von N als Zweierpotenz stark eingeschränkt sind. Folglich fällt die durch d = 1 bedingte Beschränkung nicht so stark ins Gewicht. Ferner kann die Permutation (4.16) für $N = 2^n$ nicht auf eine zyklische Verschiebung zurückgeführt werden. Der Aufwand für die Realisierung dieser Permutation wäre damit vergleichsweise zum erzielbaren Leistungsgewinn und zur einfachen Adressenberechnungsschaltung sehr erheblich.

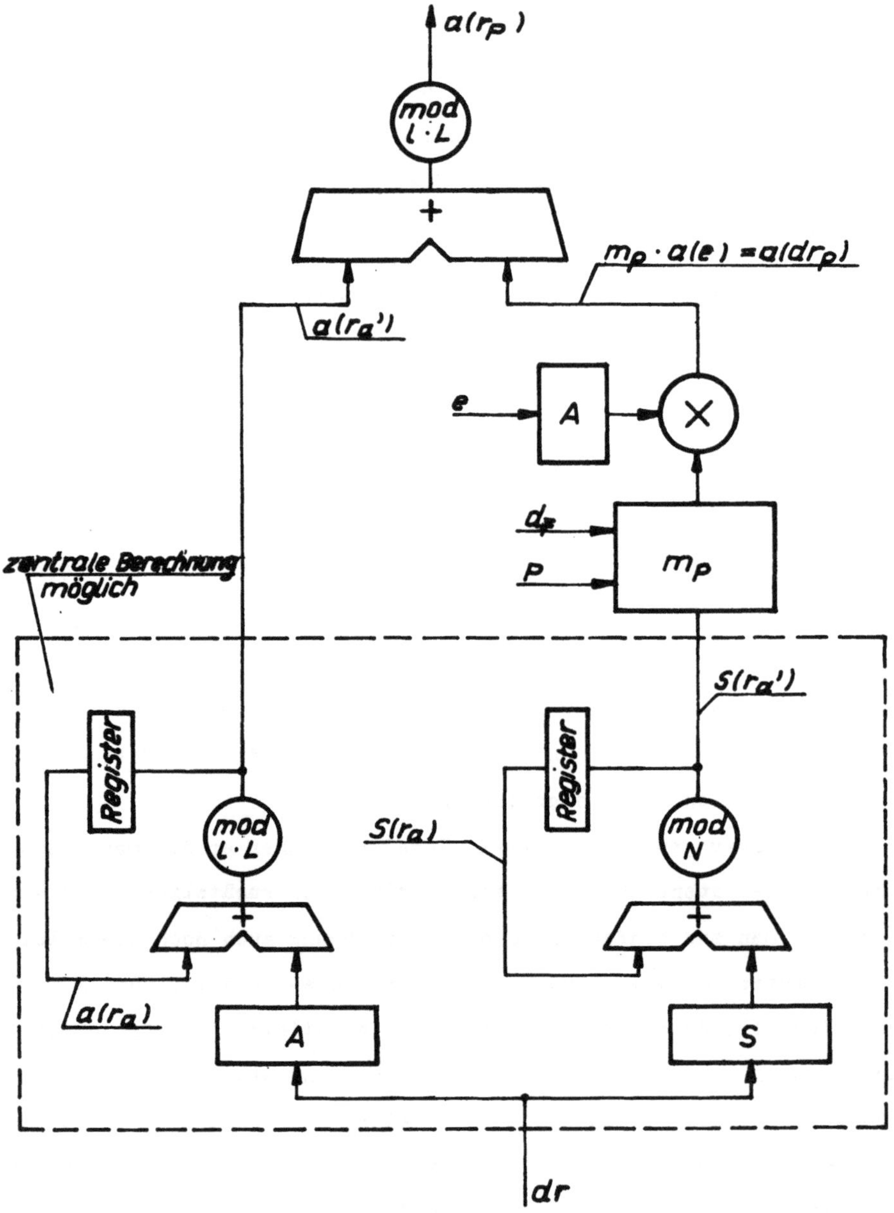
a(rP)
mod
l·L
+
mP·a(e) = a(drP)
a(ra')
e
A
dT
P
mP
zentrale Berechnung
möglich
S(ra')
Register
Register
mod
l·L
S(ra)
mod
N
a(ra)
A
S
dr

Abb.4.8

So beschränken sich die meisten parallelen Geradenspeicher auf den konfliktfreien Zugriff zu horizontalen und vertikalen Geraden G_h^N und G_v^N aus N Rasterpunkten und die Speicherfunktion $S(i,j) = i + j \bmod 2^n$.

Der prinzipielle Aufbau derartiger Speicher ist nun sehr einfach. Unter der Annahme

$$S(i,j) = i + j \bmod N,$$
$$d = S(e) = 1$$

erhält man aus (4.11) für $G = \{(k-1)e \mid k = 1, \ldots, N\}$

$$a(r_P) = a(((P - S) \bmod 2^n)\ e) + r). \qquad (4.50)$$

Für G_h^N ist $e = (1,0)$, für G_v^N gilt $e = (0,1)$, und wegen $S(1,0) = S(0,1) = 1$ ist nur die Permutation (4.15) für $N = 2^n$

$$\sigma_S(u) = u - S \bmod 2^n, \quad u = 0, 1, \ldots, N-1$$

auszuführen.

Als Adressenfunktion wählt man nun üblicherweise

$$a(i,j) = i\ /\ 2^n + (L_i\ /\ 2^n)\ j, \qquad (4.51)$$

wobei L_i als Zweierpotenz vorausgesetzt ist.

Derartige Speicher werden beispielsweise in [Ost84,Ost84a] und [Str77] erläutert. Dabei sind die technischen Lösungen beabsichtigt oder unbeabsichtigt [Ost84] von den direkten Implementierungen der einfachen funktionalen Beziehungen für die $S(r_P)$- und $a(r_P)$-Berechnung erstaunlich weit entfernt, obwohl sie natürlich funktionell gleichwertig sind.

Für die Speicherfunktion

$$S(i,j) = i \bmod N \qquad (4.52)$$

mit $N = 2^n$ und mit dem konfliktfreien Zugriffsformat G_h^N wird in [Hir84] ein besonders einfacher Speicher beschrieben.

Beim Zugriff zu $G_h^N(i,j)$ incrementiert die Adressenberechnungsschaltung A_P die Adresse $a(i,j)$ des ausgezeichneten Rasterpunktes

$$a_P(i,j) = i/2^n + (L_i/2^n)j \qquad (4.53)$$

um den Betrag 1, wenn

$$P - (i \bmod 2^n) < 0 \qquad (4.54)$$

gilt.

Auch diese spezielle Art der Adressenmodifikation ergibt sich aus den hier dargelegten Prinzipien.

Mit (4.52) ergibt sich aus (4.50)

$$a(r_P) = a(i_P,j) = a(i+(P-(i \bmod 2^n)) \bmod 2^n, j), \tag{4.55}$$

und wegen

$$i + (P - (i \bmod 2^n)) \bmod 2^n$$
$$= 2^n\, i/2^n + i \bmod 2^n + (P-(i \bmod 2^n)) \bmod 2^n$$
$$= \begin{cases} 2^n\, i/2^n + P & \text{für} \quad P \geq i \bmod 2^n, \\ 2^n\, i/2^n + 2^n + P & \text{für} \quad P < i \bmod 2^n \end{cases}$$

gilt mit (4.53)

$$a(r_P) = \begin{cases} i/2^n + L_i/2^n\, j = a(i,j) & \text{für} \quad P \geq i \bmod 2^n, \\ \\ i/2^n + 1 + L_i/2^n\, j = a(i,j) + 1 & \text{für} \quad P < i \bmod 2^n. \end{cases} \tag{4.56}$$

Den Vergleich von $i \bmod 2^n$ mit den Werten P, $0 \leq P < N$, kann man in den Adressenberechnungsschaltungen kombinatorisch einfach realisieren. Die Speicherfunktion (4.52) wird auch für $N = 2^n$ in dem OPSILA-Computer [AB87] und für eine Primzahl N in [KYH81] verwendet.

Für die lineare Speicherfunktion

$$S(i,j,k) = i + j + k \bmod N$$

mit $N = 2^n$ ist in [Mas83] eine einfache Adressenberechnungsschaltung für den konfliktfreien Zugriff zu 3dimensionalen achsenparallelen Geraden aus N Rasterpunkten mit eingeschränkter Plazierungsmenge angegeben.

Bisher haben wir parallele Geradenspeicher mit linearer Speicherfunktion behandelt. Im Rest dieses Abschnittes beschreiben wir für $N = 2^n$ parallele Speicher mit nichtlinearer Speicherfunktion.

Zunächst stellen wir den parallelen Speicher des STARAN-Computers relativ ausführlich dar [Bat72]. Er ist zur Speicherung von N Worten zu je N Bit vorgesehen und besitzt $N = 2^n$ Speichermodule.

Das i-te Bit des Wortes j ist im Speichermodul

$$S(i,j) = i \oplus j \tag{4.57}$$

unter der Adresse

$$a(i,j) = i. \tag{4.58}$$

angeordnet.

Wir können diesen Speicher als 2dimensionalen Rasterspeicher mit den Koordinaten i (Bitindex) und j (Wortindex) auffassen. Die Speicherfunktion (4.57) ist dyadisch, und die Adressenfunktion ist G_v^N-regulär.

Wir schreiben hier $i \oplus j$ anstelle von $(i)_2 \oplus (j)_2$, wenn die Operanden i und j mit $0 \leq i,j < 2^n$ durch $\oplus$, die stellenweise Addition modulo 2, verknüpft werden, um die Übersichtlichkeit der folgenden Formeln zu erhalten. Dabei wird nicht formal festgelegt, ob das Ergebnis der Verknüpfung als Binärzahl oder als Wert im Intervall $[0,2^n-1]$ zu interpretieren ist, was jeweils aus dem Zusammenhang deutlich ist.

Der Speicher ist entworfen, um entweder auf ein Wort mit der Wortbreite von N Bit oder auf ein bestimmtes Bit aller N Worte parallel zuzugreifen.

Man spricht vom Wortzugriff oder Bitzugriff. In der Sprechweise der Rasterspeicher entspricht dem Wortzugriff das Zugriffsformat $G_h^N(0,j)$ und dem Bitzugriff das Zugriffsformat $G_v^N(i,0)$. Die Plazierungsmengen für G_h^N und G_v^N sind

$$P(S,G_h^N) = \{(0,j) \mid 0 \leq j < N\},$$

$$P(S,G_v^N) = \{(i,0) \mid 0 \leq i < N\}.$$

Die Adressenberechnung erfolgt dezentral für jeden Speichermodul.

Für den Zugriff zu $G_h^N(0,j)$ gilt

$$rp = (0,j) + drp \in G_h^N(0,j),$$

$$drp = (ip,0)$$

und damit

$$P = S(rp) = S((0,j) + (ip,0)) = S(ip,j) = ip \oplus j,$$

woraus

$$ip = P \oplus j$$

folgt. Nach (4.58) ist die Adresse des Speichermoduls P gleich

$$a(ip,j) = ip = P \oplus j.$$

Für den Bitzugriff zu $G_v^N(i,0)$ gilt

$$rp = (i,0) + drp \in G_v^N(i,0),$$

$$dr_P = (0, j_P)$$

und damit

$$P = S(r_P) = S((i,0)+(0,j_P)) = S(i,j_P) = i \oplus j_P,$$

woraus sich

$$j_P = P \oplus i$$

ergibt.

Nach (4.58) ist die Adresse des Speichermoduls P durch

$$a(i,j_P) = i$$

gegeben und damit unabhängig von P. Beim Bitzugriff ist die Adresse des ausgezeichneten Rasterpunktes also nicht zu modifizieren.

Die Adressenberechnungsschaltung besitzt für $N = 2^n$ Speichermodule 2n Eingangsleitungen $x_{n-1}, \ldots, x_1, x_0, y_{n-1}, \ldots, y_1, y_0$. Jeder Speichermodul P, $(P)_2 = (p_{n-1} | \ldots | p_1 | p_0)$ hat n Adresseneingänge $a_{n-1}, \ldots, a_1, a_0$.

Der Adresseneingang a_k des Speichermoduls P ist mit der Eingangsleitung x_k genau dann verbunden, wenn $p_k = 0$ ist und mit der Eingangsleitung y_k genau dann verbunden, wenn $p_k = 1$ ist.

Am Adresseneingang a_k des Speichermoduls P liegt dann der Wert

$$a_k = (x_k \wedge \overline{p_k}) \vee (y_k \wedge p_k)$$

an, wenn wir mit x_k, y_k und a_k auch die binären Werte, die die entsprechenden Leitungen und Eingänge führen, bezeichnen.

Im Falle des Bitzugriffs zu $G_v^N(i,0)$ mit $(i)_2 = (i_{n-1} | \ldots | i_0)$ wird

$$x_k = y_k = i_k$$

gesetzt. Somit ergibt sich

$$a_k = (i_k \wedge \overline{p_k}) \vee (i_k \wedge p_k) = i_k,$$

und insgesamt ist $a = i$.

Für den Wortzugriff zu $G_h^N(0,j)$ mit $(j)_2 = (j_{n-1} | \ldots | j_0)$ wird

$$x_k = j_k, \; y_k = \overline{j}_k$$

gesetzt, und es gilt

$$a_k = (j_k \wedge \overline{p_k}) \vee (\overline{j_k} \wedge p_k) = j_k \oplus p_k$$

und somit insgesamt

$$a = j \oplus P = i_P.$$

Für $N = 8$ ist die beschriebene einfache Verbindungsstruktur, die bis auf die erforderlichen gesteuerten Negationsglieder für die Leitungen $y_{n-1}, \ldots, y_0$ die Adressenberechnungsschaltung realisiert, in Abb.4.9 dargestellt.

Auch die Struktur der zu realisierenden Permutationen ist einfach. Die "Rasterpunkte" $(0,j)$, $(1,j)$, ..., $(N-1,j)$ des Zugriffsformates $G_h^N(0,j)$ sind der Reihe nach in den Speichermodulen

$$0 \oplus j = 0 \oplus S(0,j),\ 1 \oplus j = 1 \oplus S(0,j),\ \ldots,$$
$$(N-1) \oplus j = (N-1) \oplus S(0,j)$$

gespeichert.

Die "Rasterpunkte" $(i,0)$, $(i,1)$, ..., $(i,N-1)$ des Zugriffsformates $G_v^N(i,0)$ sind in den Speichermodulen

$$i \oplus 0 = 0 \oplus S(i,0),\ i \oplus 1 = 1 \oplus S(i,0),\ \ldots,$$
$$(N-1) \oplus i = (N-1) \oplus S(i,0)$$

abgelegt.

Damit ist insgesamt eine Permutation $\pi((i,j),F) = \pi(S)$ mit

$$\pi(S) = \begin{pmatrix} 0 \oplus S & 1 \oplus S & \ldots & (N-1) \oplus S \\ 0 & 1 & \ldots & N-1 \end{pmatrix} \qquad (4.59)$$

für $S = 0 + j = j$ bzw. $S = i + 0 = i$ zu realisieren.

In analytischer Form gilt für $l = 0, \ldots, N-1$ nach (4.59)

$$\pi(S)(l \oplus S) = l \qquad (4.60)$$

und wegen $S \oplus S = 0$

$$\pi(S)(l) = l \oplus S = (l \oplus S_0) \oplus (2S_1) \oplus \ldots \oplus (2^{n-1}S_{n-1})$$
$$= \pi(2^{n-1}S_{n-1}) \ldots \pi(2S_1)\,\pi(S_0)(l), \qquad (4.61)$$

wobei $(S_{n-1}|\ldots|S_1|S_0)$ die Binärdarstellung von S, $0 \leq S < N=2^n$ ist.

Das zugehörige Permutationsnetzwerk kann in $\log N = m$ Schichten π_m, $m = 0, \ldots, \log N-1$ zerlegt werden, wobei die m-te Schicht π_m die Permutation

$$\pi_m(S) = \pi(2^m S_m), \qquad (4.62)$$

d. h. in Abhängigkeit vom Wert 1 oder 0 des Steuerparameters S_m, für $S_m = 1$ die Permutation

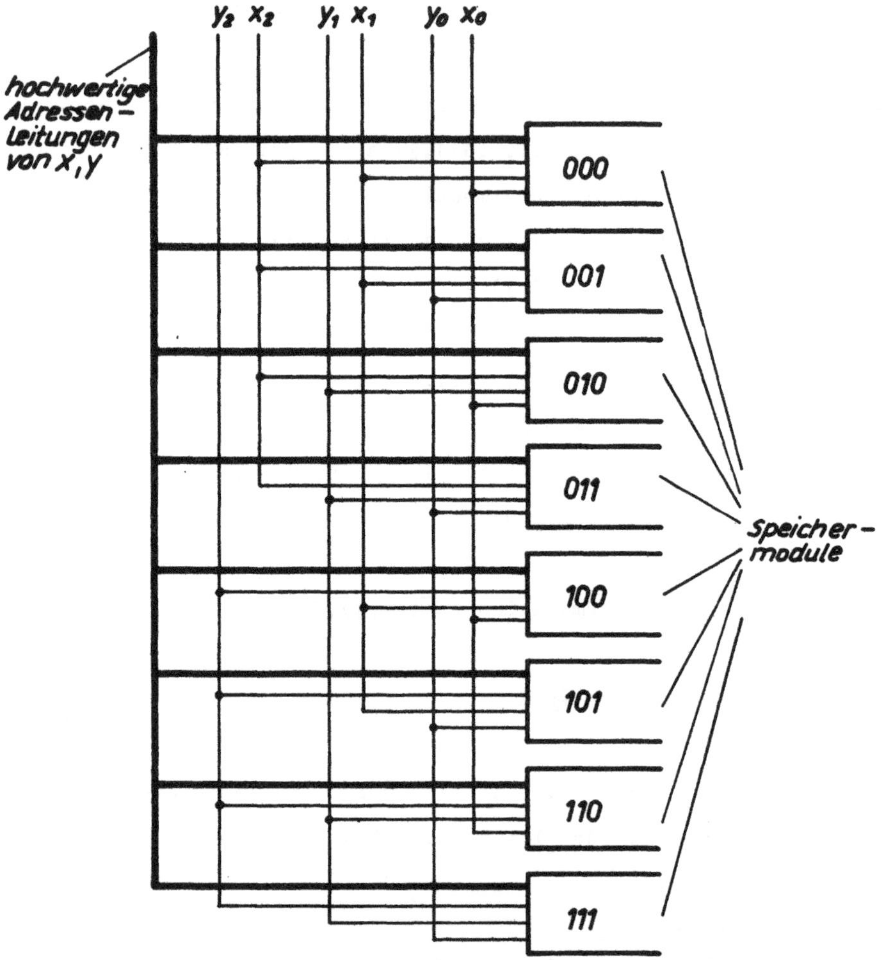

Abb.4.9

$$\pi(2^m) = \begin{pmatrix} 0 \oplus 2^m & 1 \oplus 2^m & \dots & (N-1) \oplus 2^m \\ 0 & 1 & \dots & N-1 \end{pmatrix}, \qquad (4.63)$$

bzw. für $S_m = 0$ die identische Permutation $\pi(0)$, realisiert. Für $\log N = 3$ zeigt Abb. 4.10 ein entsprechendes Permutationsnetzwerk.

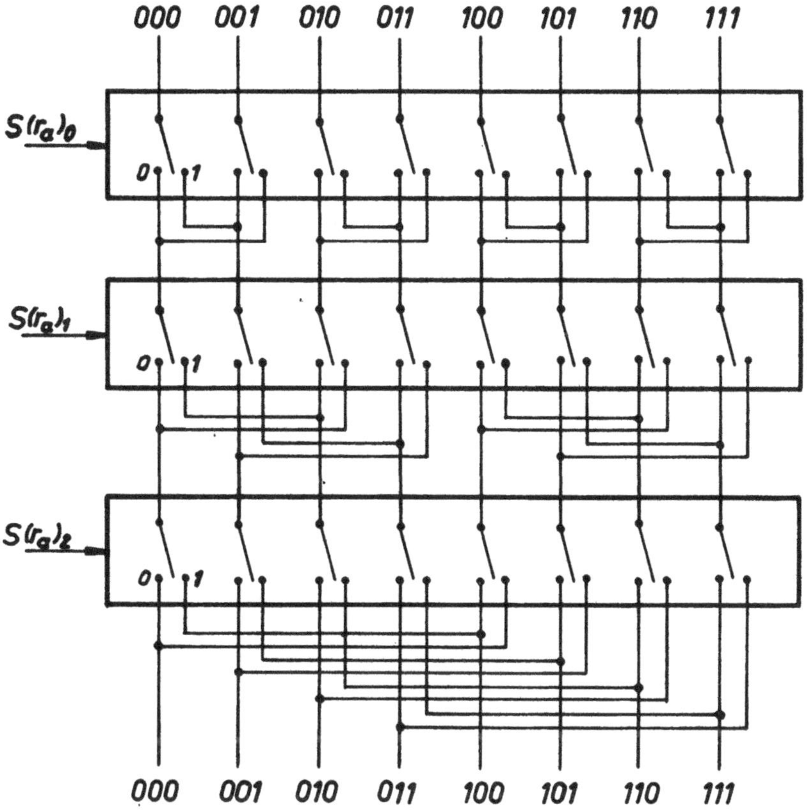

Abb. 4.10

Auf ein dreidimensionales (N x N x NL)-Raster mit $N = 2^n$, $L = 2^m \leqq N$ mit den Koordinaten (i,j,k) ist das Prinzip des STARAN-Rechners erstmals in [SK80, SK83] verallgemeinert. Der Speicher hat zwei verschiedene Betriebsarten. In der ersten Betriebsart erlaubt er den konfliktfreien Zugriff zu allen achsenparallelen Geraden

$G(1,0,0)^N$, $G(0,1,0)^N$, $G(0,0,1)^N$

und der verallgemeinerten Geraden

$G(0,0,L)^N$

mit den Plazierungsmengen

$P(S,G(1,0,0)^N) = \{(0,j,k),\ 0 \leqq j < N,\ 0 \leqq k < NL\}$,

$P(S,G(0,1,0)^N) = \{(i,0,k),\ 0 \leqq i < N,\ 0 \leqq k < NL\},$

$P(S,G(0,0,1)^N) = \{(i,j,k),\ 0 \leqq i,j < N,\ k \bmod N = 0\},$

$P(S,G(0,0,L)^N) = \{(i,j,0),\ 0 \leqq i,j < N\}.$

In der zweiten Betriebsart ist der parallele Zugriff zu Rechtecken $R_{N/L,L}$ mit $j = const$ bzw. $i = const$ und $\upsilon \geqq \kappa < L$ sowie zu $G(0,0,L)^N$ möglich. Für $L = 1$ sind beide Betriebsarten gleich und erlauben den konfliktfreien 3dimensionalen achsenparallelen Zugriff.

Die dreidimensionale Verallgemeinerung des STARAN-Rechners ist auch in [KM83] mit dem Ziel eines einfachen Permutationsnetzwerkes untersucht.

Um für $N = 2^n$ die Möglichkeiten des konfliktfreien Zugriffs zu Geraden und verallgemeinerten Geraden zu verbessern, wird in [Tom80] die nichtlineare Speicherfunktion

$$S(i,j) = (i + L_i j + c(i + L_i j)/N + d((i + L_i j)/N)/N) \bmod N \qquad (4.64)$$

verwendet, wobei $i+L_i j$ eine fortlaufende Numerierung des Rasters ist. Ferner sind c und d in Abhängigkeit von N geeignet gewählte kleine Konstanten. Zum Aufbau der Speicherfunktion (4.64) werden Integerdivisionen durch N, Multiplikationen mit kleinen Konstanten und Additionen modulo N für $N = 2^m$ benötigt, die relativ geringen Hardware-Aufwand erfordern.

Mit dieser Speicherfunktion ist der parallele konfliktfreie Zugriff zu verallgemeinerten Geraden $G(e)^M(r)$ möglich, wobei $M = M(e,r) < N$ ist. Die Länge der konfliktfreien Geraden hängt von e und vom ausgezeichneten Rasterpunkt r ab.

Für die am häufigsten benötigten Zugriffe zu achsenparallelen Geraden kann man $M = N-1$ erreichen. Für die Einzelheiten verweisen wir auf [Tom80].

In einer noch stärker vereinfachten Variante [HJ86] werden die Komponenten v_m eines langen Vektors $\underline{v} = (v_0,\ v_1,\ v_2\ \ldots)$ in den Speichermodulen

$$S(m) = m + m/N \bmod N \qquad (4.65)$$

für $N = 2^n$ gespeichert.

4.3. Entwürfe für die Bildverarbeitung

In diesem Kapitel werden zwei Entwürfe von Bildspeichern mit Parallelzugriff zu verallgemeinerten Geraden für ein Bildprozessorsystem vorgestellt.

Das betrachtete System besteht aus N Prozessorelementen PE(m), m = 0, ..., N - 1, die über ein Permutationsnetzwerk an einen parallelen Speicher mit der Parallelität N und einer Speicherkapazität für ein oder mehrere Bilder angeschlossen sind. Dabei sind L_i und L_j Zweierpotenzen. Das allgemeine Blockschaltbild zeigt Abb. 4.11.

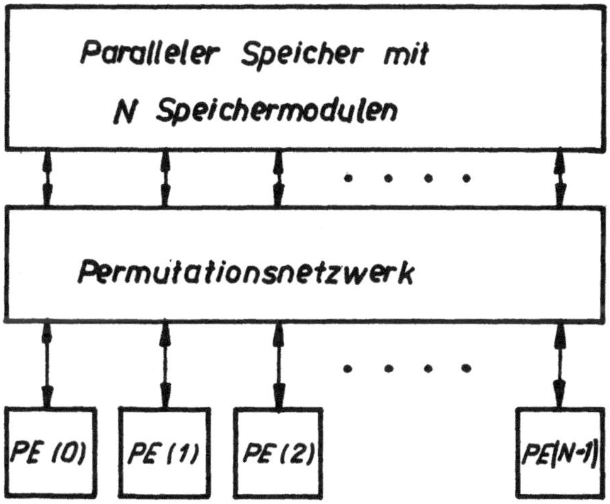

Abb. 4.11

Mit dem ersten Entwurf kann für alle umgebungsunabhängigen Pixeloperationen, für alle lokalen Operationen mit beliebigen Operatorformen sowie für Orthogonaltransformationen nach dem Prinzip der schnellen Fouriertransformation (FFT) und für geometrische Bildtransformationen der Art

$$\begin{pmatrix} i' \\ j' \end{pmatrix} = \begin{pmatrix} a & b \\ c & d \end{pmatrix} \begin{pmatrix} i \\ j \end{pmatrix} \tag{4.66}$$

mit oder ohne Pixelinterpolation die Parallelität des Systems vollständig genutzt werden, wobei jegliche Datentransporte zwischen den Prozessorelementen vermieden sind. Für die Bildverarbeitung mit ihren extremen Anforderungen an die Rechenleistung sind das sehr attraktive Systemeigenschaften.

Die Verarbeitung der Bilder erfolgt nach folgendem Parallelisierungsprinzip:
Wird im Bildspeicher für das Prozessorelement PE(0) der Bildpunkt (i,j) adressiert, erfolgt für die übrigen Prozessorelemente PE(m), $m = 1, \ldots, N-1$, der Zugriff zu $(i, (j + nM_j) \bmod L_j)$ (Fall 1) oder zu $((i + nM_i \bmod L_i), j)$ (Fall 2). Dabei gilt $M_iN = L_i$ und $M_jN = L_j$.
Da die Koordinaten (i,j) des ausgezeichneten Rasterpunktes an jeder Stelle im Bild und in beliebiger Reihenfolge adressiert werden können, gibt es für die Operatorformen und für die konkrete algorithmische Implementierung des Operators keine Einschränkungen.

Die zweidimensionale FFT wird z. B. realisiert, indem jedes PE zuerst unter Nutzung von Fall 1 für M Zeilen zeilenweise die eindimensionale FFT berechnet und danach das entstandene Zwischenbild unter Nutzung von Fall 2 spaltenweise transformiert wird [AR75]. Auch die Transformation (4.66) ist separierbar. Es gilt

$$\begin{pmatrix} a & b \\ c & d \end{pmatrix} = \begin{pmatrix} 1 & \frac{b}{d} \\ 0 & 1 \end{pmatrix} \begin{pmatrix} \frac{ad-bc}{d} & 0 \\ 0 & 1 \end{pmatrix} \begin{pmatrix} 1 & 0 \\ c & 1 \end{pmatrix} \begin{pmatrix} 1 & 0 \\ 0 & d \end{pmatrix}, \quad (4.67)$$

und die vier Transformationen, die durch die vier Matrizen auf der rechten Seite von (4.67) beschrieben werden, können nacheinander durch Skalierung oder zeilen- oder spaltenweises Scheren des Bildes realisiert werden.
Beispielsweise wird mit $a = \cos\theta$, $b = \cos\theta$, $c = -\sin\theta$, $d = \cos\theta$ das Bild um den Winkel θ gedreht, und die Bildpunkte des Originalbildes an der Stelle (i,j) stehen im gedrehten Bild an der Stelle (i',j').

Offensichtlich wird für dieses System ein paralleler Speicher mit den Zugriffsformaten

$G_1 = \{(k-1)(0,M_j) \mid k = 1, \ldots, N\}$,

$G_2 = \{(k-1)(M_i,0) \mid k = 1, \ldots, N\}$

benötigt.

Wir wählen zunächst die Speicher- und Adressenfunktion

$$S(i,j) = (i \bmod N + j \bmod N + i/N + j/N) \bmod N, \qquad (4.68)$$

$$a(i,j) = j \bmod N + Ni, \qquad (4.69)$$

die für $N = 4$ in der nachfolgenden Abb. 4.12 gezeigt sind. Dabei sind $L_i = L_j = 16$ und $M_i = M_j = 4$.

Den parallelen Speicher entwerfen wir für die Parameter $L_i = L_j = 256$ und $N = 16$. Dann gilt $M_i = M_j = 16$, und die 16 Prozessoren PE(0), ..., PE(15) arbeiten beim Zugriff zu $G_1(i,j)$ mit $0 \leq i < 16$ in 16 vertikalen (16 x 256)-Streifen und beim Zugriff zu $G_2(i,j)$ mit $0 \leq j < 16$ in 16 horizontalen (256 x 16)-Streifen des Rasters.

Zusätzlich sorgen wir noch für das schnelle zeilen- bzw. spaltenweise Beschreiben und Auslesen des Bildspeichers, damit beispielsweise Kameradaten in Echtzeit eingelesen oder Ergebnisbilder auf Monitoren visualisiert werden können.

Dazu wählen wir eine Speicherfunktion, die zusätzlich zu G_1 und G_2 bezüglich $G_h^N(i,j)$ mit $i \bmod 16$ und zu $G_v^N(i,j)$ mit $j \bmod 16 = 0$ konfliktfrei ist.

Die Speicherfunktion (4.68) ist offensichtlich konfliktfrei bezüglich der gewünschten Zugriffsformate. Sie ist aber in den Koordinaten i und j nichtlinear.

Um die einfachen, in diesem Kapitel dargestellten Methoden des Entwurfes paralleler Speicher mit linearer Speicherfunktion anwenden zu können, interpretieren wir die Speicherfunktion (4.68) in den neuen Koordinaten i', j', k', l' als lineare Funktion.

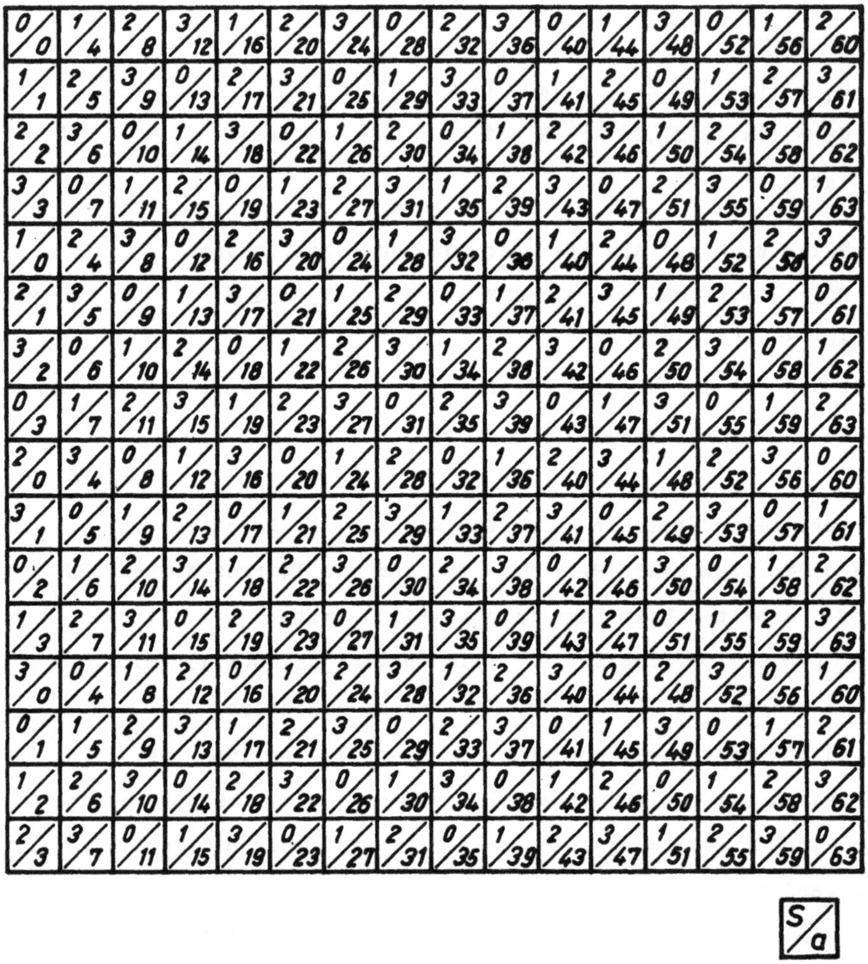

Abb.4.12

Wir setzen

$$i' = i \bmod 16, \quad j' = j \bmod 16, \quad k' = i/16, \quad l' = j/16$$

und erhalten anstelle von (4.68) und (4.69)

$$S(i,j) = S(i',j',k',l') = i' + j' + k' + l' \bmod 16 \qquad (4.68a)$$

$$a(i,j) = a(i',j',k',l') = j' + 16i' + 16k' \qquad (4.69a)$$

wobei nun $0 \leq i', j', k', l' < 16$ gilt.

Den zweidimensionalen verallgemeinerten Geraden G_1, G_2, $G_h^{16}(i,j)$ mit $i \bmod 16 = 0$ und $G_v^{16}(i,j)$ mit $j \bmod 16 = 0$ entsprechen dann die

Geraden $G(0,0,1,0)^{16}$, $G(0,0,0,1)^{16}$, $G(1,0,0,0)^{16}(i',j',k',l')$ mit $i' = 0$, $G(0,1,0,0)^{16}(i',j',k',l')$ mit $j' = 0$, und die Adressenberechnung kann nun entsprecnend den Gleichungen (4.8) und (4.9) dieses Kapitels erfolgen.

Zunächst wird S(r) für den ausgezeichneten Rasterpunkt r des Zugriffsformates nach (4.68) oder (4.68a) berechnet. Das kann zentral oder dezentral in jeder Adressenberechnungsschaltung A_P, $0 \leq P < 16$, erfolgen. Dann wird in jeder Adressenberechnungsschaltung A_P der Wert m_P bestimmt. Für alle vier betrachteten Zugriffsformate gilt

$$d = S'(0,0,1,0) = S'(0,0,0,1) = S'(1,0,0,0) = S'(0,1,0,0) = 1 = d^{-1}$$

und damit

$$m_P = P - S \bmod 16. \tag{4.70}$$

Für $r'_P = (i'_P,j'_P,k'_P,l'_P)$ ergibt sich dann mit $r' = (i',j',k',l')$

$$r'_P = r' + m_P e' = \begin{cases} r' + [P\text{-}S \bmod 16](0,0,1,0) & \text{für } G_1, \\ r' + [P\text{-}S \bmod 16](0,0,0,1) & \text{für } G_2, \\ r' + [P\text{-}S \bmod 16](1,0,0,0) & \text{für } G_h{}^{16}, \\ r' + [P\text{-}S \bmod 16](0,1,0,0) & \text{für } G_v{}^{16}. \end{cases} \tag{4.71a}$$

In den ursprünglichen Koordinaten können wir dafür mit $r = (i,j)$

$$r_P = \begin{cases} r + [P\text{-}S \bmod 16](16,0) = (i + 16(P\text{-}S) \bmod 16,\ j) & \text{für } G_1, \\ r + [P\text{-}S \bmod 16](0,16) = (i,\ j + 16(P\text{-}S) \bmod 16) & \text{für } G_2, \\ r + [P\text{-}S \bmod 16](1,0) = (i + (P\text{-}S) \bmod 16,\ j) & \text{für } G_h{}^{16}, \\ r + [P\text{-}S \bmod 16](0,1) = (i,\ j + (P\text{-}S) \bmod 16) & \text{für } G_v{}^{16} \end{cases} \tag{4.71}$$

schreiben, woraus dann nach (4.69) die Adresse $a(r_P)$ direkt bestimmt ist. Im einzelnen gilt

$$a(r_P) = \begin{cases} j \bmod 16 + 16(i + 16(P\text{-}S) \bmod 16) & \text{für } G_1, \\ j \bmod 16 + 16\,i & \text{für } G_2, \\ j \bmod 16 + 16(i + (P\text{-}S) \bmod 16) & \text{für } G_h{}^{16} \\ \quad \text{mit } i_3 = i_2 = i_1 = 0, & \\ (j + (P\text{-}S) \bmod 16) \bmod 16 + 16i & \text{für } G_v{}^{16} \\ \quad \text{mit } j_3 = j_2 = j_1 = j_0 = 0. & \end{cases} \tag{4.72}$$

Die Abb. 4.13 zeigt die zugehörige Adressenberechnungsschaltung.

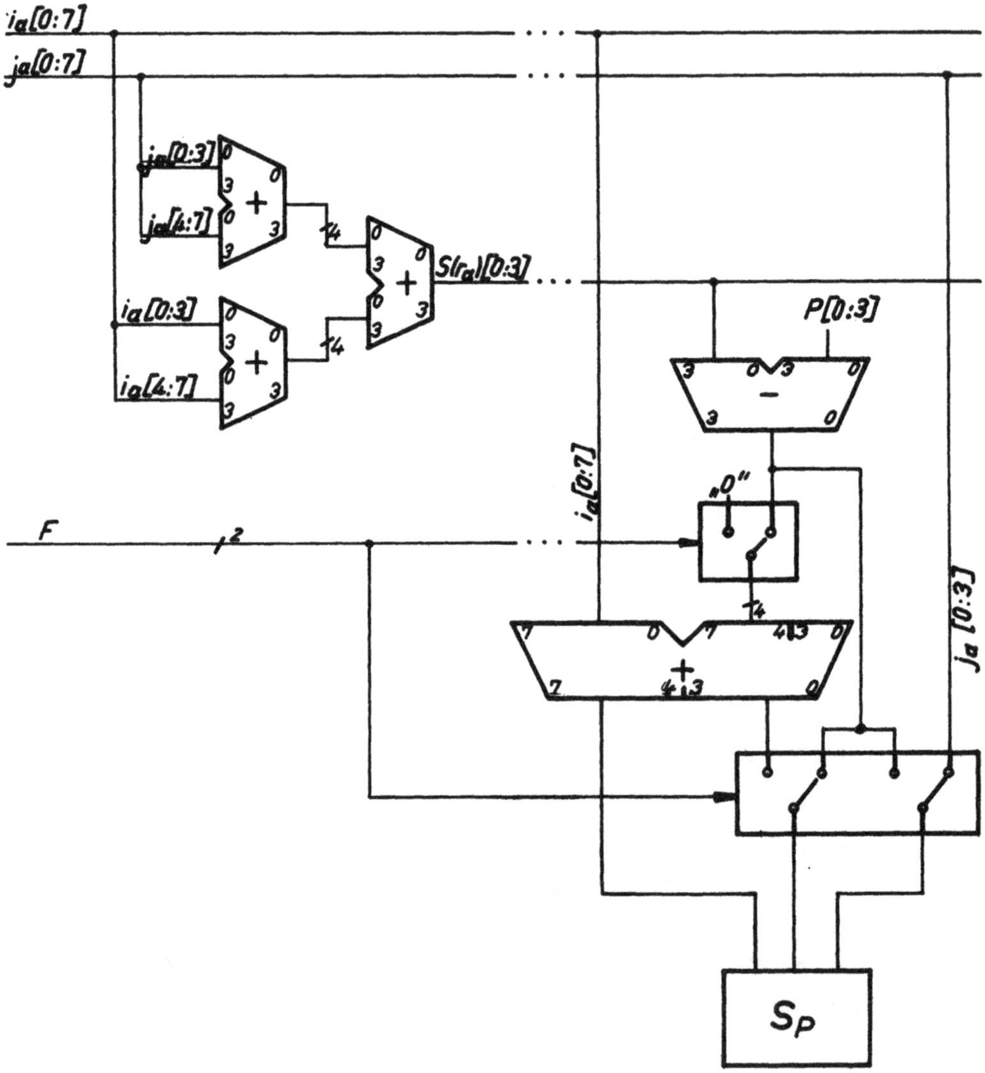

Abb.4.13

Das zweite System hat einen etwas komplizierteren parallelen Speicher. Verwendet werden N = 17 Speichermodule. Da N hier eine Primzahl ist, ist der parallele Zugriff zu einer Vielzahl von verallgemeinerten Geraden

$$G(e^1)^N = \{(k-1)(e_1{}^1,e_2{}^1) \mid k = 1, \ldots, N\}$$

mit $e_1{}^1, e_2{}^1 \in \{0, 1, \ldots, 16\}$ möglich. Auf die Einschränkungen der Zugriffsmöglichkeiten für die konkret gewählte lineare Speicherfunktion gehen wir später ein.

Vorteilhaft ist dieser Speicher in einem System entsprechend Abb.4.11 vor allem deshalb, weil die Verkleinerung des Pixelabstandes der achsenparallelen unterbrochenen Geraden möglich ist. Somit kann die volle Parallelität und folglich die mit den Prozessorelementen gegebene Rechenleistung auch dann vollausgeschöpft werden, wenn die Operationen nur in einem Teilbild auszuführen sind. Ein solcher Speicher kann aber auch für die Datenbereitstellung in anderen Multiprozessorsystemen effektiv eingesetzt werden, in denen die auszuführenden lokalen Bildopertionen selbst parallelisiert werden. Die Abb. 4.14 zeigt Beispiele für die Bewegungen von lokalen Operatoren über dem Bild, bei denen die in jedem Schritt neu benötigten Daten dem Prozessorsystem parallel zugeführt werden können.

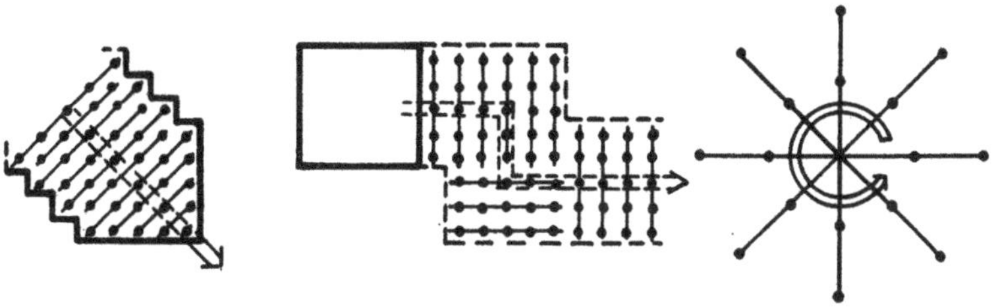

Abb.4.14

Da in der Bildverarbeitung Operatoren oft nur in kleinen Schritten im Bild bewegt werden und damit die Adressenänderungen von Zugriff zu Zugriff im Verhältnis zu dem absoluten Adressenraum eines Bildes sehr klein sind, wird nachfolgend dieser zweite Speicher für die rekursive

Adressierung entworfen.

Für den parallelen Speicher mit $N = 17$ Speichermodulen verwenden wir die Speicherfunktion

$$S(i,j) = i + 2j \bmod 17. \qquad (4.72)$$

Diese Speicherfunktion ist für alle verallgemeinerten Geraden konfliktfrei, für die $d = (e_i i + 2e_j j) \bmod 17 \neq 0$ gilt. Der parallele Zugriff ist somit u.a.

zu den achsenparallelen verallgemeinerten Geraden

und

zu den diagonalen verallgemeinerten Geraden

mit den Abständen von 1 bis 16 zwischen den Rasterpunkten möglich

$(e_i{}^l = 1, \ldots, 16$ für $e_j{}^l = 0,$

$e_j{}^l = 1, \ldots, 16$ für $e_i{}^l = 0,$

$e_i{}^l = e_j{}^l = 1, \ldots, 16).$

Auch für alle verallgemeinerten Geraden beliebiger Richtung mit Abständen $0 \leq e_i \leq 5$, $0 \leq e_j \leq 5$ gibt es keine Einschränkungen, was für die Realisierung von Operatoren, wie sie z.B. in Abb.4.14 gezeigt sind, wichtig ist.

Mit $L_i = L_j = 256$, $L = 256$, $l = 16$ wird als Adressenfunktion entsprechend (4.31)-(4.33)

$$a(i,j) = i + 256j \bmod 4096 \qquad (4.73)$$

gewählt.

Nach dem Prinzip der rekursiven Adressierung werden in die Adressenberechnungsschaltung nur die Änderungen der Adresse $dr = (di, dj)$ eingegeben. Wir geben hierfür den Bereich $di = (-1,+1)$, $dj = (-1,+1)$ vor, damit die Fenster in Einzelschritten in allen Richtungen im Bildspeicher bewegt werden können.

Die Abb.4.15 zeigt eine mögliche Schaltung für die rekursive Adressenberechnung des Speichermoduls Sp.

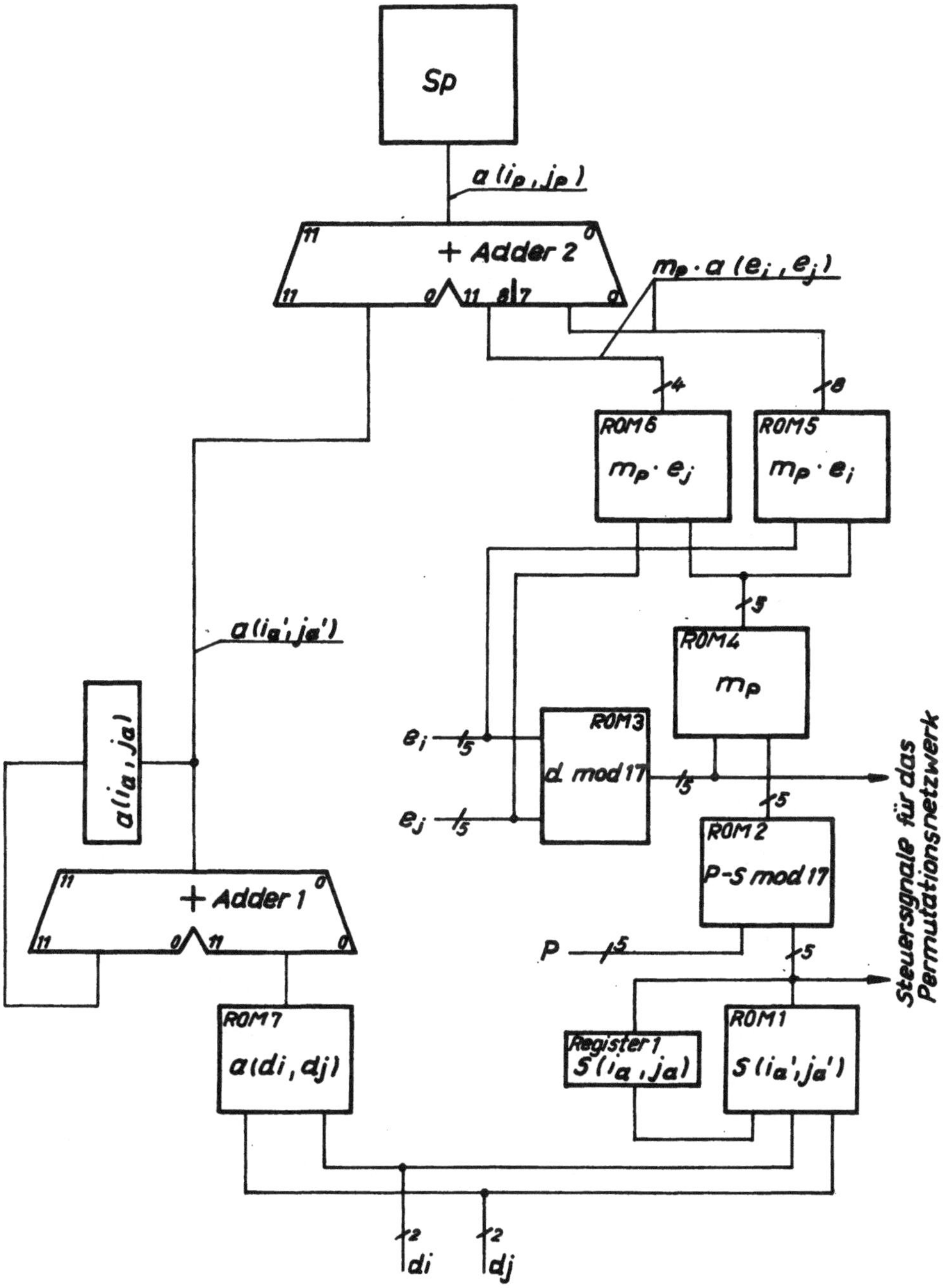
Sp
a(ip, jp)
+ Adder 2
mp · a(ei, ej)
ROM6
mp · ej
ROM5
mp · ei
ROM4
mp
a(ia', ja')
a(ia, ja)
ei
ej
ROM3
d. mod 17
ROM2
P-S mod 17
P
+ Adder 1
ROM7
a(di, dj)
Register 1
S(ia, ja)
ROM1
S(ia', ja')
Steuersignale für das Permutationsnetzwerk
di
dj

Abb.4.15

Wegen der relativ kleinen Werte von di, dj und N lassen sich auch für diesen Speicher günstige Realisierungen des in Abb. 4.8 dargestellten allgemeinen Berechnungsprinzips der rekursiven Adressierung finden. Zunächst bildet die Kombinatorik ROM1 den Wert $S(r_a')$ des ausgezeichneten Rasterpunktes r_a' nach der Beziehung

$$S(r_a') = S(r_a) + di + 2dj \bmod 17. \qquad (4.74)$$

ROM2 bildet P-S mod 17, und mit Hilfe von ROM3 werden e_i und e_j entsprechend $d = e_i i + 2e_j j \bmod 17$ kodiert. Damit kann nachfolgend mittels ROM4 die m_P-Bildung

$$m_P = (P - S)\, d^{-1} \bmod 17 = [P - (S \bmod 17)]\, d^{-1} \bmod 17 \qquad (4.75)$$

erfolgen.

Auch die nun noch auszuführende Multiplikation $mpa(e_i, e_j)$ ist auf einfache Weise realisierbar.

Mit der Tabelle ROM5 wird das Produkt mpe_i kodiert, das wegen L_i = 256 den 8-bit-Wertebereich nicht überschreiten kann. In ROM6 wird das Produkt mpe_j gebildet. Wegen

$$mpa(e_i, e_j) = (mpe_i + 256 mpe_j) \bmod 4096 \qquad (4.76)$$

liefert der ROM6-Ausgang nur die niederwertigen 4 Bit dieses Produktes. Diese Adresse ist zu addieren mit der Adresse des ausgezeichneten Rasterpunktes $a(i_a', j_a')$, welche wiederum rekursiv gebildet wird. ROM7 dient der Kodierung der Koordinatenänderungen di, dj in die entsprechende Adressenänderung a(di,dj), welche additiv mit der Adresse $a(i_a, j_a)$ des vorangegangenen Speicherzugriffs verknüpft wird. Das zu diesem parallelen Speicher gehörende Permutationsnetzwerk hat multiplikative und additive Permutationen der Datenleitungen der 17 Speichermodule auszuführen. Die Steuersignale werden, wie in der Abbildung 4.15 dargestellt, durch die Adressenberechnungsschaltung bereitgestellt. Derartige Permutationsnetzwerke wurden in Abschnitt 4.2. (siehe Abb. 4.6) bereits beschrieben.

5. Parallele Speicher für allgemeine Datenstrukturen

In diesem Kapitel untersuchen wir parallele Speicher für allgemeine Datenstrukturen.

Indem wir einem in [Mau74] dargestellten Konzept folgen, beschreiben wir eine Datenstruktur als einen Graphen, dessen Knoten mit Daten belegt werden und dessen Kanten die Abhängigkeit der Daten untereinander ausdrücken.
Es kann sich dabei um räumliche Abhängigkeiten wie in einem Raster oder um logische Abhängigkeiten wie in einer Matrix, einer Liste oder einen Berechnungsbaum für einen mathematischen Ausdruck handeln.

Im ersten Abschnitt führen wir die Grundbegriffe paralleler Speicher wie Speicherfunktion, Adressenfunktion, konfliktfreies Zugriffsformat, Plazierungsmenge u. a. für allgemeine Datenstrukturen ein.

Im zweiten Abschnitt untersuchen wir den Zusammenhang zwischen Klassen von Speicherfunktionen für allgemeine Datenstrukturen. Der Begriff der isotropen Funktion steht dabei im Mittelpunkt.

Wichtig ist uns dabei die Angabe des funktionellen Blockschaltbildes der Adressenberechnungsschaltung eines parallelen Speichers in Abhängigkeit von der Datenstruktur, der Speicher- und Adressenfunktion und der Menge der konfliktfreien Zugriffsformate. Damit kann das Syntheseproblem eines parallelen Speichers für eine beliebige Datenstruktur bis auf die Schaltungsoptimierung gelöst werden. Dies ist im dritten Abschnitt gezeigt.
Der relativ umfangreiche vierte Abschnitt ist parallelen Baumspeichern gewidmet.
Reguläre Bäume sind in der Informationsverarbeitung prinzipiell von

Wichtigkeit. Bei der Untersuchung paralleler Speicher sind sie darüber hinaus von besonderem Interesse, da sich parallele Baumspeicher in vielen Eigenschaften grundsätzlich von Rasterspeichern unterscheiden. Obwohl über die parallele Speicherung regulärer Bäume etliche Resultate bekannt sind, ist dieses Gebiet noch nicht in dem Umfang erschlossen oder gar anwendungsbereit wie die parallele Speicherung von Raster- oder Matrixstrukturen und bleibt ein interessantes Forschungsgebiet. Inwieweit parallele Baumspeicher für die parallele Implementierung von Sprachen wie LISP und PROLOG oder die Suche in Datenbanken von tatsächlicher Bedeutung sind, wird die Zukunft zeigen.

5.1. Grundbegriffe

Zunächst erläutern wir den Begriff der Datenstruktur, wie er in diesem Kapitel benutzt wird. Eine Datenstruktur identifizieren wir mit einem gerichteten Graphen. Den Knoten des Graphen werden die zu speichernden Daten zugeordnet. Die gerichteten Kanten, die die Knoten verbinden, beschreiben die unterschiedlichen Abhängigkeiten zwischen den Daten. Je nach ihrer Bedeutung sind die Kanten markiert.

Formal ist eine Datenstruktur $D = \{K, \phi\}$ durch eine Menge K von Knoten und eine Menge $\phi = \{f_1, f_2, \ldots\}$ von einstelligen Funktionen $f_i : K \longrightarrow K$, $i = 1, 2, \ldots$, definiert, die die Knotenmenge in sich abbilden. Zwei Knoten k und k' mit $k, k' \in K$ sind genau dann mit einer durch f_i markierten Kante verbunden, wenn $k' = f_i(k)$ gilt. Die Kante ist dabei von k nach k' gerichtet. Jedem Knoten $k \in K$ ist ein n_k-Tupel von Werten $v_1(k), v_2(k), \ldots, v_{n_k}(k)$ zugeordnet.

In Beispielen wird häufig die Richtung der Kanten und ihre Markierung weggelassen, wenn sie offensichtlich ist.

Der hier verwendete Begriff der Datenstruktur lehnt sich wesentlich an [Mau74] an (vgl. auch [Ede83]). In [Mau74] wird lediglich anstelle der Menge der Funktion ϕ eine Menge von Relationen verwendet. Vom Begriff der Datenstruktur sind die ähnlich klingenden Begriffe "abstrakter Datentyp" und "Datentyp" zu unterscheiden [AHU83, Ede83].

Dem Programmierer ist der Begriff Datentyp gut bekannt. Variable können vom Typ Integer, Real, Boolean, Charakter sein, und den Knoten der Datenstruktur sind Werte bestimmter Typen zugeordnet.
Auf einem etwas höheren Abstraktionsniveau beschreibt der Begriff "abstrakter Datentyp" ein mathematisches Modell mit einer Menge von ausführbaren Operationen. Ein Beispiel [AHU83] für einen abstrakten Datentyp ist der Begriff "Liste von Elementen" mit den Operationen

1) Lösche alle Elemente der Liste!
2) Suche das erste Element der Liste und gib 0 aus, wenn die Liste leer ist!
3) Gehe zum nächsten Element der Liste und gib 0 aus, wenn es kein nächstes Element gibt!
4) Füge eine Zahl in die Liste ein!

Ein abstrakter Datentyp wird programmtechnisch unter Verwendung einer Datenstruktur realisiert.

Im folgenden beschäftigen wir uns nur mit Datenstrukturen und insbesondere mit den Möglichkeiten ihrer parallelen Speicherung.

Als ein erstes Beispiel beschreiben wir ein quadratisches 2dimensionales Raster R als eine Datenstruktur $D_R = \{K_R, \Phi_R\}$. Die Knotenmenge K_R ist die Menge der Rasterpunkte (i,j),

$$K_R = \{(i,j) \mid 0 \leqq i < L_i,\ 0 \leqq j < L_j\}. \tag{5.1}$$

Dabei sind L_i und L_j die Länge des Rasters in i- bzw. j-Richtung. Die Menge $\Phi_R = \{N, O, S, W\}$ bezeichnen wir nach den Himmelsrichtungen Norden, Osten, Süden, Westen. Für diese Funktionen gilt,

$$\begin{aligned} N(i,j) &= (i,j-1),\\ O(i,j) &= (i-1,j),\\ S(i,j) &= (i,j+1),\\ W(i,j) &= (i+1,j). \end{aligned} \tag{5.2}$$

Ist dem Knoten (i,j) der Datenstruktur ein Grauwert $v(i,j)$ zugeordnet, so kann durch die Datenstruktur D_R ein Bild beschrieben sein. Ebenso kann D_R die Matrix eines linearen Gleichungssystems beschreiben. Die

Funktionen N, O, S, W sind partiell definiert, da sie an dem jeweiligen Rand des Rasters nicht erklärt sind.
Abb. 5.1 zeigt einen Ausschnitt aus dem Raster R und den entsprechenden Teil des Graphen der Datenstruktur D_R.

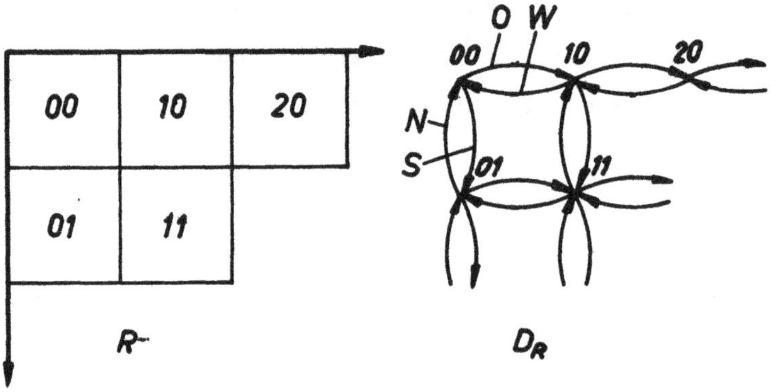

Abb. 5.1

Ein 3dimensionales quadratisches Raster kann analog als Datenstruktur beschrieben werden, indem man zur Menge Φ_R der Funktionen die Funktionen V (Vorne) und H (Hinten) ergänzt und die Tupel (i,j) der Koordinaten durch Tripel (i,j,k) ersetzt.
Abb. 5.2 zeigt einen Ausschnitt aus einem 6eckigen Raster . Als Datenstruktur $D_{R6} = (K_{R6}, \Phi_{R6})$ kann es durch

$$K_{R6} = \{(2k + (l \bmod 2), 2l) \mid k \;\; l \;\; \text{ganze Zahlen}\}, \qquad (5.3)$$

$$\Phi_{R6} = \{N, S, NW, NO, SW, SO\}$$

mit

$$N(k,l) = (k-2,l),$$

$$S(k,l) = (k+2,l),$$

$$NO(k,l) = (k-1,l+2),$$

$$NW(k,l) = (k-1,l-2),$$

$$SW(k,l) = (k+1,l-2),$$

$$SO(k,l) = (k+1,l+2) \qquad (5.4)$$

für $(k,l) \in K_{R6}$ dargestellt werden.

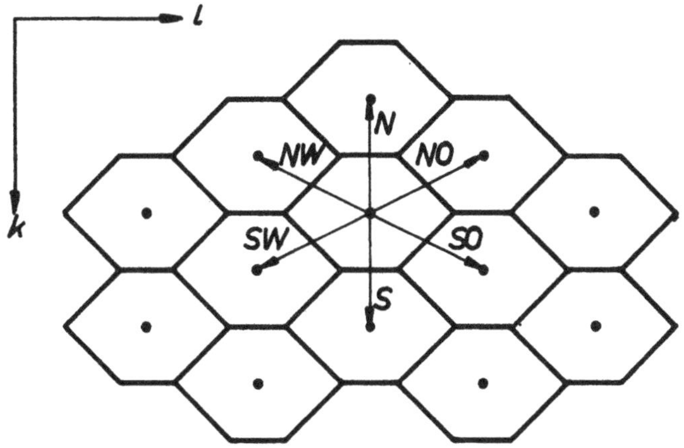

Abb.5.2

Als nächstes Beispiel beschreiben wir einen vollständigen binären Baum in verschiedener Weise als Datenstruktur.

In Abb. 5.3 ist ein vollständiger binärer Baum dargestellt, dessen Knoten mit den Zahlen 0, 1, 2, ... markiert sind. Die Knoten identifizieren wir nun mit ihren Markierungen. Jeder Knoten x hat einen linken Sohn L1(x) und einen rechten Sohn R1(x). Der vollständige binäre

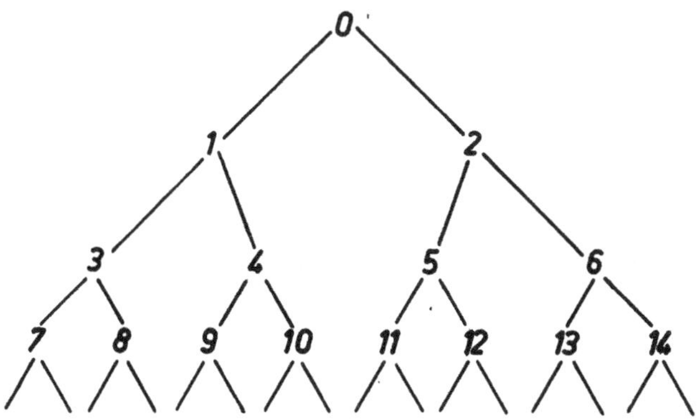

Abb.5.3

Baum von Abb. 5.3 kann als Datenstruktur in der Form

$D_{B1} = \{K_{B1}, \Phi_{B1}\}$

mit $K_{B1} = \{0,1,2,\ldots\}$, $\Phi_{B1} = \{L1, R1\}$ (5.5)

und $L1(x) = 2x+1$, $R1(x) = 2x+2$, $x \in K_{B1}$ (5.6)

beschrieben werden.

Eine zweite Darstellung eines vollständigen binären Baumes ist in Abb. 5.4 veranschaulicht.

Als Datenstruktur D_{B2} stellen wir den Baum von Abb. 5.4 in der Form

$D_{B2} = \{K_{B2}, \Phi_{B2}\}$

mit $K_{B2} = \{L, R\}^*$, $\Phi_{B2} = \{L2, R2\}$ (5.7)

und $L2(k) = Lk$, $R2(k) = Rk$ für $k \in K_{B2}$ dar. (5.8)

$\{L, R\}^*$ bedeutet die Menge aller endlichen Wörter über dem Alphabet $\{L, R\}$. Jeder Knoten des binären Baumes ist mit einem endlichen Wort aus den Buchstaben L und R markiert, welches den Weg von der mit dem leeren Wort ε markierten Wurzel bis zu diesem Knoten beschreibt. Indem man von ε aus zunächst der linken Kante L und dann zweimal der rechten Kante R folgt, gelangt man zum Knoten RRL, der in Abb. 5.3 mit 10 markiert ist.

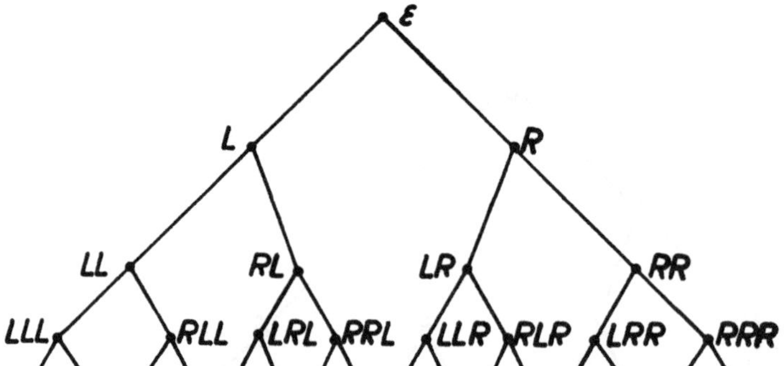

Abb.5.4

Eine weitere interessante Möglichkeit, einen vollständigen binären Baum als Datenstruktur zu beschreiben, zeigt Abb. 5.5.

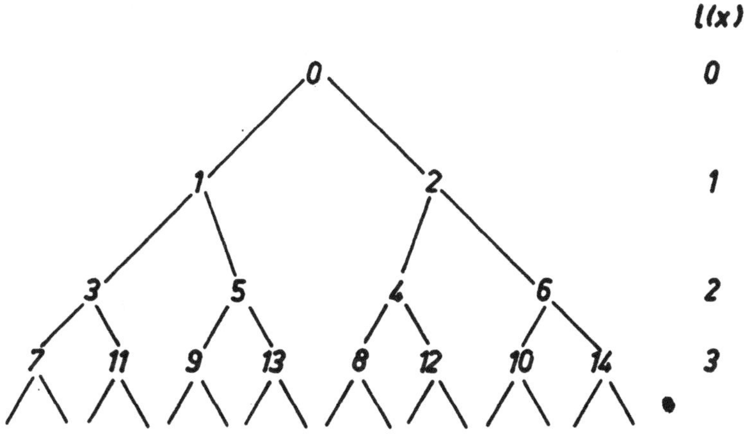

Abb.5.5

Jeder Knoten des Baumes von Abb. 5.5 ist mit einem Tupel (l(x),x) markiert, wobei der Wert l(x), das Niveau des Knotens, für jeden Knoten einer Zeile gleich ist und nur jeweils einmal, rechts neben dem eigentlichen Baum, angegeben ist.

Für die Datenstruktur

$$D_{B3} = \{K_{B3}, \Phi_{B3}\}$$

gilt

$$K_{B3} = \{l(x),x \mid l(x) = 0, 1, 2, \dots ; \; x = 0, 1, 2, \dots \},$$

$$\Phi_{B3} = \{L3, R3\} \text{ mit} \qquad (5.9)$$

$$L3(l(x),x) = (l(x)+1, x+2^{l(x)}),$$

$$R3(l(x),x) = (l(x)+1, x+2*2^{l(x)}). \qquad (5.10)$$

Prinzipiell ist der Wert l(x) redundant. Der Deutlichkeit wegen fügen wir ihn aber hinzu.

Nachdem wir den Begriff der Datenstruktur erläutert haben, zeigen wir nun, wie sich die Grundbegriffe paralleler Speicher für allgemeine

Datenstrukturen formulieren lassen.

Abb.5.6 zeigt den prinzipiellen Aufbau eines parallelen Speichers für eine allgemeine Datenstruktur. Wie im Falle eines parallelen Rasterspeichers besteht er aus den N Speichermodulen S_0, S_1, ..., S_{N-1}, die wir wieder durch ihre Indizes repräsentieren, einer Adressenberechnungsschaltung A und einem Permutationsnetzwerk π.

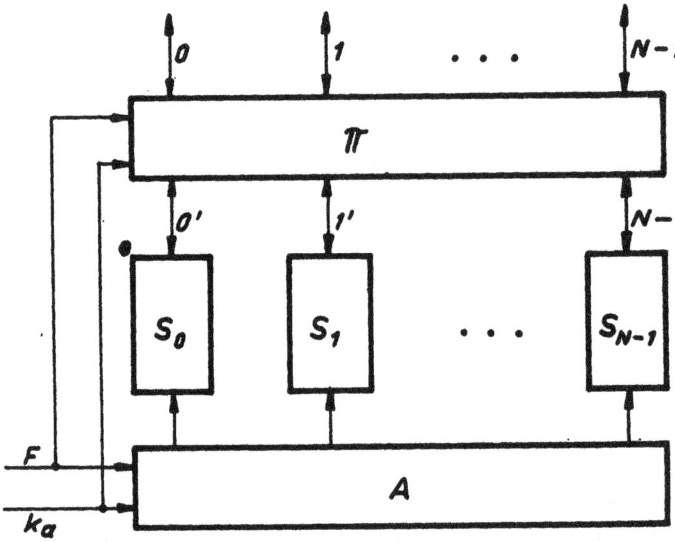

Abb.5.6

Wird eine Datenstruktur $D = (K, \phi)$ in einem parallelen Speicher mit N Speichermodulen S_0, ..., S_{N-1} gespeichert, so ist für jeden Knoten $k \in K$ festzulegen, in welchem Speichermodul $S(k)$ und unter welcher Adresse $a(k)$ die dem Knoten k zugeordneten Werte $v_1(k)$, ..., $v_n(k)$ abzulegen sind.

Formal sind die Speicherfunktion

$$S : K \longrightarrow \{0, 1, \ldots, N-1\} \tag{5.11}$$

und die Adressenfunktion

$$a : K \longrightarrow \{0, 1, \ldots, a_{max}\} \tag{5.12}$$

festzulegen.

Verschiedene Knoten der Datenstruktur dürfen nicht gleichzeitig gleichen Speichermodulen und gleichen Adressen zugeordnet sein.
Ein Paar von einer Speicherfunktion S und einer Adressenfunktion a nennen wir zulässig, wenn gilt:

Für $k, k' \in K$ mit $k \neq k'$ folgt $(S(k), a(k)) \neq (S(k'), a(k'))$.

Im folgenden interessieren wir uns stets nur für zulässige Paare von Speicher- und Adressenfunktionen.

Der Begriff des Zugriffsformates kann für eine Datenstruktur in der folgenden Weise definiert werden.

Definition 5.1. Ein Zugriffsformat F für die Datenstruktur $D = (K,\phi)$ ist eine geordnete Menge einstelliger Funktionen

$$F = (f^0, f^1, \ldots, f^m),\ f^i : K \longrightarrow K$$

mit

$$f^i = f_1{}^i\, f_2{}^i \ldots f_{n_i}{}^i;\quad f_1{}^i, \ldots, f_{n_i}{}^i \in \phi \quad \text{für}\quad i = 1, \ldots, m,$$

$$f^0(k) = k \quad \text{für}\quad k \in K$$

und

$$f^i(k) \neq f^j(k) \quad \text{für}\quad k \in K \quad \text{und}\quad i \neq j.$$

Die Funktionen f^i, $i = 1, \ldots, m$ sind damit Superpositionen von einstelligen Funktionen der Datenstruktur. Jede Funktion f^i beschreibt eindeutig eine bestimmte Kantenfolge.

Für die Datenstruktur $D_{B1} = (K_{B1}, \phi_{B1})$ betrachten wir als Beispiel das Zugriffsformat
$F_1 = (f^0;\ f^1{=}L1;\ f^2{=}R1;\ f^3{=}L1,L1;\ f^4{=}L1,R1;\ f^5{=}R1,L1;\ f^6{=}R1,R1)$.
Den Funktionen $f^1,\ldots,f^6$ sind die in Abb. 5.7 dargestellten Kantenfolgen zugeordnet. Der Funktion f^0 entspricht keine Kante.

Insgesamt beschreibt das Zugriffsformat F_1 einen vollständigen binären Baum der Tiefe 3.

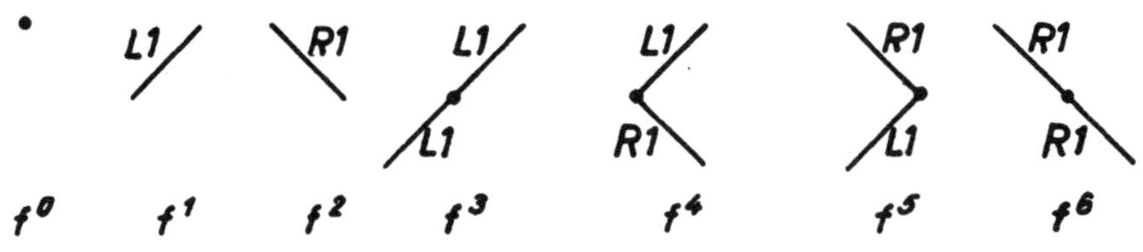

Abb.5.7

Für die Datenstruktur 2dimensionaler Raster K_R sind das Zugriffsformat $F_2 = (f^0,\ f^1 = 0,\ f^2 = 00,\ f^3 = 000) = G_h{}^4$ eine horizontale Gerade aus 4 Rasterpunkten und $F_3 = (f^0,\ f^1 = 0S,\ f^2 = 00SS,\ f^3 = 000SSS) = G_{nd}{}^{4*}$ eine Nebendiagonale aus 4 Rasterpunkten.

Ein Zugriffsformat wird in einem Knoten $k \in K$ auf die Datenstruktur $D = (K, \phi)$ angewandt.

<u>Definition 5.2.</u> Es sei $F = (f^0, f^1, \ldots, f^m)$ ein Zugriffsformat für die Datenstruktur $D = (K, \phi)$. Dann ist das Zugriffsformat $F(k)$ im Knoten $k \in K$ die geordnete Menge der Knoten

$$F(k) = (f^0(k) = k,\ f^1(k),\ \ldots,\ f^m(k)). \tag{5.13}$$

Der Knoten k wird ausgezeichneter Knoten des Zugriffsformates, und $F(k)$ wird Zugriffsformat F mit dem ausgezeichneten Knoten k genannt.

Dabei setzen wir hier und im folgenden

$$f^0(k) = k,\ f^1(k),\ \ldots,\ f^m(k) \in K$$

voraus. Insbesondere soll ein Zugriffsformat in einem endlichen Raster nicht über den Rand hinausreichen.

Für die Datenstruktur $D_{B1} = (K_{B1}, \phi_{B1})$ gilt beispielsweise die Beziehung

$F_1(0) = (0, 1, 2, 3, 4, 5, 6)$ und $F_1(3) = (3, 7, 8, 15, 16, 17, 18)$,

wie man entweder Abb. 5.3 entnimmt oder unter Verwendung von (5.6) berechnet. $F_1(0)$ beschreibt einen vollständigen binären Teilbaum der Tiefe 3 mit der Wurzel 0, $F_1(3)$ einen gleichen Teilbaum mit der Wurzel 3. Entsprechend sind für die Datenstruktur D_R

$F_2(3,0) = ((3,0), (4,0), (5,0), (6,0))$ eine horizontale Gerade aus 4 Rasterpunkten, die im Rasterpunkt (3,0) beginnt, und
$F_3(1,1) = ((1,1), (2,2), (3,3), (4,4))$ eine Nebendiagonale aus 4 Rasterpunkten, die im Rasterpunkt (1,1) ihren Anfang hat.
Anschaulich wird das geometrisch durch seine Kanten aufgespannte Zugriffsformat F im Knoten k auf die Datenstruktur gelegt, und es überdeckt dann die Knoten F(k) der Datenstruktur.
Die Begriffe Konfliktfreiheit eines Zugriffsformates, Plazierungsmenge und maximale Plazierungsmenge, die wir in Kapitel 2 für Rasterspeicher diskutiert haben, lassen sich nun unmittelbar für allgemeine Datenstrukturen formulieren.

<u>Definition 5.3.</u> Eine Speicherfunktion S ist konfliktfrei bezüglich F(k), wenn für alle $k', k'' \in F(k)$ mit $k' \neq k''$ die Bedingung $S(k') \neq S(k'')$ gilt.

<u>Definition 5.4.</u> Es sei S eine Speicherfunktion und F ein Zugriffsformat für die Datenstruktur $D = (K, \phi)$. Dann wird eine Teilmenge $PK(S,F) \subseteq K$ der Knotenmenge K Plazierungsmenge von F genannt, wenn aus $k \in PK(S,F)$ die Konfliktfreiheit von F(k) folgt. Die Menge aller Knoten $PK(S,F)_{max} \subseteq K$, für die aus $k' \in PK(S,F)_{max}$ die Konfliktfreiheit von F(k') folgt, wird <u>maximale Plazierungsmenge</u> genannt.
Gilt $PK(S,F)_{max} = K$, dann nennen wir die Speicherfunktion S bezüglich des Zugriffsformates F konfliktfrei.

Wie im Falle der Rasterspeicher führen wir auch für den Spezialfall $PK(S,F)_{max} = K$ noch einmal gesondert auf.

<u>Definition 5.5.</u> Eine Speicherfunktion S ist konfliktfrei bezüglich des Zugriffsformates F, wenn $S(k') \neq S(k'')$ für alle $k \in K$ mit $k', k'' \in F(k)$ und mit $k' \neq k''$ folgt.

Die Definition 5.5 verallgemeinern wir noch auf den Fall mehrerer Zugriffsformate.

<u>Definition 5.6.</u> Eine Speicherfunktion ist konfliktfrei bezüglich einer Menge $\underline{F} = \{F_1, F_2, \ldots, F_M\}$ von Zugriffsformaten $F_1, \ldots, F_M$, wenn sie für jedes $F_m \in \underline{F}$ konfliktfrei ist.

Den Begriff der überdeckenden Plazierungsmenge, der in Definition 2.4 von Abschnitt 2.1 für Raster formuliert wurde, können wir unmittelbar auf allgemeine Datenstrukturen übertragen.

<u>Definition 5.7.</u> Eine Plazierungsmenge PK(S,F) wird für eine Datenstruktur überdeckend genannt, wenn gilt

$$1)\quad K \subseteq \bigcup_{k' \in PK(S,F)} F(k'). \tag{5.14}$$

Gilt weiterhin

2) aus $k, k' \in PK(S,F)$ und $k \neq k'$ folgt

$$F(k) \cap F(k') = \phi, \tag{5.14}$$

so nennt man die Plazierungsmenge nichtüberlappend überdeckend.
Gibt es für ein Zugriffsformat F eine nichtüberlappend überdeckende Plazierungsmenge PK(S,F) , so sagen wir, das Zugriffsformat F parkettiert die Datenstruktur $D = (K, \phi)$ (ohne Drehungen).

Beim parallelen Zugriff eines bestimmten Zugriffsformates sollen die Daten an den N Ausgängen des parallelen Speichers in einer bestimmten Reihenfolge anliegen. Für das Zugriffsformat $F(k) = (f^0(k) = k, f^1(k), \ldots, f^{N-1}(k))$ soll das die Reihenfolge $v(f^0(k)) = v(k), v(f^1(k)), \ldots, v(f^{N-1}(k))$ sein. Da diese Werte in den Speichermodulen $S(f^0(k)) = S(k), S(f^1(k)), \ldots, S(f^{N-1}(k))$ gespeichert sind, soll das Permutationsnetzwerk π bei Anliegen der Steuerparameter k und F die Permutation

$$\pi(k,F) = \begin{pmatrix} S(k) & S(f^1(k)) & \ldots & S(f^{N-1}(k)) \\ 0 & 1 & \ldots & N-1 \end{pmatrix} \tag{5.15}$$

beim Lesen der Daten, und $\pi^{-1}(k,S)$ beim Schreiben der Daten ausführen. Dabei wird die Speicherfunktion S bezüglich des Zugriffsformates F(k) als konfliktfrei vorausgesetzt.

Die Adressenberechnungsschaltung A hat die Aufgabe, in Abhängigkeit vom ausgezeichneten Knoten k und vom Zugriffsformat F für den Speichermodul S_P, $0 \leq P < N$, die Adresse $a(k_P)$ zu berechnen, wobei k_P der Knoten des Zugriffsformates $F(k)$ ist, der im Speichermodul S_P gespeichert ist,

$$k_P \in F(k) \text{ und } S(k_P) = P.$$

Der Entwurf einer einfachen Adressenberechnungsschaltung und eines einfachen Permutationsnetzwerkes bzw. das Finden eines geschickten Kompromisses zwischen Leistungsfähigkeit des parallelen Speichers und erforderlichem Aufwand für Adressenberechnung und Permutationen sind, ebenso wie im Falle paralleler Rasterspeicher, als zentrale Frage des Entwurfes paralleler Speicher für allgemeine Datenstrukturen anzusehen.

5.2. Klassen von Speicherfunktionen

Für allgemeine Datenstrukturen führen wir die Begriffe isotrope und schwach isotrope Speicherfunktion, Projektion einer isotropen Funktion, reguläre und rekursiv lineare Speicherfunktion ein.
Wir untersuchen ihren wechselseitigen Zusammenhang und beweisen Aussagen über die Möglichkeiten der konfliktfreien Speicherung.
Ausführlicher wird die Datenstruktur regulärer binärer Bäume im Vergleich zur Datenstruktur Raster betrachtet.
Zunächst führen wir den Begriff der isotropen Speicherfunktion für allgemeine Datenstrukturen ein.

Definition 5.8. Es seien $D = (K, \Phi)$ eine Datenstruktur und $S : K \longrightarrow \{0, 1, \ldots, N-1\}$ eine Speicherfunktion. Dann wird die Speicherfunktion S isotrop bezüglich der Datenstruktur D genannt, wenn für alle $f \in \Phi$ und für $k, k' \in K$ gilt:

$$\text{Aus } S(k) = S(k') \text{ folgt } S(f(k)) = S(f(k')). \tag{5.16}$$

Im Falle einer isotropen Speicherfunktion gilt also: Sind zwei Knoten k und k' einer Datenstruktur in einem Speichermodul gespeichert, so sind die entsprechenden f-Nachbarn $f(k)$ und $f(k')$ ebenfalls in einem Speichermodul gespeichert. Ist S eine isotrope Speicherfunktion, so kann für $f \in \Phi$ durch

$$s_f(S(k)) = S(f(k)) \tag{5.17}$$

eine Funktion

$$s_f : \{0, 1, \ldots, N-1\} \longrightarrow \{0, 1, \ldots, N-1\}$$

definiert werden, die wegen (5.16) nicht von k abhängt. Für den konkreten Fall des Rasters sind die entsprechenden Funktionen durch die Beziehungen (2.18) von Abschnitt 2 definiert. Indem wir für einen vollständigen regulären binären Baum die Funktionen s_L und s_R für den linken und rechten Nachfolger eines Knotens, der in einem Speichermodul $S_p \in \{0, \ldots, N-1\}$ gespeichert ist, definieren, ist eine isotrope Speicherfunktion festgelegt. Für $N = 4$ seien $s_L(S)$ und $s_R(S)$ durch Tabelle 5.1 bestimmt.

S	0	1	2	3
s_L	1	3	2	0
s_R	2	3	0	1

Tabelle 5.1.

Wird die Wurzel des Baumes im Speicherbauelement 0 gespeichert, dann veranschaulicht Abb. 5.8 die Speicherung des betrachteten Baumes mit der durch Tabelle 5.1 bestimmten isotropen Speicherfunktion.

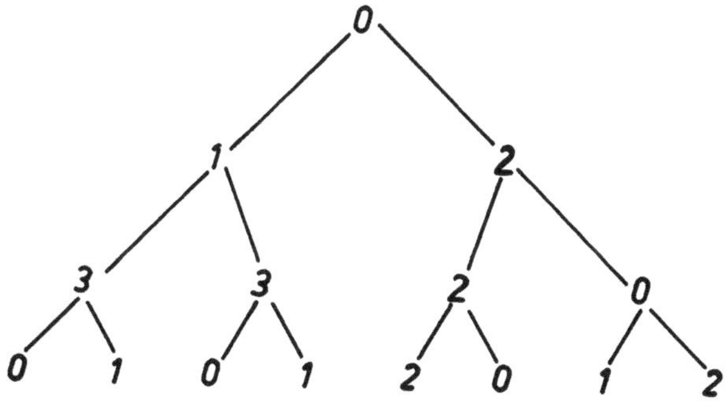

Abb. 5.8.

Als Verallgemeinerung isotroper Funktionen führen wir die Begriffe Projektion einer isotropen Funktion und schwach isotrope Funktion ein.

<u>Definition 5.9.</u> Es sei $D = (K, \phi)$ eine Datenstruktur, und $S : K \longrightarrow \{0, 1, \ldots, N-1\}$ eine Speicherfunktion und $\sigma : K \longrightarrow \{0, 1, \ldots, M-1\}$ mit $M \geq N$ eine isotrope Speicherfunktion bezüglich D. Dann wird S eine Projektion der isotropen Speicherfunktion genannt, wenn es eine Funktion $g : \{0, 1, \ldots, M-1\} \longrightarrow \{0, 1, \ldots, N-1\}$ gibt, und für $k \in K$

$$S(k) = g(\sigma(k)) \tag{5.18}$$

gilt.

Ist die Datenstruktur speziell ein Raster, so sind die Projektionen isotroper Funktionen gerade die im Raster periodischen Funktionen. Der hier allgemeinen isotropen Funktion σ entspricht im Falle des Rasters die periodische Numerierung des Grundgebietes (siehe Bemerkung zum

Theorem 2.23).

Andere interessante Projektionen isotroper Funktionen werden wir für reguläre Bäume untersuchen. Projektionen isotroper Funktionen sind also die natürliche Verallgemeinerung periodischer Funktionen für beliebige Datenstrukturen.

Schwach isotrope Funktionen werden durch die folgende Definition erklärt.

Definition 5.10. Es seien $D = (K, \Phi)$ eine Datenstruktur, $S : K \text{---}> \{0, 1, \ldots, N-1\}$ eine Speicherfunktion und $q : K \text{---}> \{0, 1, 2, \ldots\}$ eine Funktion. Dann wird S schwach isotrop bezüglich q genannt, wenn für alle $f \in \Phi$ gilt:

Aus $S(k) = S(k')$ und $q(k) = q(k')$ folgt $S(f(k)) = S(f(k'))$. (5.19)

Für schwach isotrope Speicherfunktionen wird also im Unterschied zu (5.16) die Bedingung $S(k) = S(k')$ durch die zusätzliche Bedingung $q(k) = q(k')$ ergänzt.

Weitere Möglichkeiten ähnlicher Definitionen bieten sich an, indem man etwa die Isotropie oder die schwache Isotropie nur für eine Teilmenge $\Phi' \subset \Phi$ fordert. Wir gehen darauf aber nicht ein.

Als eine Klasse von Funktionen, die durch wenige Parameter beschrieben werden kann, führen wir die Klasse der rekursiv linearen Funktionen ein.

Definition 5.11. Es sei $D = (K, \Phi)$ eine Datenstruktur und $S : K \text{---}> \{0, 1, \ldots, N-1\}$ eine Speicherfunktion. Dann wird S rekursiv linear bezüglich D genannt, wenn es für jedes $f \in \Phi$ Konstanten a_f und b_f mit $0 \leq a_f, b_f < N$ gibt, wobei für alle $k \in K$

$$S(f(k)) = a_f S(k) + b_f \bmod N \tag{5.20}$$

gilt.

In [Wij86, Wij87] sind als Verallgemeinerung regulärer Speicherfunktionen bei Rastern (s. Definition 2.15 Abschnitt 2) für die Datenstruktur regulärer Baum semireguläre und in einem zweiten Schritt reguläre Speicherfunktionen eingeführt und untersucht worden, die nun für allgemeine Datenstrukturen definiert werden sollen.

Definition 5.12. Es seien $D = (K, \Phi)$ eine Datenstruktur, $S : K \longrightarrow \{0, 1, \ldots, N-1\}$ eine Speicherfunktion und $f^i = f_{n_i}{}^i \ldots f_1{}^i$ mit $f_j{}^i \in \Phi$, $j = 1, \ldots, n_i$, $n_i \geqq 1$, $i = 1,2,3,\ldots$ eine Superposition von Funktionen der Datenstruktur, und es sei $k_0 \in K$. Dann wird S als semiregulär bezeichnet, wenn für alle f^2 aus der Gleichheit von

$$S(f^3f^1(k_0)) = S(f^1(k_0))$$

die Gleichheit von

$$S(f^3f^2(k_0)) = S(f^2(k_0)) \text{ folgt.} \tag{5.21}$$

Wir erläutern die Definition 5.21.
Durch f^1, f^2, f^3 wird jeweils eine Kantenfolge in der Datenstruktur D beschrieben. Es seien $f^1(k_0) = k_1$, $f^2(k_0) = k_2$. Der Wert der Speicherfunktion stimmt in den Knoten k_1 und $f^3(k_1)$ nach Voraussetzung überein, wobei $f^3(k_1)$ aus k_1 durch Anfügen der Kantenfolge f^3 entsteht. Ist die Speicherfunktion S semiregulär, dann stimmen ihre Werte auch in k_2 und $f^3(k_2)$ überein, wobei k_2 ein beliebiger, aus k_0 erreichbarer Knoten und $f^3(k_2)$ der Knoten ist, der durch Anfügen der Kantenfolge f^3 aus k_2 entsteht.

Noch allgemeiner ist der Begriff der regulären Funktion.

Definition 5.13. Es seien S, D, f^i, $i = 1, 2, 3, 4$, sowie k_0 wie in Definition 5.12 vorausgesetzt. Dann wird S regulär genannt, wenn aus der Gleichheit

$$S(f^3f^1(k_0)) = S(f^4f^1(k_0))$$

für alle f^2 die Gleichheit

$$S(f^3f^2(k_0)) = S(f^4f^2(k_0)) \tag{5.22}$$

folgt.

Zur Erläuterung setzen wir wieder $f^1(k_0) = k_1$, $f^2(k_0) = k_2$. Nach Voraussetzung stimmen $S(f^3(k_1))$ und $S(f^4(k_1))$ überein, wobei f^3 und f^4 unterschiedliche Kantenfolgen sind. Ist S regulär, dann stimmen für $k_2 = f^2(k_0)$ auch $S(f^3(k_2))$ und $S(f^4(k_2))$ überein.

Für den Zusammenhang der verschiedenen Funktionenklassen gilt offensichtlich:

Isotrope Speicherfunktionen sind Spezialfälle von Projektionen von isotropen Funktionen, und Projektionen isotroper Funktionen sind Spezialfälle schwach isotroper Funktionen.

Für rekursiv lineare Speicherfunktionen gilt

<u>Theorem 5.14.</u> Es sei $S : K \longrightarrow \{0, ..., N-1\}$ eine rekursiv lineare Speicherfunktion bezüglich der Datenstruktur $D = \{K, \Phi\}$. Dann ist S isotrop bezüglich D.

<u>Beweis.</u> Aus $S(k) = S(k')$ folgt

$$S(f(k)) = a_f S(k) + b_f \bmod N = a_f S(k') + b_f \bmod N = S(f(k')).$$

Ebenso offensichtlich ist jede semireguläre Speicherfunktion regulär bezüglich der gleichen Datenstruktur (mit $f^4 = f_0$).

Der Zusammenhang zwischen regulären und isotropen Speicherfunktionen hängt von der konkreten Datenstruktur ab. Während diese Begriffe für die Datenstruktur Raster zusammenfallen, gilt das im Falle regulärer Bäume nicht [GR87].

Zunächst gibt es für reguläre Bäume Speicherfunktionen, die sowohl isotrop als auch regulär sind, wie das folgende Beispiel zeigt.

<u>Beispiel 5.15:</u> Die durch

$$\begin{aligned} S(0) &= 0, \\ S(L(x)) &= S(x)+1 \bmod 3, \\ S(R(x)) &= S(x)+2 \bmod 3 \end{aligned} \tag{5.23}$$

für die Datenstruktur regulärer binärer Baum definierte Speicherfunktion S ist offensichtlich isotrop. Die Speicherfunktion S ist aber auch semiregulär (vgl. Def. 5.12). Gilt

$$S(f^1(0)) = S(f^3 f^1(0)) \quad \text{mit} \quad f^1, f^3 \in \{L,R\}^*, \tag{5.24}$$

und bezeichnen $n_L(f^i)$ und $n_R(f^i)$ die Anzahl der in f^i vorhandenen Funktionen L und R, dann folgt aus (5.24)

$$(n_L(f^3)+2n_R(f^3)) \bmod 3 = 0 \tag{5.25}$$

und damit

$$S(f^2(0)) = S(f^3f^2(0)) \qquad (5.26)$$

für beliebiges $f^2 \in \{L,R\}^*$. S ist deshalb semiregulär und damit regulär.

Die folgenden Beispiele beschreiben Speicherfunktionen, die semiregulär aber nicht isotrop bzw. isotrop aber nicht semiregulär sind.

<u>Beispiel 5.16:</u> Für die Speicherfunktion S von Abb. 5.9 gilt für beliebiges $f \in \{L,R\}^*$

$$S(f(0)) = S(f^3f(0))$$

genau dann, wenn $f^3 \in \{LL,RL, LR,RR\}^*$ gilt, und S ist offensichtlich semiregulär.
Wegen $S(0) = S(RL(0)) = 0$ und $S(L(0)) = 1$ und $S(LRL(0)) = 2$ ist S aber nicht isotrop.

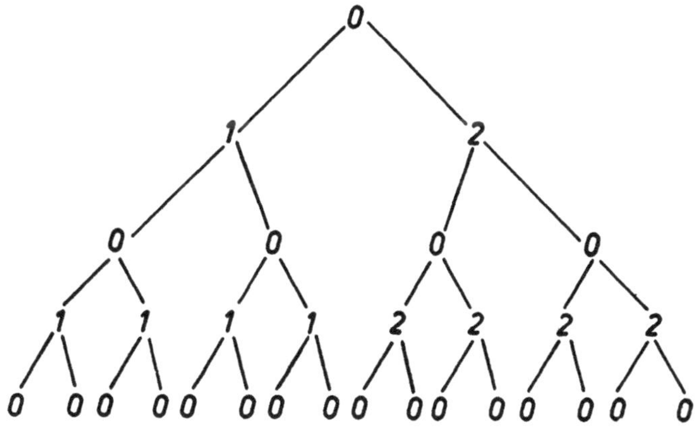

Abb. 5.9

<u>Beispiel 5.17:</u> Es sei $S : K \dashrightarrow \{0, \ldots, 8\}$ die durch $S(0) = 0$ und durch die folgende Tabelle 5.2 definierte isotrope Speicherfunktion.

S	0	1	2	3	4	5	6	7	8
L(S)	1	3	5	5	7	7	0	0	1
R(S)	2	4	6	6	8	8	4	3	2

Tabelle 5.2

Es gilt

$$S(f^0(0)) = S(0) = S(LLRL(0)) = 0,$$

aber

$$2 = S(R(0)) \neq S(LLRLR(0)) = 3,$$

und S ist nicht semiregulär.

Für die Datenstruktur Raster existiert genau dann eine Speicherfunktion $S : R \dashrightarrow \{0, \ldots, N-1\}$, die konfliktfrei bezüglich des Zugriffsformates $F = (e^1, \ldots, e^N)$ ist, wenn F das Raster R parkettiert (Theorem 2.8).

Eine vergleichbare Aussage ist für die Datenstruktur regulärer binärer Bäume nicht gültig, wie wir an dem folgenden Beispiel erläutern.

<u>Beispiel 5.18.</u> Für das Zugriffsformat $F = \{f^0, L, RL, LR\}$ und die Datenstruktur $D_{B1} = \{K_{B1}, \emptyset_{B1}\}$ gibt es eine bezüglich F konfliktfreie Speicherfunktion $S : K_{B1} \dashrightarrow \{0,1,2,3\}$, und F parkettiert die Datenstruktur D_{B1} nicht.

Die Datenstruktur D_{B1} ist durch (5.5) und (5.6) beschrieben. Insbesondere gilt $K_{B1} = \{0,1,2,\ldots\}$, und die Knotenmenge K_{B1} ist die geordnete Menge der natürlichen Zahlen. Die Speicherfunktion S definieren wir in folgender Weise: Wir plazieren F im Knoten 0 und weisen den Knoten des Zugriffsformates $F(0) = (f^0(0) = 0, L(0) = 1, RL(0) = 4, LR(0) = 3)$ in der durch das Zugriffsformat gegebenen Reihenfolge die Werte $S(0) = 0$, $S(1) = 1$, $S(4) = 2$, $S(3) = 3$ zu. Dann plazieren wir F im Knoten 1. Es gilt $F(1) = (f^0(1) = 1, L(1) = 3, RL(1) = 8, LR(1) = 9)$. Der Knoten 1 des Zugriffsformates F(1) ist schon mit 1 markiert. Aus der Menge $\{0,1,2,3\}$ der möglichen Werte von S streichen wir den Wert 1 und ordnen den noch nicht markierten Knoten 3, 8, 9 des Zugriffsformates F(1) in dieser Reihenfolge die Werte 0, 2 und 3 zu. Es gilt damit $S(3) = 0$, $S(8) = 2$, $S(9) = 3$.

Wir plazieren nun F im nächsten Knoten 2, wobei $F(2) = f^0(2) = 2$, $L(2) = 5$, $RL(2) = 12$, $LR(2) = 13$ gelten. Der Knoten 5 von F(2) ist schon mit 3 markiert. Aus der Menge $\{0, 1, 2, 3\}$ der möglichen Werte von S streichen wir den Wert 3 und ordnen den noch nicht markierten Knoten 2, 12, 13 des Zugriffsformates F(2) in dieser Reihenfolge die Werte 0, 1, 2 zu, und es gilt S(L) = 0, S(12) = 1, S(13) = 2.

Für die restlichen Knoten der Datenstruktur D_{B1} bestimmen wir die Speicherfunktion S analog, indem wir das Zugriffsformat F, das im Knoten k plaziert war, jeweils im nächsten Knoten (k+1) plazieren, die schon markierten Werte des Zugriffsformates F(k+1) aus der Menge {0, 1, 2, 3} der möglichen Werte von S streichen und den noch nicht markierten Knoten von F(k+1) die verbleibenden Werte als Werte von S in diesen Knoten zuordnen. Nach Konstruktion ist S bezüglich F konfliktfrei.

Die Abb. 5.10 zeigt die so definierte Funktion S auf einem Anfangsstück der Datenstruktur D_{B1}.

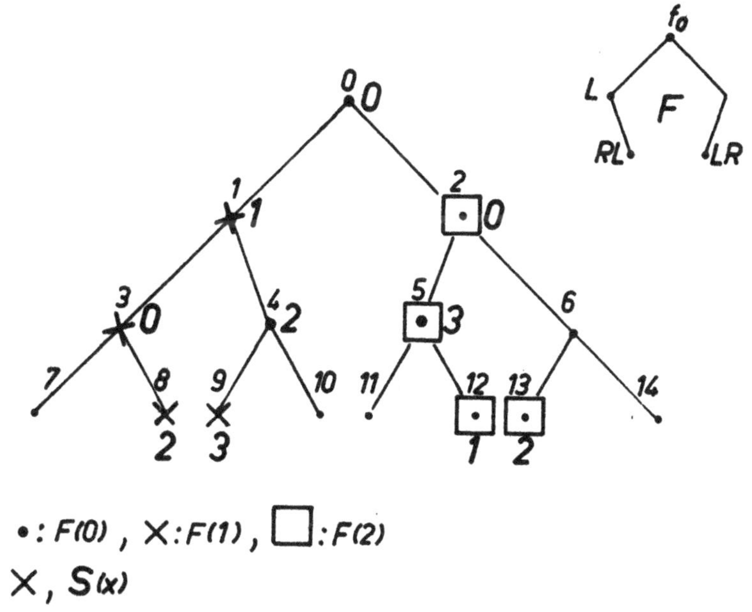

Abb. 5.10

Der Knoten 0 kann nur dem Zugriffsformat F(0) und der Knoten 2 nur dem Zugriffsformat F(2) angehören. Wegen $5 \notin F(0) \cap F(2)$ parkettiert F die Datenstruktur nicht.

Wegen S(0) = S(2) = 0 und $F(0) \cap F(2) \neq \emptyset$ gibt es für reguläre Bäume

auch kein dem Theorem 2.5 entsprechendes Resultat.
Auch das bei Rastern für isotrope Speicherfunktionen gültige Theorem 2.29 kann man nicht für allgemeine Datenstrukturen beweisen.

Für eine isotrope Speicherfunktion gilt allgemein nur

Theorem 5.19. Es sei $S : K \longrightarrow \{0,\ldots,N-1\}$ eine Speicherfunktion, die isotrop bezüglich der Datenstruktur $D = \{K, \phi\}$ ist. Weiterhin sei F ein Zugriffsformat, $K_1 \subset K$, und S nehme alle Werte $0, \ldots, N-1$ auf K_1 tatsächlich an. Dann ist S bezüglich F genau dann konfliktfrei, wenn S für alle $k \in K_1$ bezüglich $F(k)$ konfliktfrei ist.

Der Beweis ist offensichtlich.

Die eingeführten Funktionenklassen sind stets bezüglich einer Datenstruktur definiert. Das soll am Ende dieses Abschnittes noch einmal verdeutlicht werden.

Ist beispielsweise eine Speicherfunktion $S : K \longrightarrow \{0, 1, \ldots, N-1\}$ auf einer Datenstruktur $D = \{K, \phi\}$ nicht isotrop, so kann man eine Datenstruktur $D' = \{K, \phi\}$ aus D bestimmen, für die S bezüglich D' isotrop ist, wenn K endlich ist.
Ein mögliches einfaches Verfahren zur Bestimmung von D ist das folgende: Man numeriere die Knotenmenge K. Mit $n(k)$ bezeichnen wir die Nummer des Knotens $k \in K$.
Für den ersten Knoten k, für den es einen Knoten k^* mit $n(k^*) < n(k)$ und $S(k^*) = S(k)$ und eine Funktion $f^i \in \phi$ mit

$$S(f^i(k)) \neq S(f^i(k^*))$$

gibt, führen wir eine nur auf k definierte neue Funktion $f_k{}^i$ durch

$$f_k{}^i(k) = f^i(k)$$

ein und entfernen k aus dem Definitionsbereich von f^i. Dann bilden wir $\phi^1 = \phi \cup \{f_k{}^i\}$, $D^1 = \{K, \phi^1\}$ und für $i = 1, 2, \ldots, n$ in gleicher Weise D^{i+1} aus D^i bis S isotrop bezüglich D^n ist und setzen $D' = D^n$. Da K endlich vorausgesetzt ist, bricht der Vorgang ab.

5.3. Adressenberechnungsschaltung und Permutationsnetzwerk

Wie im Falle von Matrix- oder Rasterspeichern können wir für eine allgemeine Datenstruktur den funktionellen Aufbau der Adressenberechnungsschaltung für ein beliebiges Zugriffsformat angeben.
Jedem Speichermodul S_0, S_1, ..., S_{N-1} ist dabei wieder eine eigene, dezentrale Adressenberechnungsschaltung A_0, A_1, ..., A_{N-1} zugeordnet.
Betrachten wir das Zugriffsformat $F = \{f^0, f^1, \ldots, f^{N-1}\}$ mit dem ausgezeichneten Knoten k_a und eine bezüglich F konfliktfreie Speicherfunktion S.
Mit $k_P \in K$ bezeichnen wir den Knoten der Datenstruktur $D = \{K, \phi\}$, der zum Zugriffsformat $F(k_a)$ gehört und im Speichermodul P gespeichert ist und für den

1) $k_P \in F(k_a)$, (5.27)

2) $S(k_P) = P$ (5.28)

gelten. Wegen $k_P \in F(k_a)$ gibt es eine Funktion $f^{iP} \in F$, für die

$$k_P = f^{iP}(k_a) \quad (5.29)$$

mit

$$i_P = i_P(k_a, F, P) \quad (5.30)$$

gilt.
Für den Speichermodul S_P ist durch die dezentrale Adressenberechnungsschaltung A_P der Wert

$$a(i_P) = a(f^{iP}(k_a)), \quad (5.31)$$

zu berechnen. Dabei ist a die Adressenfunktion, die wir hier nicht näher festlegen müssen.

Das allgemeine Blockschaltbild ist in Abb.5.11 gezeigt. In einem ersten Block wird in Abhängigkeit von k_a, P und F eine Kodierung für f^{iP} bestimmt. In einem zweiten Block wird aus f^{iP} und k_a der Knoten $k_P = f^{iP}(k_a)$ ermittelt, dessen Adresse $a(k_P)$ in dem mit A markierten Block berechnet wird.

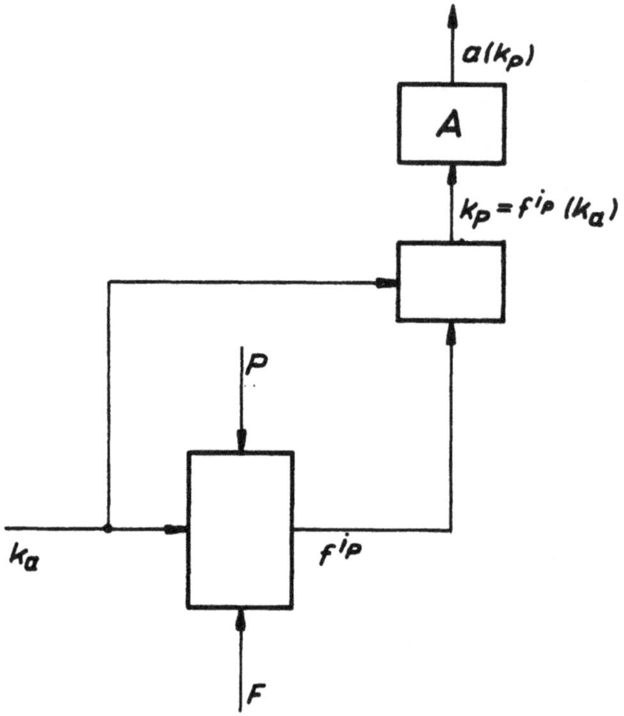

Abb.5.11

Für eine isotrope Speicherfunktion S bzw. eine schwach isotrope Speicherfunktion S sind die entsprechenden Adressenberechnungsschaltungen A_P in Abb.5.12 und 5.13 dargestellt.

Für isotrope Speicherfunktionen gilt

$$ip = ip(S(k_a), F, P). \tag{5.32}$$

Aufgrund der Beziehung (5.32) ist es möglich, für isotrope Speicherfunktionen zentral $S(k_a)$ zu berechnen und dann dezentral f^{iP} aus $S(k_a)$, P und F zu ermitteln. Da $0 \leq S(k_a) < N$ gilt, hat $S(k_a)$ eine wesentlich geringere Wortbreite als der im allgemeinen Fall zur Bestimmung von f^{iP} erforderliche Wert k_a.

Im Falle der schwach isotropen Speicherfunktion S gilt

$$ip = ip(S(k_a), q(k_a), F, P). \tag{5.33}$$

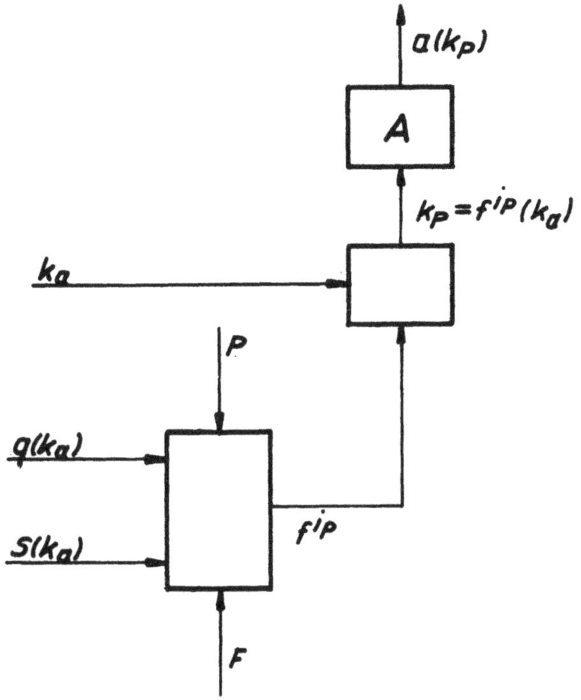

Abb.5.12

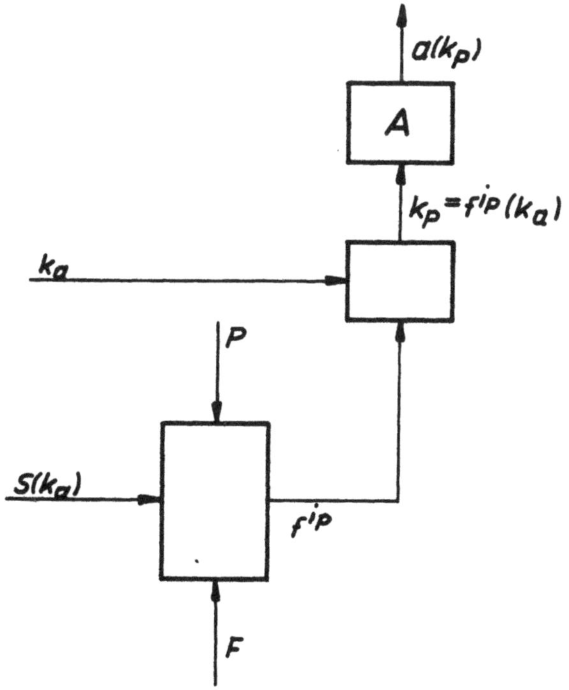

Abb.5.13

Neben $S(k_a)$ ist dann auch $q(k_a)$ zentral berechenbar. Für geringe Wortbreiten von $q(k_a)$ ist der Unterschied zur isotropen Speicherfunktion gering.

Für reguläre und semireguläre Speicherfunktionen sind bisher keine im Aufwand einfachen dezentralen Adressenberechnungsschaltungen bekannt.

Für das Permutationsnetzwerk lassen sich für die unterschiedlichen Klassen von Speicherfunktionen nur einige einfache Aussagen über die Anzahl der zu realisierenden Permutationen machen. Detailliertere Aussagen erfordern die Kenntnis der verwendeten Datenstruktur.
Der Zugriff zum Format $F = (f^0, f^1, \ldots, f^{N-1})$ im ausgezeichneten Knoten k_a erfordert die durch (5.15) beschriebene Permutation $\pi(k_a, F)$ (beim Lesen der Daten)

$$\pi(k_a, F) = \begin{pmatrix} S(k_a) & S(f^1(k_a) & \ldots & S(f^{N-1}(k_a)) \\ 0 & 1 & \ldots & N-1 \end{pmatrix}.$$

Für isotrope Speicherfunktionen gilt dann

$$\pi(k_a, F) = \pi(S(k_a), F), \quad (5.34)$$

für Projektionen isotroper Funktionen

$$\pi(k_a, F) = \pi(\sigma(k_a), F) \quad (5.35)$$

und für schwach isotrope Funktionen

$$\pi(k_a, F) = \pi(S(k_a), q(k_a), F), \quad (5.36)$$

wobei die Anzahl der zu realisierenden Permutationen durch die Anzahl der verschiedenen Werte bestimmt ist, die die Funktionen S, σ und q annehmen können. Für reguläre und semireguläre Speicherfunktionen sind keine speziellen Aussagen über die erforderlichen Permutationen bekannt.

5.4. Konfliktfreie Speicherung von Bäumen

In diesem Abschnitt geben wir einen Überblick über die bisher bekannten Ergebnisse zur parallelen Speicherung von Bäumen. Neben theoretischen Fragen interessiert uns dabei insbesondere, wie einfach die entsprechenden Adressenberechnungsschaltungen für die Speichermodule sind. Daher stellen wir isotrope und schwach isotrope Speicherfunktionen in den Mittelpunkt unserer Betrachtungen.

Erstmals wurde die parallele Speicherung von binären Bäumen (mit speziellen rekursiv linearen Speicherfunktionen) in [Shi84] behandelt. Eine ausführliche Untersuchung semiregulärer und regulärer Speicherfunktionen und ihrer Beziehung zur Kodierungstheorie findet man in [Wij87].

Zunächst untersuchen wir die Möglichkeiten des konfliktfreien Zugriffs zu vollständigen binären Teilbäumen der Tiefe t mit isotropen Speicherfunktionen.

Für die Datenstruktur vollständiger binärer Bäume können wir eine isotrope Speicherfunktion $S : K \longrightarrow \{0, \ldots, N-1\}$ nach Definition 5.8 und Gleichung (5.17) durch die beiden Funktionen $s_L : \{0, \ldots, N-1\} \longrightarrow \{0, \ldots, N-1\}$ und $s_R : \{0, \ldots, N-1\} \longrightarrow \{0, \ldots, N-1\}$ mit

$$s_L(S(k)) = S(L(k)) \tag{5.37}$$

und

$$s_R(S(k)) = S(R(k)) \tag{5.38}$$

und $S(0)$ definieren, wobei $L(k)$ und $R(k)$ den linken und rechten Sohn des Knotens k beschreiben. Für einen vollständigen binären Teilbaum $B_2 = \{f^0, L, R\}$ der Tiefe $t = 2$ mit $2^t - 1 = 3$ Knoten ist durch

$$s_L(S(k)) = S(k) + 1 \bmod 3, \tag{5.39}$$

$$s_R(S(k)) = S(k) + 2 \bmod 3 \tag{5.40}$$

und $S(0) = 0$ eine isotrope Speicherfunktion definiert, die bezüglich B_2 konfliktfrei ist.

Der Teilbaum B_2 hat 3 Knoten, und die durch (5.39) und (5.40) definierte isotrope Speicherfunktion kann durch einen parallelen Speicher mit 3 Speichermodulen realisiert werden.

Für einen vollständigen binären Teilbaum $B_3 = \{f^0,$ L, R, LL, RL, LR, RR$\}$ der Tiefe $t = 3$ mit $2^t - 1 = 7$ Knoten ist die Situation anders. Es gibt keine isotrope Speicherfunktion $S : K \longrightarrow \{0, \ldots, N-1\}$ für $N = 7$, die konfliktfrei bezüglich B_3 ist [GR86]. Der Beweis ist einfach. Wir nehmen an, $S : K \longrightarrow \{0, \ldots, 6\}$ ist isotrop und konfliktfrei bezüglich B_3. O.B.a.A. ordnen wir den Knoten 0, 1, 2, 3, 4, 5, 6 des Teilbaumes $B_3(0)$ die Werte $S(i) = i$ für $i = 0, \ldots, 6$ zu, wie das in Abb.5.14 dargestellt ist. Wir betrachten nun den Teilbaum B(1). Alle seine Knoten, die in Abb.5.14 hervorgehoben sind, müssen in verschiedenen Speichermodulen gespeichert sein. Die vier Nachfolger der mit 3 und 4 markierten Knoten sind daher in den Speichermodulen 0, 2, 5 und 6 gespeichert. Insbesondere ist einer dieser Nachfolgeknoten im Speichermodul 2 gespeichert.

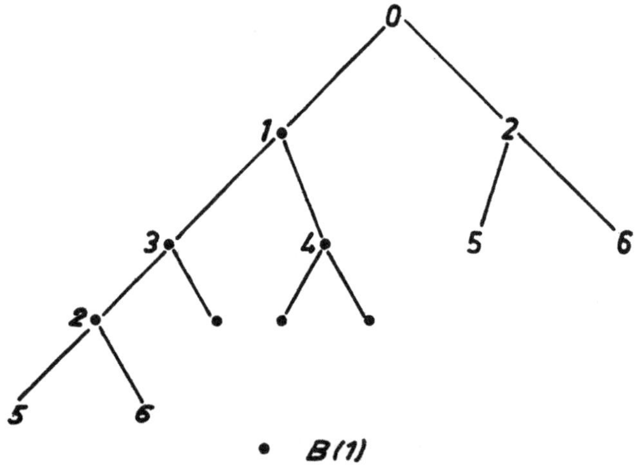

Abb.5.14

Es sei $L(3) = 2$. Wegen $L(2) = 5$, $R(2) = 6$ und $R(0) = 2$ folgt dann, damit auch $B_3(3)$ konfliktfrei ist, $R(3) \neq 0, 5, 6$, und $L(3) = 2$ ist nicht möglich.

Völlig analog beweist man die Widersprüchlichkeit der Annahme

$R(3) = 2$, $L(4) = 2$ oder $R(4) = 2$.

Damit gibt es für $N = 7$ keine isotrope Speicherfunktion, die bezüglich

B_3 konfliktfrei ist.

Auch für $N = 8$ gibt es keine isotrope Speicherfunktion, die bezüglich B_3 konfliktfrei ist. Die Beweisidee ist ganz ähnlich. Aufgrund der Vielzahl der zu unterscheidenden Fälle wurden diese mit einem Computerprogramm von J. Vilser überprüft.

Für $N = 9$ beschreibt Tabelle 5.3 eine isotrope Speicherfunktion, die bezüglich B_3 konfliktfrei ist.

S	0	1	2	3	4	5	6	7	8
L(S)	1	3	5	0	2	0	4	3	1
R(S)	2	4	6	6	7	7	8	8	5

Tabelle 5.3

Um die Konfliktfreiheit von S bezüglich B_3 zu beweisen, genügt es nach Theorem 5.19, für $S = 0, 1, \ldots, 8$ die Verschiedenheit der Werte S, L(S), R(S), LL(S), RL(S), LR(R), RR(S) zu zeigen. Beispielsweise für $S = 4$ ergibt sich $S = 4$, $L(4) = 2$, $LL(4) = L(2) = 5$, $RL(4) = R(2) = 6$, $LR(4) = L(7) = 3$, $RR(4) = R(7) = 8$.

Zusammenfassend gilt das

<u>Theorem 5.20.</u> Bezeichnet $N(3)_{min}$ die kleinste Zahl, für die es eine isotrope Speicherfunktion $S : K \dashrightarrow \{0, 1, \ldots, N(3)_{min}-1\}$ gibt, die bezüglich eines vollständigen binären Teilbaumes B_3 der Tiefe 3 konfliktfrei ist, dann gilt $N(3)_{min} = 9$.

Analog zu $t = 3$ und $N = 7$ zeigt man noch für beliebiges $t > 3$ und $N = 2^t - 1$ das allgemeine Theorem

<u>Theorem 5.21.</u> Für $N = 2^t - 1$ gibt es keine isotrope Speicherfunktion $S : K \dashrightarrow \{0, \ldots, N-1\}$, die konfliktfrei bezüglich B_T ist.

Wegen Theorem 5.21 gilt $N(t)_{min} \geq 2^t$.

Für $t \geq 3$ kann man die Zahl $N(t)_{min}$, die kleinste Zahl, für die es eine bezüglich B_t konfliktfreie, isotrope Speicherfunktion gibt, nicht mehr, wie für $t = 3$, durch systematisches Probieren bestimmen.

Eine obere Schranke für $N(t)_{min}$ ergibt sich aus den Resultaten von [Shi84] und [Cre86]. In [Shi84], der ersten uns bekannten Arbeit zur parallelen Speicherung binärer Bäume, wird der Ansatz

$$\begin{aligned} S(L(k)) &= a\ S(k) + 1 \bmod N \\ S(R(k)) &= a\ S(k) + 2 \bmod N \end{aligned} \tag{5.41}$$

untersucht. Die durch (5.41) definierte Funktion ist eine spezielle rekursiv lineare Funktion (vgl. Definition 5.11). Für diese Funktionenklasse gilt

<u>Theorem 5.22.</u> Es sei $S : K \text{---}> \{0,\ldots,N-1\}$ eine durch (5.41) definierte spezielle rekursiv lineare Speicherfunktion. Dann ist S bezüglich eines vollständigen binären Teilbaumes B_t der Tiefe t konfliktfrei, wenn gilt

$$1) \quad N = N(t) = 2^{t-2}\ (2(t-1)+1) \tag{5.42}$$

und

$$2) \quad \begin{aligned} &a = 1 && \text{für } t = 2, \\ &a = 6 && \text{für } t = 3, \\ &\left.\begin{aligned} &a \bmod 2^{t-2} = 2 \\ &a \bmod (2(t-1)+1) = 1 \end{aligned}\right\} && \text{für } t > 3. \end{aligned} \tag{5.43}$$

Für kleine Werte von t sind N(t) und der zugehörige Koeffizient a der Speicherfunktion (5.41), die bezüglich B_t konfliktfrei ist, in Tabelle 5.4 dargestellt.
Zum Vergleich ist auch noch der Wert 2^t-1, die Anzahl der Knoten von B_t, angegeben.

t	2	3	4	5	6	7	8	9	10
N(t)	3	10	28	72	176	416	960	2176	4864
2^t-1	3	7	15	31	63	127	255	511	1023
a	1	6	22	10	34	66	706	1922	514

Tabelle 5.4

Der <u>Beweis</u> von Theorem 5.22 erfolgt, indem man die Speicherfunktion (5.41) modulo $N_1 = 2^{t-2}$ und modulo $N_2 = 2(t-1) + 1$ betrachtet. Eine

Zahl ist genau dann kongruent modulo $N = N_1 N_2$, wenn sie kongruent modulo N_1 und kongruent modulo N_2 ist. Da N_1 und N_2 teilerfremd sind und die Beziehungen (5.43) verwendet werden, erfolgt der Beweis wie in [Cre86] dargestellt.

Setzen wir die Speicherfunktion S als eine allgemeine rekursiv lineare Funktion in der Form

$$\begin{aligned} S(L(k)) &= a\, S(k) + b \bmod N, \\ S(R(k)) &= c\, S(k) + d \bmod N \end{aligned} \tag{5.44}$$

an, so lassen sich die Werte für N(t) in den meisten Fällen verbessern. Dabei wurden N(t) und die Werte a, b, c, d mit einem Computerprogramm von L. Andrews bestimmt. Die in Tabelle 5.5 dargestellten, bezüglich B_t konfliktfreien rekursiv linearen Speicherfunktionen zeigen die Ergebnisse bis zur Tiefe t = 10.

t	N(t)	2^t-1	L	R
2	3	3	S+1	S+2
3	10	7	6S+1	6S+2
4	20	15	13S+1	17S+2
5	70	31	8S+1	22S+6
6	136	63	9S+1	25S+5
7	330	127	16S+1	16S+26
8	660	255	346S+1	346S+26
9	1320	511	346S+1	346S+26
10	2640	1023	346S+1	346S+26

Tabelle 5.5

Der konfliktfreie Zugriff zu einem vollständigen binären Teilbaum B_t der Tiefe t erfordert für wachsendes t bei isotropen Speicherfunktionen erheblich mehr Speichermodule als der Teilbaum B_t Knoten hat.

Für schwach isotrope Speicherfunktionen ist die Situation wesentlich günstiger.

Einen vollständigen binären Baum beschreiben wir wie in [GR86] als Datenstruktur $D_{B3} = \{K_{B3}, \Phi_{B3}\}$ mit

K_{B3} = {l(x), x | l(x) = 0, 1, 2, ... , x = 0, 1, 2, ...},

Φ_{B3} = {L3, R3}

und

L3(l(x),x) = $(l(x)+1,\ x+2^{l(x)})$,

R3(l(x),x) = $(l(x)+1,\ x+2*2^{l(x)})$

(vgl. Abb. 5.5).

Die Abb. 5.5 zeigt $B_3(x)$, den vollständigen binären Baum der Tiefe 4, mit der Wurzel x = 0.

Allgemein sind die Knoten $K(B_t(x))$ des Baumes $B_t(x)$ die Menge

$$K(B_t(x)) = \{x + i2^{l(x)} \mid i = 0, 1, \ldots, 2^{t-2}\}. \tag{5.45}$$

Definieren wir nun die Speicherfunktion S: K_{B3} ---> {0, 1, ..., N-1} durch

$$S(l(x),x) = x \bmod N, \tag{5.46}$$

dann ist diese Funktion für geeignet gewählte N bezüglich B_t konfliktfrei, wie das folgende Theorem aussagt.

<u>Theorem 5.23.</u> Es sei S : K_{B3} ---> {0,1,...,N-1} die durch (5.46) definierte Speicherfunktion. Dann ist S bezüglich B_t konfliktfrei, wenn $N \geq 2^t-1$ ist und N und 2 teilerfremd sind, d. h., wenn N ungerade ist.

<u>Beweis.</u> Wir betrachten $B_t(x)$, und es sei $x_i = x + i2^{l(x)}$ Mit der Annahme, S sei nicht konfliktfrei bezüglich $B_t(x)$, gibt es dann zwei Knoten x_i, $x_j \in K(B_t(x))$, $i \neq j$, mit $x_i = x + i2^{l(x)}$, $x_j = x + j2^{l(x)}$, $0 \leq i,j < 2^t-1$, und es gilt

$$(x_i - x_j) \bmod N = 0. \tag{5.47}$$

Aus (5.47) folgt $(i-j)2^{l(x)} \bmod N = 0$ und, da 2 und N teilerfremd und $0 \leq i,j < 2^t-1 \leq N$ sind, i = j im Widerspruch zur Annahme.

Die durch (5.46) definierte Speicherfunktion S ist eine Projektion einer isotropen Funktion σ mit

$$\sigma(l(x),x) = \mathrm{Cod}(2^{l(x)} \bmod N,\ x \bmod N) \tag{5.48}$$

und

$$g(\mathrm{Cod}(2^{l(x)} \bmod N,\ x \bmod N) = x \bmod N. \tag{5.49}$$

Mit Cod(a,b) ist dabei eine beliebige Kodierung der Zahlen a und b bezeichnet.

Die Funktion σ ist offensichtlich isotrop, da aus der Gleichheit

$$\sigma\,(l(x),x) = \mathrm{Cod}(2^{l(x)} \bmod N,\ x \bmod N) =$$
$$\mathrm{Cod}(2^{l(x')} \bmod N,\ x' \bmod N) = \sigma\,(l(x'),\ x')$$

die Gleichheit von

$$\sigma\,(L3(l(x),x)) = \mathrm{Cod}(2^{l(x)+1} \bmod N,\ x+2^{l(x)} \bmod N)$$
$$= \mathrm{Cod}(2^{l(x')+1} \bmod N,\ x'+2^{l(x')} \bmod) = \sigma\,(L3(l(x'),x'))$$

und analog

$$\sigma\,(R3(l(x),x)) = \sigma\,(R3(l(x'),x')$$

folgt.

Für die isotrope Funktion $\sigma : K_3 \text{ ---> } \{0,1,\ldots,M-1\}$ gilt $M = N\ L$ mit $L = |\{2^l \bmod N,\ l = 0,1,2,\ldots\}|$.

Für $N = 2^t-1$ gilt $2^t \bmod N = 1$ und damit $L = t$. Für $N = 2^t+1$ gilt $2^t \bmod N = -1$ und damit $L = 2t$.

Nach Definition 5.10 können wir die durch (5.46) definierte Speicherfunktion S auch als schwach isotrop bezüglich q mit

$$q(l(x),x) = 2^{l(x)} \bmod N \tag{5.50}$$

auffassen.

Wegen (5.10) und (5.46) ist

$$L3S(l(x),x) = S(x)+2^{l(x)} \bmod N$$
$$R3S(l(x),x) = S(x)+2^{l(x)+1} \bmod N \tag{5.51}$$

erfüllt.

Die durch (5.46) definierte Speicherfunktion ist regulär im Sinne der Definition 5.13.

Setzen wir für zwei von x aus erreichbare Knoten x_1 und x_2 mit $S(x_1) = S(x_2)$ die Bedingungen

$(l(x_1),x_1) = f^3(l(x),x)$, $(l(x_2),x_2) = f^4(l(x),x))$, $(l(x),x) = f^1(0,0)$

und für x' einen weiteren beliebigen Knoten

$$(l(x'),x') = f^2(0,0)$$

mit $f^1,\ f^2,\ f^3,\ f^4 \in \{L3,\ R3\}^*$, dann gilt

$$x_1 = x + k_1 2^{l(x)},\quad x_2 = x + k_2 2^{l(x)} \quad \text{mit} \quad S(x_1) = S(x_2),$$

woraus $((k_1-k_2)\ 2^{l(x)}) \bmod N = 0$ und, da 2 und N teilerfremd sind,

$$(k_1-k_2) \bmod N = 0 \qquad (5.52)$$

folgt.

Für $(l(x_3),x_3) = f^3(l(x),x))$ und $(l(x_4),x_4) = f^4(l(x),x)$ gilt

$$x_3 = x + k_1 2^{l(x)},\ x_4 = x + k_2 2^{l(x)}$$

und wegen (5.52) $S(x_3) = S(x_4)$, und S ist tatsächlich regulär.

Eine einfache Adressenberechnungsschaltung für die Speicherfunktion (5.46) ist in [GR85] beschrieben.

Weitere Funktionen, die zur konfliktfreien Speicherung von Bäumen von Interesse sind, werden in [Wij87] linear genannt. Der binäre Baum wird als Datenstruktur $D_{B4} = \{K_{B4}, \Phi_{B4}\}$ mit

$$K_{B4} = \{(l(x), x),\ l(x) = 0, 1, 2, \ldots;\ x = 0, 1, 2, \ldots\},$$
$$\Phi_{B4} = \{L4, R(4)\} \qquad (5.53)$$

mit

$$L4(l(x),x) = l(x)+1,2x,$$
$$R4(l(x),x) = l(x)+1,2x+1 \qquad (5.54)$$

beschrieben, wobei die Wurzel mit (0,0) markiert wird.

Auf jedem Niveau des Baumes werden die Knoten von 0 an numeriert, und auf jedem Niveau i wird eine Funktion

$$S_i(x) = c_i+(a_i x+b) \bmod M_i$$

mit a_i und M_i teilerfremd und $c_i + M_i < M$ definiert.

Eine Funktion $S : k \longrightarrow \{0, 1, \ldots, M\}$ wird in [Wij87] linear genannt, wenn es ein n mit

$$S(j,x) = S_{j \bmod n}(x) \qquad (5.55)$$

gibt.

Wählt man die spezielle lineare Funktion

$$S(j,x) = s_{j \bmod t}(x)$$

mit

$$s_0(x) = 2^t x + 2^{t-1} \bmod 2^t-1,$$
$$s_1(x) = 2^{t-1} x + 2^{t-2} \bmod 2^t-1,$$
$$\vdots \qquad\qquad (5.56)$$
$$s_{t-1}(x) = 2x + 1 \bmod 2^t-1,$$

so ist in [Wij87] das folgende Theorem gezeigt.

Theorem 5.24. Die Speicherfunktion (5.56) ist konfliktfrei bezüglich B_t. Für die Speicherfunktion (5.54) gilt

$$L4(S(l(x),x)) = S(l(x)+1,2x) = s_{l(x)+1 \bmod t}(2x)$$
$$= S(l(x),x)-2^{t-(l(x))} \bmod N, \quad (5.57)$$
$$R4(S(l(x),x)) = S(l(x)+1,2x+1) = s_{l(x)+1 \bmod t}(2x+1)$$
$$= S(l(x),x)+2^{t-l(x)} \bmod N \quad (5.58)$$

mit $N = 2^t-1$ in Analogie zu (5.51).

Wesentlich einfacher als der parallele Zugriff zu vollständigen Teilbäumen B_t ist der parallele konfliktfreie Zugriff zu Kämmen und verzweigten Kämmen einer bestimmten Tiefe t. Wir führen zunächst die Begriffe verzweigter Kamm und unverzweigter rechter und linker Kamm ein.

Definition 5.25. Ein (verzweigter) binärer Kamm V_t der Tiefe t ist ein Baum, bei dem für jedes Niveau $0 < l(x) < t$ gilt:
Es gibt genau einen Knoten mit zwei Nachfolgern und genau einen Knoten mit keinem Nachfolger (der also ein Blatt ist). Die beiden Knoten des Niveaus t haben keine Nachfolger, und die Wurzel hat zwei Nachfolger.
Ein unverzweigter linker Kamm UL_t ist ein Kamm der Tiefe t, wobei auf jedem Niveau der Knoten mit den beiden Nachfolgern links von dem Knoten ohne Nachfolger liegt. Entsprechend ist ein unverzweigter rechter Kamm UR_t ein Kamm der Tiefe t, wobei auf jedem Niveau der Knoten mit den beiden Nachfolgern rechts von dem Knoten ohne Nachfolger liegt.

Die Abb. 5.15a-c zeigen einen verzweigten binären Kamm V_5, einen unverzweigten linken Kamm UL_5 und einen unverzweigten rechten Kamm UR_5.

Da ein binärer Kamm V_t der Tiefe t auf jedem Niveau l mit $0 < l \leq t$ genau 2 Knoten und auf dem Niveau 0 einen Knoten hat, besitzt V_t genau 2t-1 Knoten. Die beiden Knoten eines binären Kammes auf jedem Niveau liegen unmittelbar nebeneinander. Das ist der Grund, weshalb man in einfacher Weise eine isotrope Speicherfunktion mit $N = 2t$ Speichermo-

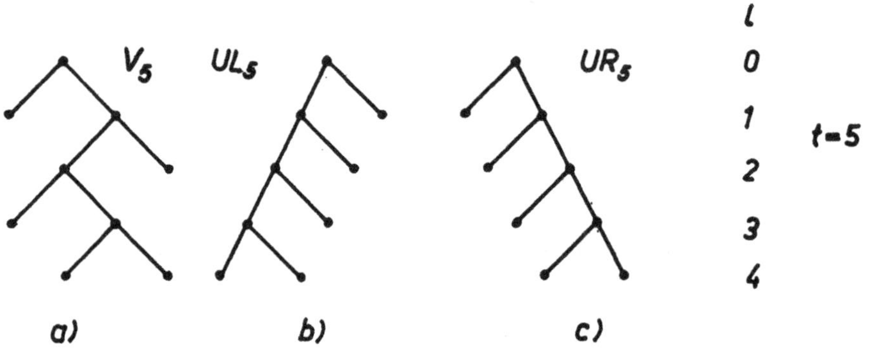

Abb.5.15

dulen angeben kann, die konfliktfrei bezüglich eines beliebigen binären Kammes V_t der Tiefe t ist [Wij87]. Den regulären binären Baum beschreiben wir als Datenstruktur $D_{B4} = \{K_{B4}, \phi_{B4}\}$ entsprechend (5.53), (5.54). Auf jedem Niveau werden die Knoten des Baumes mit 0 beginnend numeriert.

<u>Theorem 5.26.</u> Die Speicherfunktion S: $K_{B4} \longrightarrow \{0, 1, \ldots, N-1\}$, N = 2t mit

$$S(l(x),x) = (2l(x) + (x \bmod 2)) \bmod 2t \tag{5.59}$$

ist konfliktfrei bezüglich eines beliebigen binären Kammes V_t der Tiefe t.

Der <u>Beweis</u> ist trivial.

Für die Tiefe t = 3 ist die Speicherfunktion S nach (5.59) in Abb. 5.16 veranschaulicht. S ist offensichtlich isotrop.

Rekursiv lineare Speicherfunktionen, die bezüglich unverzweigter Kämme UL_t und UR_t und verzweigter Kämme V_t konfliktfrei sind, werden in [Cre88] untersucht. Ein binärer Baum wird in [Cre88] als Datenstruktur $D_{B1} = \{K_{B1}, \phi_{B1}\}$ nach (5.5), (5.6) beschrieben. Jedem Knoten x ist sein linker Nachfolger L1(x) = 2x+1 und sein rechter Nachfolger R1(x) = 2x+2 zugeordnet.

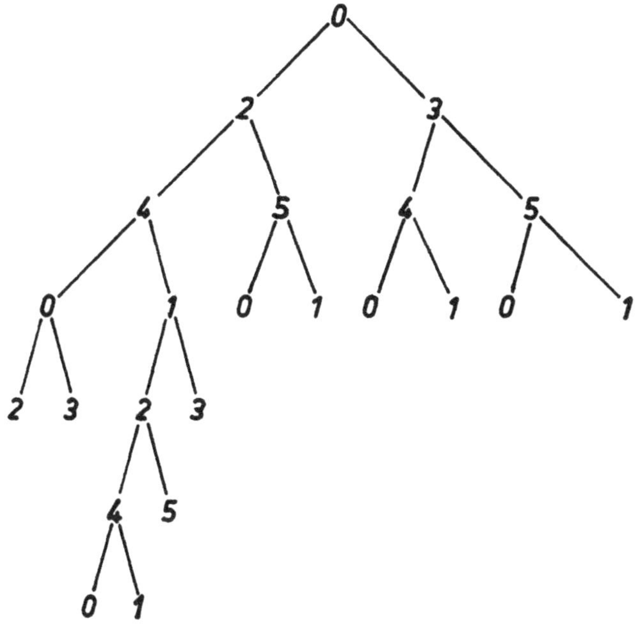

Abb. 5.16

Für unverzweigte linke Kämme UL_t der Tiefe t gilt

<u>Theorem 5.27.</u> Die rekursiv lineare Speicherfunktion $S : K_{B1} \rightarrow \{0, \ldots, N-1\}$, $N = 2t-1$, mit

$$\left.\begin{array}{ll} S(0) & = 0, \\ S(L1(x)) & = S(x) + 1 \\ S(R1(x)) & = S(x) + t \end{array}\right\} \bmod (2t-1), \qquad (5.60)$$

ist konfliktfrei bezüglich UL_t.

<u>Beweis.</u> Die Abb. 5.17 zeigt die Knoten von $UL_t(x)$, die mit den Werten von S entsprechend (5.60) markiert sind. Diese Werte sind jeweils modulo 2t-1 zu interpretieren. Es sind dies die Werte $S(x)$, $S(x)+1, \ldots,$ $S(x)+t-1$, $S(x)+t, \ldots,$ $S(x)+2t-1$, jeweils modulo $(2t-1)$, die alle paarweise voneinander verschieden sind.

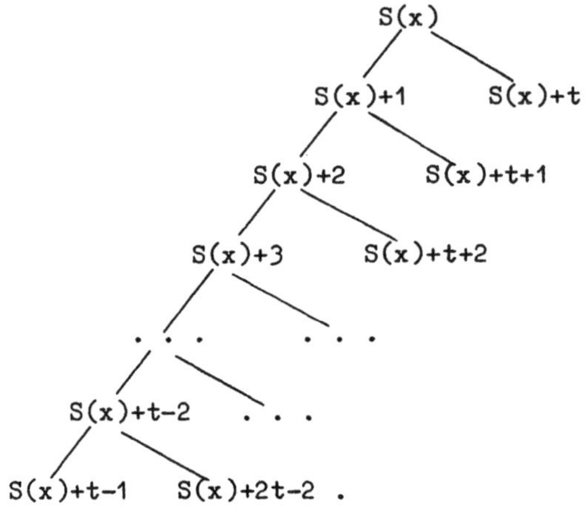

Abb. 5.17

Analog gilt das

Theorem 5.28. Die rekursiv lineare Speicherfunktion $S : K_{B1} \longrightarrow \{0, \ldots, N-1\}$, $N = 2t-1$ mit

$$S(0) = 0,$$
$$S(L1(x)) = S(x) + t \mod (2t-1), \qquad (5.61)$$
$$S(R1(x)) = S(x) + 1$$

ist konfliktfrei bezüglich UR_t.

Theorem 5.29. Die rekursiv lineare Speicherfunktion $S : K_{B1} \longrightarrow \{0, \ldots, N-1\}$, $N = 2t+2$ mit

$$S(0) = 0$$
$$S(L1(x)) = S(x) + 1 \mod (2t+2), \qquad (5.62)$$
$$S(R1(x)) = S(x) + t$$

ist konfliktfrei bezüglich UL_t und UR_t.

(Für $t = 3$ kann man auch $N = 7 = 2t+1$ wählen.)

Beweis. Die Abb. 5.17 zeigt die Knoten von $UL_t(x)$, die mit den Werten S entsprechend (5.62) markiert sind. Diese Werte sind jeweils wieder modulo $2t+2$ zu interpretieren und alle paarweise voneinander verschieden. Die Abb. 5.18 zeigt die Knoten von $UR_t(x)$ mit den entsprechenden Markierungen, die modulo (2t+2) zu interpretieren sind.

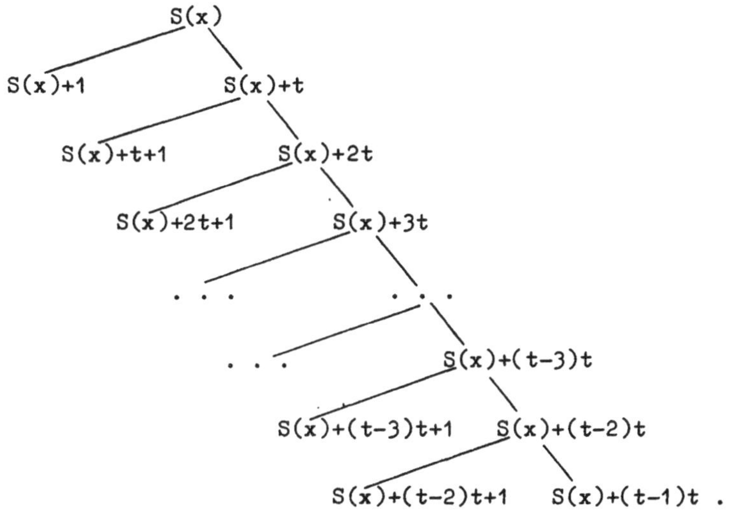

Abb.5.18

Verwendet man die Identitäten

$$\begin{aligned} 2t \bmod N &= -2, \\ 3t \bmod N &= t-2, \\ 4t \bmod N &= -4, \\ 5t \bmod N &= t-4, \\ &\vdots \\ (t-2)t \bmod N &= -(t-2) && \text{für } t \text{ gerade}, \\ (t-2)t \bmod N &= t-(t-3) = 3 && \text{für } t \text{ ungerade} \end{aligned} \qquad (5.63)$$

mit $N = 2t+2$, so ergibt sich für gerades t aus dem mit S markierten Kamm $UR_t(x)$ von Abb. 5.18 der markierte Kamm von Abb. 5.19 a. Neben S(x)+3, S(x)+t+2 und S(x)+t+3 tritt modulo 2t+2 jeder der Werte 0, ..., 2t+1 genau einmal als Markierung auf. Für ungerades t erhält man den mit S markierten Kamm $UR_t(x)$ von Abb.5.19 b. Neben S(x)+2, S(x)+t+2 und S(x)-(t-2) mod 2t+2 = S(x)+t+4 tritt modulo 2t+2 jeder der Werte 0, ..., 2t+1 genau einmal auf, und S ist konfliktfrei.

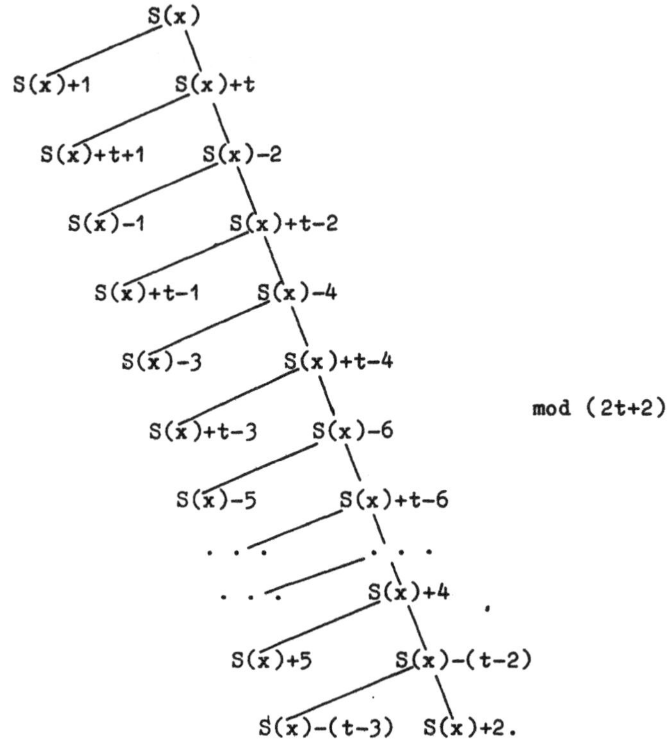

Abb.5.19a

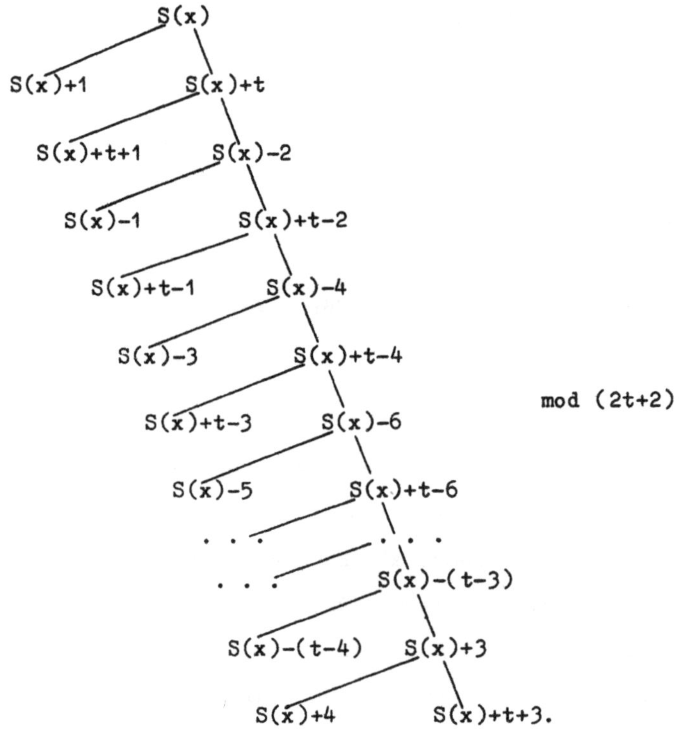

Abb.5.19b

Die meisten der hier für binäre Bäume dargestellten Resultate lassen sich auch auf q-äre Bäume ohne prinzipielle Schwierigkeiten übertragen. In einem vollständigen q-ären Baum hat jeder Knoten k nun q Nachfolger. Entsprechend können wir einen vollständigen q-ären Baum als Datenstruktur

$$D_{Bq1} = \{K_{Bq1}, \Phi_{Bq1}\}$$

mit $K_{Bq1} = \{0,1,2,\ldots\}$, $\Phi_{Bq1} = \{f_{11},\ldots,f_{1q}\}$ (5.64)

und $f_{1i}(x) = q\,x+i$ (5.65)

beschreiben.

Anstelle der speziellen rekursiv linearen Speicherfunktion (5.41) führen wir die Funktion

$$S(f_{1i}(x)) = a\,S(x)+i \bmod N \qquad (5.66)$$

ein. In Analogie zu Theorem 5.5 gilt dann [Cre87] das

Theorem 5.30. Ist $S : K_{Bq} \longrightarrow \{0, 1, \ldots, N-1\}$ eine durch (5.66) definierte, spezielle rekursiv lineare Speicherfunktion, dann ist S bezüglich des vollständigen q-ären Teilbaumes B_{qt} der Tiefe t konfliktfrei, wenn gilt

1) $$N = N(t) = q^{t-2}(q(t-1)+1) \qquad (5.67)$$

und

2) $a \bmod (q+1) = 1$ für $t = 2$,

$\left.\begin{array}{l} a \bmod q = 0 \\ a \bmod (q+1) = 1 \end{array}\right\}$ für $t = 3$,

$\left.\begin{array}{l} a \bmod q^{t-2} = q \\ a \bmod (q(t-1)+1) = 1 \end{array}\right\}$ für $r > 3$. (5.68)

Beweis. Die durch (5.66) definierte Speicherfunktion wird, wie im Beweis zu Theorem 5.5, unter Berücksichtigung von (5.67) und (5.68) modulo $(N_1 = q^{t-2})$ und modulo $(N_2 = q(t-1)+1)$ betrachtet. Dabei wird folgende Tatsache benutzt: Zwei Zahlen sind genau dann kongruent modulo $(N = N_1 N_2)$, wenn sie kongruent modulo N_1 und kongruent modulo N_2 sind, da N_1 und N_2 teilerfremd sind [Cre86].

Eine Verbesserung der Werte $N(t) = q^{t-2}(q(t-1)+1)$ kann man erreichen, wenn man anstelle der durch (5.66) definierten Speicherfunktion die Speicherfunktion

$$S(f_{1i}(x)) = a_i\, S(x)+b_i \bmod N \tag{5.69}$$

ansetzt.

Theorem 5.6 kann man ohne Schwierigkeiten auf q-äre Bäume verallgemeinern. Dazu beschreiben wir einen vollständigen q-ären Teilbaum in Analogie zu D_{B3} (vgl. (5.9) und (5.10)) als Datenstruktur

$$D_{Bq3} = \{K_{Bq3}, \Phi_{Bq3}\} \quad \text{mit}$$
$$K_{Bq3} = \{l(x),x \mid l(x) = 0, 1, 2, \ldots, ; x = 0, 1, 2, \ldots \},$$
$$\Phi_{Bq3} = \{f_{13}, \ldots, f_{q3}\} \tag{5.70}$$

mit

$$f_{i3}(l(x),x) = \{l(x)+1,\ x+iq^{l(x)}\}, \tag{5.71}$$

wobei die Wurzel mit (0,0) markiert wird.

Definieren wir nun die Speicherfunktion

$$S : K_{Bq3} \dashrightarrow \{0, 1, \ldots, N-1\}$$

durch

$$S(l(x),x) = x \bmod N, \tag{5.72}$$

dann gilt in Analogie zu Theorem 5.6 das

<u>Theorem 5.31.</u> Es sei $S : K_{Bq3} \dashrightarrow \{0,\ldots,N-1\}$ die durch (5.72) definierte Speicherfunktion. Dann ist S bezüglich eines vollständigen q-ären Teilbaumes der Tiefe t konfliktfrei, wenn $N \geq q^{t-1}$ und N und q teilerfremd sind.

Der <u>Beweis</u> verläuft analog zu dem Beweis von Theorem 5.6.

Eine Adressenberechnungsschaltung zu der Speicherfunktion (5.72) ist in [GR85] beschrieben.

Die Aussagen über (verzweigte) binäre Kämme lassen sich ebenfalls auf q-äre Kämme übertragen.

<u>Definition 5.32.</u> Ein (verzweigter) q-ärer Kamm V_{qt} der Tiefe t ist ein Baum, wobei für jedes Niveau $0 < l(x) < t$ gilt:

Es gibt genau einen Knoten mit q Nachfolgern und genau q-1 Knoten mit keinem Nachfolger. Die Knoten des Niveaus t haben keine Nachfolger und die Wurzel hat q Nachfolger.

Ein unverzweigter linker q-ärer Kamm UL_{qt} ist ein Kamm der Tiefe t, wobei auf jedem Niveau der Knoten mit den q Nachfolgern links von allen Knoten ohne Nachfolger liegt. Entsprechend ist ein unverzweigter rechter q-ärer Kamm UR_{qt} ein Kamm der Tiefe t, wobei auf jedem Niveau der Knoten mit den q Nachfolgern rechts von allen Knoten ohne Nachfolger liegt.

Den q-ären vollständigen Baum beschreiben wir als Datenstruktur

$$D_{Bq4} = \{K_{Bq4}, \Phi_{Bq4}\} \quad \text{mit}$$

$$K_{Bq4} = \{l(x), x \mid l(x) = 0, 1, 2, \ldots ; x = 0, 1, 2, \ldots \},$$

$$\Phi_{Bq4} = \{f_{14}, \ldots, f_{q4}\}$$

und

$$f_{i4}(l(x),x) = (l(x)+1, qx+i-1), \tag{5.73}$$

wobei die Wurzel mit (0,0) bezeichnet wird und auf jedem Niveau die Knoten durch (5.73) fortlaufend von 0 an numeriert werden.

Analog zu Theorem 5.8 gilt das

<u>Theorem 5.33.</u> Die Speicherfunktion

$$S: K_{Bq4} \dashrightarrow \{0, 1, \ldots, N-1\}, \quad N = qt$$

mit

$$S(l(x),x) = (ql(x) + x \bmod q) \bmod qt \tag{5.74}$$

ist konfliktfrei bezüglich eines beliebigen q-ären Kammes V_{qt} der Tiefe t. Wie im Falle der Speicherfunktion (5.59) ist die Speicherfunktion (5.74) isotrop.

Anstelle von Theorem 5.9, 5.10 und 5.11 gelten für q-äre Bäume die folgenden Aussagen.

<u>Theorem 5.34.</u> Die rekursiv lineare Speicherfunktion

$$S : K_{Bq1} \dashrightarrow \{0, \ldots, N-1\}, \quad N = q(t-1)+1$$

mit

$$S(0) = 0,$$
$$S(f_{1i}(x)) = S(x) + (i-1)t - (i-2) \bmod q(t-1) + 1, \quad i = 1, \ldots, q \tag{5.75}$$

ist konfliktfrei bezüglich eines linken unverzweigten q-ären Kammes UL_{qt} der Tiefe t.

Theorem 5.35. Die rekursiv linare Speicherfunktion

$$S: K_{Bq1} \text{ ---> } \{0, 1, \ldots, N-1\}, \quad N = q(t-1)+1,$$

mit

$$S(0) = 0,$$
$$S(f_{1i}(x)) = (S(x)+(q-i)t-(q-i-1)) \bmod q(t-1)+1 \tag{5.76}$$

ist konfliktfrei bezüglich eines rechten unverzweigten q-ären Kammes UR_{qt} der Tiefe t.

Theorem 5.36. Die rekursiv lineare Speicherfunktion

$$S: K_{Bq1} \text{ ---> } \{0, 1, \ldots, N-1\}, \quad N = qt$$

mit

$$S(0) = 0,$$
$$S(f_{1i}(x)) = S(x)+(i-1)t-(i-2) \bmod qt \tag{5.77}$$

ist für $t > 3$ konfliktfrei bezüglich eines q-ären Kammes V_{qt} der Tiefe t.

Für den Beweis verweisen wir auf [Cre88].

6. Literatur

[AR75] AHMED, N. - K. R. RAO: Orthogonal Transforms for Digital Signal Processing. Springer-Verlag: Berlin 1975

[AHU83] AHO, A. V.; J. E. HOPCROFT - J. D. ULLMAN: Data Structures and Algorithms. Addison-Wesley: Reading (Ma.) 1983

[AKB86] ANOPRIJENKO, A. J.; E. A. BASCHKOV; A. A. KUCHTIN - A. V. SERBINENKO: Memory with different access formats. SU Patent 1 336 108, G 11 C 11/34 (1986, 1987)

[AB87] AUGUIN, M. - F. BOERI: Parallel management in a SIMD computer. (G. L. Reijns, M. H. Barton (Eds.): Highly Parallel Computers. North-Holland: Amsterdam 1987), pp. 97-110

[BGK83] BANERJEE, U.; D. GAJSI - D. KUCK: Accessing sparse arrays in parallel memories. Journal VLSI and Computer Systems 1 (1983), pp. 69-100

[Bar68] BARNES, G. H. et al.: The ILLIAC IV computer. IEEE Trans. Comput. C-17 (1968), pp. 746-757

[Bar77] BARNES, G. H.: Parallel access alignment network with barrel switch implementation for d-ordered vector elements. US Patent 4 223 391, G 06 F 7/00 (1977, 1980)

[Bat72] BATCHER, K. E.: Multi-dimensional access solid state memory. US Patent 3 800 289, G 06 F 9/20 (1972,1974)

[Bat72a] BATCHER, K. E.: Permutation network. US Patent 3 812 467, G 06 F 7/00 (1972, 1974)

[Bat74] BATCHER, K. E.: STARAN parallel processor system hardware. Proc. Fall Joint Computer Conference. AFIPS Conf., AFIPS Press, 43 (1974), pp. 405-410

[Bat77] BATCHER, K. E.: The multidimensional access memory in STARAN. IEEE Trans. Comput. C-26 (1977), pp. 174-177

[BPG85] BÖRNER, F.; R. PÖSCHEL - M. GÖSSEL: Sets of permutations and their relization by permutation networks. Elektron. Informationsverarb. Kybernet. 21 (1985) 7/8, pp. 331-342

[BK71] BUDNIK, P. - D. J. KUCK: The organization and use of parallel memories. IEEE Trans. Comput. C-20 (1971), pp. 1566-1569

[Cas59] CASSELS, J. W. S.: An Introduction to the Geometry of Numbers. Springer-Verlag: Berlin 1959

[CLR82] CHOR, B.; C. E. LEISERSON - R. R. RIVEST: An application of number theory to the organization of raster graphics memory. Conf. Rec. 23rd Ann. IEEE Symp. Found. Comp. Sci.,

Chicago 1982, pp. 92-99

[CLR86] CHOR, B.; C. E. LEISERSON; R. R. RIVEST - J. B. SHEARER: An application of number theory to the organization of raster graphics memory. Journal ACM 33 (1986) 1, pp. 86-104

[CSS81] CHRISTOPHER, L. A.; C. H. STROLLE; T. R. SMITH - G. A. REITMEIER: Window-scanned memory. UK Patent 2 092 785, G 06 F 13/00 (1981, 1982)

[Cox61] COXETER, H. S. M.: Introduction to Geometry. Wiley & Sons: New York 1961

[Cre86] CREUTZBURG, R.: Parallel optimal subtree access with recursively linear memory function. Proc. 3rd. Int. Workshop Parallel Process. Cellular Autom. Arrays, Berlin (GDR) 1986 (T. Legendi; D. Parkinson; R. Vollmar and G. Wolf (Eds.): PARCELLA'86. Akademie-Verlag: Berlin 1986, and North-Holland: Amsterdam 1987), pp.203-209

[Cre87] CREUTZBURG, R.: Parallel linear conflict-free subtree access. Proc. Int. Workshop Parallel Algorithms Architectures, Suhl (GDR) 1987 (A. Albrecht; H.Jung; K. Mehlhorn (Eds.): Parallel Algorithms and Architectures. Akademie-Verlag: Berlin 1987), pp. 89-96 (also in: Lecture Notes in Computer Science 269, Springer-Verlag: Berlin 1987, pp.89-96)

[Cre88] CREUTZBURG, R.: Parallel conflict-free access to complete extended binary trees. Preprint, International Basic Laboratory for Image Processing and Computer Graphics, Central Institute of Cybernetics and Information Processes, Academy of Sciences of the G.D.R (Berlin) No. 6 (1988)

[Cre88a]CREUTZBURG, R.: Parallel conflict-free access to complete extended q-ary trees. Proc. PARCELLA'88, Lecture Notes in Computer Science, Springer-Verlag: Berlin 1988 (in press), pp. 248-255

[Deb80] DEB, A.: Conflict-free access of arrays - a counterexample. Information Processing Letters 10 (1980) 1, p.20

[Deb80a]DEB, A.: A regular non-periodic skewing scheme for optimal conflict free memory access. Proc, IFIP Conf. Information Processing 1980, (Ed.: S. H. Lavington) North-Holland: Amsterdam 1980, pp. 193-198

[Ede83] EDELSBRUNNER, H.: Neue Entwicklungen im Bereich Datenstrukturen. In: Überblicke über Informationsverarbeitung 1983 (H. Maurer (Ed.)), Bibliographisches Institut: Mannheim 1983, pp. 55-109

[GFB87] GORIS, A.; B. FREDERICKSON - H. L. BAEVERSTAD, Jr.: A configurable pixel cache for fast image generation. IEEE Comput. Graph. Appl. (March 1987), pp. 24-32

[GR83] GÖSSEL, M. - B. REBEL: Parallel memory with recursive address computation. Proc. 1983 Int. Conf. Parallel Computing, (M. Feilmeier (Ed.): Parallel Computing 1983. Elsevier: New York 1984), pp. 515-520

[GR84] GÖSSEL, M. - B. REBEL: Gliding operators in image processing and memory access for parallel computers. Informatik-Skripten 8 Braunschweig (1984), (Eds.: R. Vollmar, U. Golze), pp. 29-40

[GR84] GÖSSEL, M. - B. REBEL: Flexible processor array with parallel memory. Proc. 2nd Int. Workshop Parallel Process. Cellular Autom. Arrays, Berlin (GDR) 1984 (W. Händler; T. Legendi; G. Wolf (Eds.): PARCELLA'84. Akademie-Verlag: Berlin 1985), pp. 32-43

[GR85] GÖSSEL, M. - B. REBEL: Adressenberechnungsschaltung. DD Patent 239 060. G 06 F 12/02 (1985,1987)

[GR86] GÖSSEL, M. - B. REBEL: Data structures and parallel memories. Proc. 3rd Int. Workshop Parallel Process. Cellular Autom. Arrays, Berlin (GDR) 1986 (T. Legendi; D. Parkinson; R. Vollmar and G. Wolf (Eds.): PARCELLA'86. Akademie-Verlag: Berlin 1986, and North-Holland: Amsterdam 1987), pp. 49-60

[GR87] GÖSSEL, M. - B. REBEL: Memories for parallel subtree access. Proc. Int. Workshop Parallel Algorithms Architectures, Suhl (GDR) 1987 (A. Albrecht; H. Jung; K. Mehlhorn (Eds.): Parallel Algorithms and Architectures. Akademie-Verlag: Berlin 1987), pp. 122-130 (also in: Lecture Notes in Computer Science 269, Springer-Verlag: Berlin 1987, pp.122-130)

[GR87a] GÖSSEL, M. - B. REBEL: Parallel memories for picture processing (in russian). Isvest. Akad. Nauk SSSR, Techniceskaja Kibernetika (1988) No. 2, pp. 198-206

[GR88] GÖSSEL, M. - B. REBEL: Parallel access to rectangles. Proc. 4. Zellulartreffen, Braunschweig 1988, (Ed.: R. Vollmar), in press

[GKR88] GÖSSEL, M.; V. V. KAVERSNEV - B. REBEL: Parallel memories for straight line and rectangle access. Proc. PARCELLA'88, Lecture Notes in Computer Science, Springer-Verlag: Berlin 1988 (in press), pp. 89-110

[Gup81] GUPTA, S.: Architectures and algorithms for parallel updates of raster scan displays. Ph. D. Diss., Carnegie-Mellon Univ. 1981

[GS81] GUPTA, S.; R. F. SPROULL - I. E. SUTHERLAND: A VLSI architecture for updating raster-scan displays. Computer Graphics 15 (1981) No.3, pp. 71-78

[HJ86] HARPER III, D. T. - J. R. JUMP: Performance evaluation of vector accesses in parallel memories using a skewed storage scheme. Proc. 13th Ann. Int. Symp. Comp. Archit. Tokyo, Japan 1986, pp. 324-328, IEEE Comp. Soc.: Washington 1986

[Hay83] HAYES, D.: Multi-dimensional access memory system. WO Patent 84/00629, G 06 F 13/00 (1983, 1984)

[Hir84] HIRO, Safuji: Memory. Japan Patent 61-15245, G 06 F 12/04 (1984, 1986)

[HJ81] HOCKNEY, R. W. - C. R. JESSHOPE: Parallel Computers. Hilger: Bristol 1981

[HS76] HOROWITZ, E. - S. SAHNI: Fundamentals of Data Structures. Computer Science Press. Woodland Hills (Ca.) 1976

[IBM85] Address mapping for a memory system with a prime number of banks. IBM Techn. Disclosure Bull. 27 (1985) No. 11, pp. 6369-6372

[JFL84] JALBY, W.; J.-M. FRAILONG - J. LENFANT: Diamond schemes: An organization of parallel memories for efficient array processing. Rapports de Recherche No. 342, 1984, INRIA, Centre de Rocquencourt

[KM81] KAVERSNEV, V. V. - E. A. METLITZKY: Memory with different access formats. SU Patent 1 043 747, G 11 C 11/34 (1981,1983)

[KM83] KAVERSNEV, V. V. - E. A. METLITZKY: Memory with different access formats. SU Patent 1 108 507, G 11 C 11/34 (1983,1984)

[KM84] KAVERSNEV, V. V. - E. A. METLITZKY: Memory with different access formats. SU Patent 1 200 341, G 11 C 15/00 (1984,1985)

[KMK84] KAVERSNEV, V. V.; E. A. METLITZKY; A. I. KUPRIANOV - A. V. CHODIRIJEV: Memory with different access formats. SU Patent 1 177 342, G 11 C 15/00 (1984,1985)

[Kav85] KAVERSNEV, V. V.: Design and investigations of memories with parallel access. Ph. D. Diss., Electrical Eng. Inst. Leningrad, 1985 (in russian)

[KS82] KUCK, D. J. - R. A. STOKES: The Burroughs scientific processor. IEEE Trans. Comput. C-31 (1982), pp. 363-376

[KYH81] KUEI, T. Y.; Y. S. YOUNG - Y. C. HAI: An analysis of a new memory system for conflictfree access. Proc. 10th. Int. Conf. Parallel Process. 1981, pp. 318-324

[LV76] LAWRIE, D. H. - C. R. VORA: Multidimensional parallel access computer memory system. US Patent 4 051 551, G 06 F 15/16 (1976, 1977)

[Law75] LAWRIE, D. H. : Access and alignment of data in an array processor. IEEE Trans. Comput. C-24 (1975), pp. 1145-1155

[LV80] LAWRIE, D. H. - C. R. VORA: The prime memory system for array access. Proc. 1980 Internat. Conf. Parallel Processing (1980), pp.81-87

[LV82] LAWRIE, D. H. - C. R. VORA : The prime memory system for array access. IEEE Trans. Comput. C-31 (1982) 5, pp. 435-442

[LW83] van LEEUWEN, J. - H. A. G. WIJSHOFF : Data mappings in in large parallel computers. Dept. Comp. Sci., Univ. Utrecht, The Netherlands, Techn. Rep. RUU-CS-83-11, 1983 (Also appeared in: I. Kupka (Ed.): GI-13 Jahrestagung, Informatik-Fachberichte 73, Springer-Verlag: Berln 1983, pp. 8-20)

[Leo87] LEONARD, M.: 1-Mbit video RAMs offload host CPU. Electronic Design (Sept. 1987), pp. 35

[LW57] LUGOWSKI, H. - H. J. WEINERT: Grundzüge der Algebra, Teil I. Teubner-Verlag: Leipzig 1957

[Mas83] MASANORI, M.: Parallel memory for three-dimensional address space. Japan Patent 60-134 359 (A), G 06 F 12/06 (1983, 1985)

[Mau74] MAURER, H.: Datenstrukturen und Programmierverfahren. Teubner-Verlag: Stuttgart 1974

[MK89] METLITZKY, E. A. - V. V. KAVERSNEV: Parallel Memory Systems. Leningrad 1989 (in russian, in print)

[Mie82] MIESSLER, M. H.: Image processing system. EP Patent 0 085 210, G 06 F 15/20 (1982,1983)

[Miz83] MIZOGUCHI, M.: Parallel memory system for three-dimensional address space. Japan patent 60-134359 (A), G 06 F 12/06 (1983, 1985)

[Mur83] MURATA, T.: Access processing system in image memory system. Japan Patent 59-186057 (A), G 06 F 13/ 00 (1983, 1984)

[Ost84] OSTAPKO, D. L.: Memory mapping and readout system. EP Patent 0130340, G 06 F 13/00 (1984, 1985)

[Ost84a]OSTAPKO, D. L.: A mapping and memory chip hardware which provides symmetric reading/writung of horizontal and vertical lines. IBM J. Res. Dev. 28 (1984), pp. 393-398

[Pan86] PANARIN, A. I.: On some decomposition problems related to data structures for future computer systems (in Russian). Voprosi Kibernetiki (Moscow) 1986, pp.139-152

[Par86] PARK, J. W.: An efficient memory system for image processing. IEEE Trans. Comput. C-35 (1986) 7, pp. 669-674

[PA83] POHM, A. V. - O. P. AGRAWAL: High-Speed Memory Systems. Reston Publ. Comp.: Reston (Virginia) 1983

[PGR84] PÖSCHEL, R. ; M. GÖSSEL - B. REBEL: Ein dekomponiertes Permutationsnetzwerk für einen parallelen Bildspeicher. Proc. INFO Dresden (GDR), 1984, Part 5, pp. 840-844

[PGP88] PÖSCHEL, R.; M. GÖSSEL - D. POWOLLIK: Organization of a high resolution graphics memory with N = 2 exp(2n) memory modules. Journal of New Generation Computer Systems 1 (1988) 2, 145-156

[Ran85] RANADE, A. G.: Interconnection networks and parallel memory organisations for array processing. Proc. 1985 Int. Conf. Parallel Processing, pp. 44-47

[RG82] REBEL, B. - M. GÖSSEL: Ein paralleler Speicher. Acad. Sci., Central Inst. Cybern. Inform. Proc., Berlin, Techn. Report 1982

[RG82a] REBEL, B. - M. GÖSSEL: Mehrdimensionaler paralleler Speicher. DD Patent 208 499, G 06 F 9/28 (1982,1984)

[RG83] REBEL, B. - M. GÖSSEL: On conflict-free parallel memory access. Computers and Artificial Intelligence, 2 (1983) No. 4, pp. 395-401

[RG84] REBEL, B. - M. GÖSSEL: Adressenberechnungsschaltung für einen mehrdimensionalen parallelen Speicher. DD Patent 236 820, G 06 F 12/06 (1984,1986)

[Sam85] SAMET, H.: Using quadtrees to represent spatial data. In: Computer Architectures for Spatially Distributed Data (Eds.: H. Freeman, G. G. Pieroni) Springer: Berlin 1985, pp. 229-247

[Sch86] SCHRÄDER, K.: Schnellste Daten-Bit-Manipulationen mit "Barrel-Shiftern". Elektronik 6 (1986), pp. 65-70

[Sha75] SHAPIRO, H. D.: Storage schemes in parallel memories. Proc. 1975 Sagamore Comput. Conf. Parallel Computing, pp.159-166. IEEE Computer Society: New York 1975

[Sha75a] SHAPIRO, H. D.: Theoretical limitations on the use of parallel memories. Ph. D. Thesis, Dept. Comp. Sci. Univ.Illinois Urbana-Champaign, UIUCDCS-R-75-776, Dec. 1975

[Sha78] SHAPIRO, H. D.: Theoretical limitations on the efficient use of parallel memories. IEEE Trans. Comput. C-27 (1978), pp. 421-428

[SK80] SHIRAKAWA, H. - T. KUMAGAI: An organization of a three-dimensional access memory. Proc. 1980 Int. Conf. Parallel Processing, pp. 137-138

[SK80a] SHIRAKAWA, H. - T. KUMAGAI: Data permutations an a three-dimensional access memory. Proc. 1980 Int. Conf. Circuits and Computers, pp. 27-30

[SK83] SHIRAKAWA, H. - T. KUMAGAI: Structure of a three-dimensional access memory system. Memoirs Res. Inst. Res. Inst. Science Engn. Ritsumeikan University No.41 (1983), pp. 27-50

[Shi83] SHIRAKAWA, H.: A parallel memory system for image processing. Memoirs Res. Inst. Science Engn. Ritsumeikan University No. 42 (1983), pp. 27-40 (in japanese)

[Shi84] SHIRAKAWA, H.: On a parallel memory to access trees. Unpublished manuscript (Ritsumeikan Univ. Kyoto, Japan) 1984

[Smi82] SMITH, A. J.: Cache memories. Computing Surveys 14 (1982) No.3, pp. 473-530

[SDP85] SOHI, G. S.; E. S. DAVIDSON - J. H. PATEL: An efficient LISP-execution architecture with a new representation for list structures. Proc. 12th Annual International Symposium Computer Architecture 1985, (also in: SIGARCH Newsletter 13, 1985, No. 3)

[Str77] STRINGA, L.: Method and apparatus for the rotation of a binary data matrix, intended particularly to be used as a storage unit having a two-way access mode for electronic computers. US Patent 4 163 281, G 06 F 7/00 (1977, 1979)

[Thu76] THURBER, K. J.: Large Scale Computer Architecture: Parallel and Associative Processors. Hayden: Rochelle Park (NJ) 1976

[Tom80] TOMLINSON, C. J.: Parallel access computer memory system employing a power-of-two memory modules. US Patent 4 400 768, G 06 F 15/16 (1980,1983)

[VGR85] VILSER, R.-J.; M. GÖSSEL; B. REBEL; U. KAMPET - R. CREUTZBURG: Adressenberechnungsschaltung. DD Patent 240 964, G 06 F 12/00 (1985, 1987)

[Voo77] VOORHIS, D. C.: Speicheranordnung mit Anordnung zur Speichersteuerung für Bildverarbeitungsoperationen. DE Patent 2 747 075, G 06 F 13/06 (1977, 1982)

[VM78] VOORHIS, D. C. - T. H. MORRIN: Memory systems for image processing. IEEE Trans. Comput. C-27 (1978), pp. 113-125

[Wäc85] WÄCHTER, F.: Zur Strukturierung spezieller Permutationsnetzwerke. Dissertation 1985. (ZKI-Informationen 2/85)

[Wäc86] WÄCHTER, F.: Structure and application of a permutation network. Proc. 3rd Int. Workshop Parallel Process. Cellular Autom. Arrays, Berlin (GDR) 1986 (T. Legendi; D. Parkinson; R. Vollmar and G. Wolf (Eds.): PARCELLA'86. Akademie-Verlag: Berlin 1986), pp. 199-202

[Wey40] WEYL, H.: Algebraic Theory of Numbers. Princeton Univ. Press: Princeton 1940

[Whi84] WHITTON, M. C.: Memory design for raster graphics displays IEEE Trans. Computer Graphics and Applications CG&A-4, (1984), pp. 48-65

[WL84] WIJSHOFF, H. A. G. - J. VAN LEEUWEN: Arbitrary versus periodic storage schemes and tesselation of the plane using one type of polyomino. Inf. Contr. 62 (1984), pp. 1-25

[WL85] WIJSHOFF, H. A. G. - J. VAN LEEUWEN: The structure of periodic storage schemes for parallel memories. IEEE Trans. Comput. C-34 (1985), pp 501-505

[Wij86] WIJSHOFF, H. A. G.: Storing trees into parallel memories. Proc. 1986 Int. Conf. Parallel Computing, (M. Feilmeier; G.Joubert and U. Schendel (Eds.): Parallel Computing'86. North Holland: Amsterdam 1986), pp. 253-261

[WL87] WIJSHOFF, H. A. G. - J. van LEEUWEN: On linear skewing schemes and d-ordered vectors. IEEE Trans. Comput. C-36 (1987) 2, pp.233-239

[Wij87] WIJSHOFF, H. A. G.: Data organization in parallel computers. Ph. D. Diss. (Rijksuniv. Utrecht, Netherlands) 1987

[Wor54] WOROBJOW, N. N.: Die Fibonaccischen Zahlen. Deutscher Verlag der Wissenschaften: Berlin 1954

7. Sachwortverzeichnis

Parcella '88

Proceedings of the IV. International Workshop on Parallel Processing by Cellular Automata and Arrays held in Berlin (GDR), October 17 – 21, 1988

---

edited by

Gottfried Wolf

Tamás Legendi

Udo Schendel

Das Profil der Workshop-Reihe PARCELLA – der ersten dieses Fachgebiets in den sozialistischen Ländern – ist auf die Probleme der Parallelverarbeitung durch regelmäßige Strukturen ausgerichtet, d. h. auf deren „Flexibilisierung" oder deren Anpassung an „unregelmäßige" Algorithmen und eng damit zusammenhängend auf die „Verregelmäßigung" von Algorithmen im Hinblick auf ihre Einbettung in regelmäßige Strukturen. Es ist zu erkennen, daß diese Probleme in der Reihe der zentralen Probleme der Forschung auf dem Gebiet der Parallelverarbeitung in ihrer Bedeutung zunehmen.
Der Workshop PARCELLA 88 hat, wie seine Vorgänger, viele Wissenschaftler zusammengeführt, die auf diesem Gebiet arbeiten bzw. daran interessiert sind. Der vorliegende Band enthält ausgewählte Beiträge dieser Tagung, die sowohl Einblicke in allgemeine Trends als auch in die Lösung von Einzelproblemen geben.

380 Seiten, 17 x 24 cm
DDR 50,- M
Bestellnummer: 763 961 0 (2182/48)
ISBN 3-05-500656-9

Akademie-Verlag Berlin 1988

Bei Fragen zur Produktsicherheit wenden Sie sich bitte an:
If you have any questions regarding product safety,
please contact:

Walter de Gruyter GmbH
Genthiner Straße 13
10785 Berlin
productsafety@degruyterbrill.com